Andreas Müller

Schluss mit der Sozialromantik!

W0229534

Andreas Müller

Schluss mit der Sozialromantik!

Ein Jugendrichter zieht Bilanz

In Zusammenarbeit mit Carsten Tergast

HERDER

FREIBURG · BASEL · WIEN

© Verlag Herder GmbH, Freiburg im Breisgau 2013
Alle Rechte vorbehalten
www.herder.de

Umschlaggestaltung: Designbüro Gestaltungssaal

Satz: Barbara Herrmann, Freiburg
Herstellung: CPI Moravia Books, Pohorelice

Printed in Czech Republic

ISBN 978-3-451-30909-0

Inhaltsverzeichnis

Vorwort

Seit 1994 bin ich Richter in der Bundesrepublik Deutschland. In diesen fast zwanzig Jahren war ich überwiegend als Jugendrichter tätig und habe in dieser Zeit etwa 12.000 Jugendstrafverfahren verhandelt. Seit 2000 bin ich regelmäßig in der Öffentlichkeit präsent und habe mich dabei immer auch öffentlich für ein modernes und funktionierendes Jugendstrafrecht stark gemacht.

Ich habe Vorträge gehalten, mit zahlreichen Justiz- und Innenpolitikern Gespräche geführt, darunter vor allem wiederholt auch mit den Justizministern der Bundesländer. Gleichzeitig habe ich immer wieder im Rahmen von Veranstaltungen wie auch in Talkshows mit vielen wichtigen und eindrucksvollen Menschen unserer Gesellschaft über mein Lebensthema gesprochen. Dieses Lebensthema ist das Jugendstrafrecht.

Ich habe härteste Skinheadgewalt und S-Bahn-Überfälle verhandelt, Wiederholungs- und Intensivtäter aller Art vor mir stehen gehabt und auch über Drogenfälle sowie sexuellen Missbrauch vor Gericht zu entscheiden gehabt. Die Fallbeispiele im Laufe des Buches werden vieles davon plastisch werden lassen, wobei Namen und Orte bei diesen Beschreibungen stets abgeändert sind.

Ich habe im Laufe all der Jahre immer wieder feststellen müssen, dass wir es in unserer Gesellschaft einfach nicht hinbekommen, ein vernünftiges, auf die Probleme der Gesellschaft ausgerichtetes jugendrichterliches System auf die Beine zu stellen. Diese Frustration prägt neben vielem anderen meine Richterkarriere.

Ich habe Kirsten Heisigs Buch *Das Ende der Geduld* kritisch begleitet und musste trotz alledem, was seither passiert ist, sehen, dass wir nach wie vor im Jugendstrafrecht immer und immer wieder die gleichen Fehler begehen. Darüber hinaus muss ich feststellen, dass das von Kirsten unter Einsatz ihrer ganzen Kraft und Hingabe Erarbeitete und Erdachte nach wie vor nicht umgesetzt wird. Drei Jahre nach Erscheinen ihres Buches hat sich ihre Hinterlassenschaft nahezu auf null reduziert.

Derzeit ist es in der Bundesrepublik Deutschland so, dass die Zahlen in den Statistiken zur Jugendkriminalität offiziell zurückgehen. Woran das in der Realität liegen mag, wird neben vielem anderen Gegenstand dieses Buches sein. Diese Zahlen berechtigen uns jedoch nicht, zu sagen: Wir reduzieren den Aufwand im Bereich des Jugendstrafrechtes und realisieren hier Einsparpotenziale. Im Gegenteil: Es ist gerade JETZT an der Zeit, zu sagen, wie wir Hunderttausende von Gewalttaten, die auch bei einem generellen statistischen Rückgang auf uns zukommen, in der Zukunft verhindern können. Denn hinter jeder dieser Gewalttaten steckt ein Opfer!

Es ist JETZT an der Zeit, das deutsche Jugendstrafrecht für die Zukunft zu wappnen. Es ist an der Zeit, es runder, besser, substanzieller und vor allem schneller zu machen.

Ich bin der festen Überzeugung, dass man durch WENIGE Änderungen im deutschen Jugendstrafrecht dahin kommen könnte, dass viele der extremen Gewalttätigkeiten, mit denen sich die Öffentlichkeit immer wieder beschäftigen muss, durch besser durchdachtes und organisiertes Eingreifen verhindert würden.

Das bedeutet, ganz konkret gesagt: Ich bin aus meiner Erfahrung heraus im festen Glauben, dass wir, ausgehend von den jetzigen Zahlen, die gesamte Jugendkriminalität innerhalb von einigen Jahren um mindestens die Hälfte reduzieren könnten. Dazu sind bisweilen nur kleine Veränderungen im juristischen Bereich notwendig, vor allem aber der politische Wille zur Änderung sowie »Runde Tische«, bei denen die Problematik schonungslos diskutiert wird.

Möglicherweise kann dieses Buch zu einer Veränderung im gesellschaftlichen und vor allem auch im politischen Denken und Handeln führen. Ich würde es mir zumindest wünschen.

Ich schreibe dieses Buch für die Menschen, die Opfer von Gewaltausbrüchen geworden sind. Für die, die in S-Bahnen oder anderswo im öffentlichen Raum verletzt oder gar getötet wurden. Und auch für diejenigen, die sich getraut haben, dazwischenzugehen, anschließend Traumata davontrugen und jahrelange Therapie nötig hatten. Gerade in diesem Sinne schreibe ich es auch für die Hinterbliebenen der Opfer, wie etwa Tina K., deren Leid nach dem gewaltsamen Tod ihres Bruders Jonny am Alexanderplatz mich letztendlich auch dazu gebracht hat, noch ein Mal meine gesamte Kraft zur Verbesserung des Jugendrechts und damit zur Vermeidung weiterer Opfer einzusetzen.

Ich schreibe es für diejenigen, die, weil sie nicht früh genug durch den Staat ihre Grenzen aufgezeigt bekommen haben, in den Knast gegangen sind. Ich schreibe es – mit dem Blick auf die Vergangenheit – für die Zukunft, in der Hoffnung, dass endlich etwas passiert.

Ich schreibe es auch für einige Menschen, denen ich nach wie vor verpflichtet bin. So zunächst für Kirsten Heisig, die vor etwa drei Jahren mit ihrem Buch versucht hat, die Dinge zu ändern. Ihr Erfolg ist leider nur mäßig geblieben und sie konnte ihr Werk nicht fortsetzen. Warum das so ist: Auch darum wird es hier gehen.

Ich schreibe es für eine junge Frau, die sich das Leben genommen hat, weil sie Opfer familiärer Gewalt wurde und die notwendige Hilfe sowie Genugtuung durch den Staat nicht rechtzeitig erhielt. Wären die Strukturen anders gewesen, könnte sie vielleicht noch leben.

Ich schreibe dieses Buch auch dafür, dass Menschen sich im öffentlichen Raum bewegen können, ohne Angst davor haben zu müssen, geschlagen, gedemütigt oder gar getötet zu werden. Damit sich gerade auch Kinder überall frei von Gewalt bewegen können und in Schulen keine Angst haben müssen, dass sie von Stärkeren angepöbelt und plattgemacht werden.

Ich schreibe es schließlich, um vor allem der deutschen Sozialromantik zu sagen, welche zum Teil verheerenden Fehler sie in den letzten zwei Jahrzehnten unter dem Deckmäntelchen der Menschlichkeit gemacht hat und immer noch macht. Verbunden ist das mit der Hoffnung, dass 16 Justizminister und 16 Innenminister der Bundesländer dieses Buch – am besten zusammen mit Kirsten Heisigs Buch – lesen und die notwendigen Veränderungen herbeiführen werden. Und ich schreibe es letztendlich, um vielleicht doch noch ein wenig an dieser Welt zu verändern.

Das sind viele gute Gründe, ein Buch zu schreiben. Es sind hohe Ansprüche, an denen ich scheitern kann, die ich aber unbedingt versuchen möchte, zu verwirklichen. Ich würde es mir jedenfalls nicht verzeihen, diesen Versuch nicht unternommen zu haben und ich bin froh, jetzt wieder die Kraft dazu zu haben. Denn wenn ich nur relativ kurze Zeit zurückdenke, sah es nicht so aus, als wenn ich überhaupt noch länger jener kämpferische Mensch sein könnte, zu dem das Leben, und insbesondere meine eigene Jugend, mich gemacht haben. Meine Kraft und mein Mut schienen dahin.

Am tiefsten Punkt

Ich erinnere mich, am Fenster meines Klinikzimmers in Bad Grönenbach zu stehen. Es war später Abend, die Landschaft, die die Klinik umgab, lag in tiefer Dunkelheit. Ich schaute in den sternenklaren Himmel und ließ mein Leben Revue passieren. Kirsten Heisigs Tod hatte mich hierher gebracht. Wäre ich diesen Schritt nicht gegangen, wäre die Gefahr groß gewesen, dass ich dem Impuls nachgegeben hätte, Kirsten in die Sterne zu folgen.

Einen Tag zuvor war ich hergekommen. In die Helios-Klinik für psychosomatische Medizin im Allgäu, weit weg vom Amtsgericht in Bernau, weit weg auch vom Tegeler Forst, wo man Kirsten fand, nachdem sie ihrem Leben ein Ende gesetzt hatte.

Der Tod von Kirsten Heisig, die als »Deutschlands bekannteste Jugendrichterin« galt, war etwas über ein halbes Jahr her und würde für mein Leben ein einschneidendes Ereignis bleiben, das war für mich in diesem Moment so sicher wie das Amen in der Kirche. Für mein Leben als Mensch, aber auch für mein Leben als Richter, insbesondere als Jugendrichter.

Dieses Leben ist bis zum heutigen Tage geprägt von der Auseinandersetzung mit den dunklen Seiten unserer Existenz. Sucht und Drogen spielen eine Rolle, Ausgrenzung, Kriminalität und Gewalt. Mit all diesen Dingen kam ich bereits als Kind in Berührung, in meinem engsten Familienumfeld musste ich erfahren, wie leicht es den Menschen auf Abwege verschlägt und dass man ihn manchmal auch nicht mehr von diesen Abwegen herunterbekommt.

Doch man kann, nein, man muss es versuchen. Auch das ist die Aufgabe eines Richters, der ich heute bin. Dass ich in diesem Klinikzimmer stand und in die Dunkelheit hinausschaute, ist auch diesen Abwegen geschuldet. Meine biografischen Erlebnisse spielen für meine Tätigkeit als Richter immer wieder eine wichtige Rolle. Nicht zuletzt deshalb sollte dieses Buch ursprünglich einen anderen Titel tragen. Ich hatte mir immer vorgestellt, dass es »Springerstiefel, Cannabis und Depressionen« heißen würde, weil dieser Dreiklang den Grundton meiner Richterexistenz sehr gut trifft und in ihm auch die biografische Erfahrung anklingt. Vieles, was meinen Angeklagten widerfährt, kenne ich nämlich aus eigener Anschauung und kann mich dadurch gut in sie hineinversetzen und ihre Motivation besser verstehen. Manchmal, wenn ich die Lebensgeschichte eines Angeklagten lese, denke ich daran, dass auch ich vielleicht irgendwann auf der anderen Seite des Richtertisches gestanden hätte, wenn es das Leben an ein paar Stellen schlechter mit mir gemeint hätte.

Rote Haare, Sommersprossen sind des Teufels Artgenossen!

Biografische Anmerkungen

Ich bin Emsländer.

Das Emsland ist nach dem Landkreis Uckermark flächenmäßig der größte Landkreis in Deutschland, nicht jedoch hinsichtlich der Einwohnerzahl. Dementsprechend gibt es dort vor allem weite Landschaft, Felder, Moore, Natur, und der Begriff Stadt meint hier eine Größenordnung von maximal etwa 50.000 Einwohnern, die die Stadt Lingen bewohnen. Nach Lingen folgen Papenburg und Meppen mit jeweils etwa 35.000 Einwohnern.

Aus Meppen komme ich.

Der Katholizismus prägt die Region, Emsländer gelten allgemein als heimatverbunden, trinkfest, eher wortkarg, wenig überschwänglich und sehr geerdet. Wortkarg bin ich nicht.

Ich habe meine Herkunft aus diesem Landstrich in all den Jahren, die ich mittlerweile im Dunstkreis des Molochs Berlin verbracht habe, nie verleugnet, unter anderem deshalb, weil ich sehr genau weiß, dass es zu einem großen Teil die prägenden Erfahrungen der emsländischen Zeit waren, die mich zu dem gemacht haben, der ich heute bin.

Meine Eltern hatten eine Bäckerei in Meppen, zu der auch ein kleiner Tante-Emma-Laden gehörte. Ich wurde 1961 geboren, mitten in der Zeit des großen Wirtschaftswunders, und wuchs mit einer großen Schwester und einem großen Bruder auf. Gemeinhin hofft man, dass große Brüder für die Nachkömmlinge Vorbilder sind, sie schützen, ihnen zeigen, wie das Leben funktioniert und mit dafür sorgen, dass sie im

Leben klarkommen. Oberflächlich betrachtet ist diese Hoffnung bei meinem Bruder und mir gründlich schiefgegangen.

Wer von außen auf uns zwei Brüder schaut, der sieht ein schwarzes Schaf und ein weißes. So hat es eine Journalistin des Berliner *Tagesspiegels* vor langer Zeit einmal definiert. Für mich war Hans allerdings nie ein schwarzes Schaf. Er war und ist mein Bruder, und meine Kindheitserinnerungen haben oft schon viel mit Recht und Gerechtigkeit zu tun. Das liegt unter anderem daran, dass mein Bruder sehr wohl seine »Funktion« erfüllte, indem er mich schützte. Gleichermaßen gilt das für meine Schwester, die ebenfalls dem kleinen Bruder zur Seite stand, wo es ihr nur möglich war.

Ich war nicht gerade das, was man »von der Natur bevorteilt« nennt. Ich war pummelig, blass, lispelte und hatte noch ein weiteres Problem, von dem ich bereits als kleiner Junge ahnte, dass es eines sein könnte: Ich war rothaarig. Die Nachbarskinder hänselten mich, und ich erlebte mehr als ein Mal, dass meine Eltern sich genötigt sahen, sich für meine Haarfarbe zu rechtfertigen. »Andreas ist zwar rothaarig, aber sonst ein gutes Kind«, hieß es dann. Glücklicherweise bekamen irgendwann auch die Nachbarn rothaarigen Nachwuchs, so dass gewissermaßen Gleichstand herrschte.

Dass die Haarfarbe sehr wohl ein Grund sein kann, ausgegrenzt zu werden, wurde mir vor allem in der Schule klar. Benahmen andere sich daneben, beließ es der Lehrer bei einer Ermahnung. Benahm ich mich daneben, war das für den Lehrer der Beweis, dass mit mir etwas nicht in Ordnung sein könne. Und schließlich wurde das wiederholt von verschiedenen Menschen in folgende Worte gekleidet: »Rote Haare, Sommersprossen sind des Teufels Artgenossen!«

Dieser Spruch ist mir ein Leben lang im Sinn geblieben, und vielleicht ziehe ich deshalb bis heute eine gewisse Befriedigung aus der Tatsache, dass mich immer mal wieder andere Menschen als »des Teufels Artgenossen« empfunden haben müssen, weil ich ihnen aus dem einen oder anderen Grund mächtig auf die Füße gestiegen bin. Auch der Umstand, dass ich im Rahmen meines Richterlebens regelmäßig besonders gegen Diskriminierungen vorgegangen bin, dürfte den meiner Rothaarigkeit zu verdankenden Erlebnissen geschuldet sein.

Meine Geschwister hänselten mich nicht wegen meiner roten Haare, sondern beschützten mich und setzten sich für mich ein, wenn andere mir an den Kragen wollten oder mich mit meinem Sprachfehler aufzogen. So war also mein Bruder genau der große Bruder, den ich mir wünschte. Doch während meine Schwester ihren Weg ins Leben fand, schmerzte es mich umso mehr, dass ich mit ansehen musste, wie mein Bruder sich langsam, aber sicher sein Leben versaute, indem er früh mit Drogen in Berührung kam. Aus dieser Berührung wurde schnell, viel zu schnell eine feste Umklammerung, aus der er sich nicht mehr zu lösen verstand. Wie gern wäre ich der große Bruder gewesen, der ihn rechtzeitig hätte schützen und retten können. Und ich bin der festen Überzeugung, dass ich genau das stellvertretend heute mache. Indem ich als Jugendrichter damit beschäftigt bin, Jugendliche zum Nachdenken über ihren Lebenswandel zu bringen, mit welchem Mittel auch immer, mache ich genau das, was ich bei meinem Bruder nicht leisten konnte. Auch mein besonderes Interesse für die Cannabis-Problematik und meine spezielle Meinung dazu sind natürlich aus den Beobachtungen der Drogenprobleme meines Bruders gewachsen.

Doch nicht nur mein älterer Bruder begab sich auf Abwege; mein Vater hatte mit einem ernsten Alkoholproblem zu kämpfen. Kurz gesagt: Der eine kiffte, der andere soff.

Ich erwähnte eingangs, dass der Emsländer an sich als trinkfest gilt. Diese erst einmal harmlos klingende Beschreibung bringt es mit sich, dass Warnsignale, die den Weg in den Alkoholismus immer begleiten, nicht gesehen oder als unwichtig abgetan werden. Trinkfestigkeit wird nicht von heute auf morgen zur Alkoholsucht, wie so vieles ist das ein schleichender Prozess, der erkannt werden muss, um ihm Einhalt zu gebieten. Bei meinem Vater gab es niemanden, der es geschafft hätte, Einhalt zu gebieten. Seine Sauferei gehörte irgendwie zum Familienleben dazu; wenn er nüchtern war, war er für uns Kinder der liebste Papa der Welt, wenn er getrunken hatte, hatte er eben getrunken. Wir versuchten, ihm aus dem Weg zu gehen, so gut das ging, doch es ging natürlich nicht immer. Auch hier schützten mich meine älteren Geschwister bisweilen vor den unvermeidlichen Wutausbrüchen meines Vaters. Als jüngstes Kind der Familie erfuhr ich hier so etwas wie die Gnade der späten Geburt, was vielleicht mit dazu beigetragen hat, dass ich das »weiße Schaf« werden konnte. Mein Bruder und meine Schwester bekamen das Wüten meines Vaters wesentlich ungefilterter mit und hatten so vielleicht auch mehr zu kompensieren.

Zu den Methoden, Alkoholiker wieder auf den richtigen Weg zu bringen, gehörten auch zu jener Zeit schon Entziehungskuren. Die Orte, an denen diese Kuren stattfanden, hießen damals »Trinkerheilanstalt«, eine Bezeichnung, die sehr genau aussagt, was dort versucht wurde und aus genau diesem Grunde schon längst der Political Correctness anheimgefallen ist. Heute hat man verklärende Bezeichnungen für die Probleme, die doch die gleichen geblieben sind.

Mein Vater war mehrfach in solch einer Anstalt, der letzte Aufenthalt fand statt, kurz bevor ich auf die weiterführende Schule wechselte, ich war damals gerade elf Jahre alt. Sechs

Monate lang hatten die Ärzte versucht, ihn wieder in die Spur zu bekommen, Körper und Psyche vom flüssigen Gift zu entwöhnen. Doch eins entzog sich ihrer Macht und ihrem Einfluss: die Tatsache, dass Menschen ohne Unterstützung in ihrem nächsten Umfeld kaum in der Lage sind, sich wirklich nachhaltig aus dem Dreck zu ziehen, in dem sie unterzugehen drohen. Der Untergang meines Vaters wurde kurz nach seiner Rückkehr aus der Trinkerheilanstalt in meinem Beisein eingeläutet. Er betrat seine Stammkneipe und bestellte in dem festen Willen, sich geläutert zu zeigen, eine *Regina*, das ist eine typisch emsländische Limonade. Daraufhin traf ihn der Spott seiner Kumpel am Tresen, denen sich der Unterschied zwischen Trinkfestigkeit und Alkoholismus niemals erschlossen hatte. »Mensch, Rudi«, höre ich diese Männer noch heute sagen, »Mensch, Rudi, was soll denn die Regina? Du bist ja wohl kein richtiger Mann mehr!« Nach dieser Ansage bestellte mein Vater um. Ließ die Regina zurückgehen, trank stattdessen ein Alster. Ich stand als kleiner Steppke daneben und sagte nur: »Bitte, Papa, mach das nicht.«

Sechs Monate später gab es keinen Aufenthalt in der Klinik mehr. Sechs Monate später war mein Vater tot.

Die Gefängnisstrafe des Bruders als Warnschussarrest fürs Leben

Der Tod meines Vaters war nicht die einzige dramatische Veränderung in unserer Familie, denn bereits kurze Zeit zuvor hatte sich meine Schwester, die eigentlich zur Kripo gehen wollte, aber auf Grund eines Einstellungsstopps nicht genommen werden konnte, in die Krankenschwesterausbildung nach Osnabrück begeben. Mein Bruder machte keine Ausbildung, sondern haute ab, anders gesagt: Er ging »auf Trebe«. Er ertrug den betrunkenen und gewalttätigen Vater nicht mehr länger. Auch im Emsland gab es zu jener Zeit so etwas wie eine Hippie-Szene mit all ihren Begleiterscheinungen, gerade auch im Hinblick auf den Drogenkonsum. Mein Bruder tauchte genauso tief in diese Szene ein wie in den Konsum verschiedener Betäubungsmittel.

Nachdem er das städtische Gymnasium wegen Cannabis-Konsums hatte verlassen müssen, schaffte er es gerade noch, den Hauptschulabschluss zu machen, wurde jedoch danach in der Johannesburg, einem Heim für schwer erziehbare Kinder, untergebracht, da er immer wieder strafrechtlich in Erscheinung getreten war. Die Johannesburg liegt nicht weit von der niederländischen Grenze, so dass mein Bruder seine längst vorhandenen Kontakte zu niederländischen Cannabis-Händlern weidlich nutzte, um halb Niedersachsen mit dem Stoff zu versorgen. Geld verdiente er damit nicht, da er nur vermittelte.

Trotzdem schaffte er es in dieser Zeit, doch noch eine Lehre zu absolvieren und zog für kurze Zeit zurück zur Mutter und dem kleinen Bruder. Allerdings war dieses Familienglück nicht von langer Dauer, da die Kripo ihn bald mit Haftbefehl suchte. Wegen Verstoßes gegen das Betäubungsmittelgesetz wurde er schließlich zu einer mehrjährigen Jugendstrafe verurteilt. Diese saß er in Hameln und Vechta ab, wobei der Jugendstrafvollzug damals sicherlich wesentlich härter sowie unpädagogischer war und erzieherisch einer Tragödie gleichkam. Auch war der Jugendstrafvollzug noch nicht vom Resozialisierungsgedanken geprägt.

Durch die Haft meines Bruders und den Tod meines Vaters konnte ich nun »ungestört« meinen Weg finden. Der frühzeitige Tod meines Vaters war, so glaube ich heute, mein Glück, da mich die Alkoholexzesse nicht so heftig trafen, wie dies bei meinem Bruder der Fall gewesen war. Ich wohnte mit meiner Mutter allein, die Bäckerei war mittlerweile geschlossen. Die Rente meiner Mutter konnte uns beide nicht ernähren. Schließlich kam sie auf die Idee, das im Haus befindliche Ladenlokal an einen Nachtklubbesitzer zu vermieten, der schließlich an dieser Stelle die erste sogenannte »Animierbar« in Meppen betrieb.

Auch die Intervention des örtlichen katholischen Priesters konnte meine Mutter nicht von ihrer Entscheidung abhalten. Dieser stand eines Tages bei uns im Wohnzimmer, voller Sorge, nachdem er von den skandalösen Dingen gehört hatte, die sich bei uns zutrugen. Er appellierte an meine Mutter, sie könne doch nicht an einen derart unmoralischen Betrieb vermieten, woraufhin sie ihm in ihrer nüchternen Art entgegnete: »Gibt die katholische Kirche mir das Geld, mach ich das rückgängig, sonst nicht.« Nun, die Kirche gab natürlich kein Geld, und ich lernte, dass Bertolt Brecht mit seinem berühmten Zitat Recht gehabt hatte: »Erst kommt das Fressen, dann die Moral!« So lebten wir von einer guten Miete, der kleinen Rente und schließlich auch noch von einem Putzjob, den meine Mutter in eben jener Bar ausübte. Auch ich selbst profitierte vom Gewerbe in unserem Haus: Für zehn Mark pro Stunde brachte ich Werbezettel an parkenden Fahrzeugen an. Das war, wenn man so möchte, mein erster Kontakt zum Rotlichtmilieu. Wir lebten gut, Geldprobleme gehörten der Vergangenheit an.

Die durch nicht verarbeitete Kriegserlebnisse entstandene Alkoholsucht meines Vaters hatte meine Mutter noch irgendwie ertragen, der Knast-Aufenthalt ihres ältesten Sohnes jedoch war zu viel. Die Geschichte wurde totgeschwiegen, Hans war eben einfach »weg«, »woanders«, jedenfalls durfte er offiziell nicht dort sein, wo er wirklich war. Was zur Folge hatte, dass ich in dieser Hinsicht ständig lügen musste, denn natürlich wurde ich gefragt, wo sich denn mein Bruder aufhalte.

Lügen fiel mir schon damals schwer, und vielleicht liegt meine heutige Liebe zur Wahrheit und zur Direktheit auch mit in jener Zeit begründet, als ich so lange nicht sagen durfte, was ich eigentlich gerne mal losgeworden wäre.

Immerhin: Ich selbst war mir darüber im Klaren, dass meine Mutter nun nur noch einen der Männer in ihrer Familie hatte, der die Chance besaß, sie nicht bitter zu enttäuschen. Und ich war entschlossen, diese Chance zu nutzen.

In der Grundschule war ich ein Mathe-Ass und Super-Sportler, gleichzeitig jedoch festigte ich auch meinen Ruf als Deutsch-Versager. Mit der Rechtschreibung stand ich auf Kriegsfuß. Heute, in Zeiten der Übertherapierung, hätte ich den Stempel »Lese-Rechtschreib-Schwäche« (LRS) schneller aufgedrückt bekommen, als ich die Buchstaben hätte entziffern können. Damals jedoch war über die Gründe für derartige Probleme noch wenig bekannt und es gab für Schüler wie mich auch keine speziellen Hilfsangebote. Für den Übergang auf die weiterführende Schule war das ein ziemliches Problem, doch ich hatte Glück und machte zugleich eine Erfahrung, die ich mir immer mal wieder in meinem Leben ins Gedächtnis zurückrufe.

Meine Klassenlehrerin hatte rechtzeitig mit meinen Eltern, die mich eigentlich auf der Realschule anmelden wollten, gesprochen und ihnen eingeschärft: »Ihr müsst Andreas unbedingt aufs Gymnasium schicken. Er hat zwar nicht die Noten dafür, aber ich weiß: Er wird es schaffen!«

Das war mein Glück, und die Erfahrung, die ich machte, war die, dass Menschen mit ein wenig Unterstützung von außen und der wohlwollenden Hilfe anderer Menschen eine ganze Menge Dinge schaffen können, die sie aus den eigenen

Möglichkeiten heraus vielleicht niemals geschafft hätten. Mein Vater, der aus seiner letzten Kur trocken zurückgekommen war, meldete mich stolz beim Maristenkloster in Meppen an, einer freien Schule, an der etwa achtzig Prozent der Lehrer katholische Pater waren. Der Leiter dieser Schule, Pater Licher, war zwar kein besonders fähiger Pädagoge, doch er war Mathelehrer. Pater Licher war meine Deutschnote egal, er sah meine Mathenote, hörte mich im Aufnahmegespräch begeistert von Mathematik reden und war überzeugt, dass er diesen Schüler auf seiner Schule haben wollte. Ein weiterer Lehrer, der sich, was damals selten war, mit LRS auskannte, half mir außerdem mit freiwilligen Zusatzstunden.

Doch natürlich bestand mein Leben an dieser Schule nicht nur aus glücklichen Fügungen. Mein Bruder, der das städtische Gymnasium besucht hatte, war im Zuge seines Abgleitens in die Drogen- und Hippieszene von der Anstalt geflogen, so dass der Name meiner Familie für manchen bereits einen gewissen »Klang« hatte. Zu diesen »manchen« gehörte etwa ein Lehrer, der kurze Zeit zuvor vom städtischen Gymnasium auf meine neue Schule gewechselt hatte und den Begriff der Sippenhaft mit Leben zu füllen verstand. Er begrüßte mich mit den Worten, ich sei doch »der Bruder von diesem stadtbekannten Kiffer« und verpasste dem elfjährigen Andreas, der gerade mal zwei Wochen vorher seinen Vater verloren hatte, direkt rechts und links eine Ohrfeige. Er konnte das folgenlos machen, denn damals hatten Lehrer noch ein Züchtigungsrecht. Offensichtlich glaubte er, mich nur so vor der Verderbnis meiner Familie retten zu können, indem er mich direkt »einnordete«.

Zugegebenermaßen war ich kein einfacher Schüler, sondern gab den Lehrern, wenn ich es für angebracht hielt, kräftige Widerworte, was mir manchen Strafdienst einbrachte.

Heute würde man das Problem anders lösen: Man hätte mir gleich die Diagnose ADHS gestellt und mich mit *Ritalin*, *Concerta* oder anderen Medikamenten vollgestopft und aus mir so einen ruhigen, aber frühzeitig medikamentenabhängigen Schüler gemacht.

Während ich mich also als ziemlich hyperaktiver Schüler durch meine Zeit auf dem Gymnasium hangelte, legte mein Bruder eine veritable Kleinkriminellen-Karriere hin. Gewalt spielte nie eine Rolle, vielleicht hatten ihn die Erfahrungen mit unserem Vater davon abgehalten, doch die Drogensucht hatte ihn im Griff und infolgedessen auch die Beschaffungskriminalität in Form von Diebstählen und der Vermittlung großer Mengen Cannabis. All das führte immer wieder zu Aufenthalten in Besserungsanstalten und auch im echten Gefängnis, wo ich ihn bisweilen besuchte. So hatte ich ständig vor Augen, was ich meiner Mutter nicht antun durfte.

Mit Drogen hatte ich dann auch wirklich nichts zu schaffen, aber fast jeder Jugendliche gerät irgendwann doch einmal mit dem Gesetz in Konflikt. So war es auch bei mir, auch wenn ich meinem Vorsatz, nicht klauen zu wollen, treu blieb: Ich bezahlte stattdessen einen anderen Jungen dafür, dass er mir einen heiß ersehnten, aber zu teuren Zirkelkasten »besorgte«. Es kam, wie es kommen musste: Die Bande des Jungen, der den Zirkelkasten für mich geklaut hatte, flog auf, und mein Bekannter gab bei der Polizei wahrheitsgemäß zu Protokoll, dass er den Zirkel für mich geklaut habe. Die Folgen waren klar: Meine Mutter musste mit mir zur Polizei und zur Jugendgerichtshilfe, es gab ein Verfahren und ich hoffte inständig, einen ganz bestimmten Menschen nicht sehen zu müssen: den Jugendrichter.

Mein Verfahren wurde schließlich eingestellt. Der Rest der Bande erhielt zum Teil Arbeitsauflagen, die Rädelsführer mussten für zwei bis vier Wochen in den Arrest. Heute würde man die Entscheidung des Jugendrichters als Warnschussarrest bezeichnen, und wenn man sich anschaut, was aus den Jungs geworden ist, kann man nicht behaupten, dass es ihnen geschadet hat. Ich selbst war im Sinne dessen, was man heute Diversion nennt, noch einmal davongekommen, doch auch bei mir hatte der heilsame Schock gewirkt. Meinen privaten Warnschussarrest hatte ich zudem auch längst selbst gefunden: Diesen leistete stellvertretend mein Bruder ab. Ich sah, wie er im Knast litt, wie traurig das alles war, und ich wusste immer: Das ist genau das, was du niemals erleben möchtest. Und es ist auch das, was du gerne bei anderen Menschen verhindern würdest!

Richter werd' ich sowieso nicht!

Noch heute wundere ich mich oft darüber, wie aus mir das werden konnte, was ich bin. Ein Jugendrichter, oder überhaupt: ein Richter. Denn das war, obwohl ich verhindern wollte, dass Menschen im Gefängnis landen, doch genau das, was ich nie werden wollte.

Nach dem Abitur leistete ich zunächst, da ich seit jeher jegliche Form der Gewalt ablehnte, sozusagen als »staatlich anerkannter Pazifist« meinen Zivildienst ab. Danach entschied ich mich gegen ein Publizistik- und für ein Jurastudium und ging nach West-Berlin. Das brachte für mich zunächst vor allem Frustration mit sich. Meine Kommilitonen schienen alle akzeptiert zu haben, dass dieses Studium daraus bestehen muss, Gesetzestexte genauso auswendig zu lernen wie ihre exakte Anwendung. Eigenständiges Denken beziehungsweise Nachdenken über den Sinn juristischer Regelungen, über die Anwendung von Gesetzen und über weitergehende Zusammenhänge erlebte ich verhältnismäßig selten.

Da ich nun mal ein impulsiver Mensch bin, führte das zwangsläufig dazu, dass ich nach ein paar Semestern erst mal keine Lust mehr hatte. Ich unterbrach, jobbte unter anderem als Telegrammbursche bei der Post. Trotz allem Frust nahm ich jedoch nach etwa einjähriger Auszeit das Studium wieder auf und kam erstaunlich gut durch. Nachdem meine damalige Freundin mir mitteilte, sie sei schwanger, bemühte ich mich um eine Referendariatsstelle in Bayern, wo Frau und Kind lebten. Daraus wurde jedoch nichts, da ich, wie man mir sagte kein »Landeskind« sei. Und nicht einmal mein spontan vorgetragenes Argument, ich hätte aber ja immerhin für ein weiteres Landeskind gesorgt, konnte die zuständige Stelle umstimmen.

Immerhin jedoch konnte ich meine sechsmonatige Wahlstation, die zum Referendariat dazugehörte, bei einem Rechtsanwalt in Bayern ableisten und fand zusätzlich eine Stelle als wissenschaftliche Hilfskraft an der Uni Würzburg. Diese hatte ich allerdings auch nur solange inne, bis ich mich mal wieder wegen unterschiedlicher Auffassungen genötigt sah, zu kündigen: Man wollte einen Studenten wegen Cannabis-Konsums von der Uni schmeißen. Das Referendariat selbst leistete ich in Berlin ab, so dass ich zum Dauerpendler wurde, um so mehr, als meine Mutter an Krebs erkrankte und neben Bayern und Berlin nun auch Meppen wieder als dritte Station auf meinem ständigen Reiseweg lag.

So seltsam es im ersten Moment klingen mag, so wahr ist es doch, dass gerade diese neuerliche Leidenszeit meiner Mutter mich letztlich dazu brachte, den Weg zum Richteramt einzuschlagen.

Um nach einem Jurastudium und anschließendem Referendariat Richter werden zu können, braucht es einen gewissen Notenschnitt. Obwohl ich mich nie besonders bemüht hatte und mir echtes Noten- und Karrierestreben fremd war, lag mein Schnitt schließlich in einem Rahmen, der den Richterposten in den Bereich des Möglichen rückte. Aber selbst, als ich in meiner Abschlussprüfung gefragt wurde, welchen Weg ich anstreben würde, antwortete ich noch im Brustton der Überzeugung: »Ich werde höchstens ein kleiner Anwalt irgendwo in Kreuzberg.«

Und dann doch: gute Noten, Bewerbungen und schließlich eine Stelle im Land Brandenburg. Im April 1994 fing ich zunächst beim Landgericht Münster an, da das Land Brandenburg Jungrichter erst einmal für ein Jahr nach Nordrhein-Westfalen abordnete. Im Gegenzug bekam Brandenburg gestandene Richter für den Aufbau der eigenen Justiz. Für mich war das auch die Voraussetzung für die Tätigkeit als Richter, denn so konnte ich meine damals schwerkranke Mutter noch bis zu ihrem Tod betreuen. Ich war nun zunächst für ein Jahr in Münster und fing dann im April 1995 in Frankfurt an der Oder an. Hier bekam ich als erstes Verfahren überhaupt einen Vorgang übertragen, der mich für mein weiteres Richterleben prägen sollte und mich auch bereits mit dem Thema Rechtsradikalismus in Berührung brachte. Das war insofern entscheidend, als dieses Thema meine ersten Jahre als Richter und meine Überzeugungen nachhaltig beeinflusst hat.

Mit dem ersten Fall sofort in medias res
Das Dolgenbrodt-Verfahren

Der Ruf eines Quertreibers eilte mir voraus. Wie mir später der damalige Präsident des Landgerichtes Münster erzählte, wurde über kaum einen neuen Proberichter vom abgebenden Gericht mit dem aufnehmenden so lange und intensiv telefoniert wie über mich.

Ich wurde unter anderem Mitglied der Schwurgerichtskammer und der Jugendkammer, war also von Beginn an mit ausreichend Arbeit versorgt und wurde außerdem gleichzeitig von verschiedenen Vorsitzenden beäugt. Das Verfahren, von dem ich oben sprach, war das sogenannte Dolgenbrodt-Verfahren, das ich als sogenannter Berichterstatter für das Gericht, das mit zwei weiteren Berufsrichtern und zwei Schöffen besetzt war, vorbereiten musste. Dieses Verfahren beeinflusste meinen weiteren beruflichen Werdegang enorm.

Zunächst einmal fühlte ich mich erschlagen. 1200 Seiten waren bereits mit diversen Vorgängen gefüllt worden, 1200 Seiten, die bei mir auf dem Tisch lagen und durchgearbeitet werden wollten. Nach dem ersten Ohnmachtsgefühl setzte ich mich also hin und las und las und las.

Mir wurde schnell klar, wie viel Aufmerksamkeit diese Geschichte bereits erzeugt hatte und noch erzeugen würde; sie passte gut in die Zeit des explodierenden Rechtsradikalismus in den ostdeutschen Bundesländern. Zwar gab es zum Glück keine Opfer, die an Leib und Leben Schaden genommen hatten, deutlich wurde aber, dass genau das zu erwarten war, wenn man dem Treiben nicht sofort Einhalt gebieten würde.

Worum ging es? Der Angeklagte war beschuldigt, am 1.11.1992 gegen Bezahlung durch einige Dorfbewohner ein Asylbewerberheim im kleinen brandenburgischen Ort Dolgenbrodt mit einem Molotow-Cocktail in Brand gesteckt zu haben, und zwar einen Tag bevor dort Asyl suchende Menschen untergebracht werden sollten. Es war damals die Hochzeit der Brandanschläge, Rostock hatte bereits Angriffe des braunen Mobs erlebt, die verheerenden Brandanschläge in Mölln und Solingen sollten noch folgen. Da es erhebliche Zweifel am Freispruch im ersten Urteil gab, hatte der Bundesgerichtshof dieses aufgehoben, und das Verfahren musste neu aufgerollt werden. Und jetzt lag es vor mir.

Wie nach dem Umfang des Materials zu erwarten, hatten wir einen Marathon vor uns. 25 Verhandlungstage, das Ganze zog sich über Monate und war letztlich ein reines Indizienverfahren. Das zu erwähnen ist nicht ganz unwichtig, da wir Unmengen an Zeugen hörten, über 50 Leute sind es sicherlich gewesen. Man fühlte sich, als ob das halbe Dorf im Gerichtssaal erschienen wäre, um jeweils die eigene Version der Tat zum Besten zu geben. Der eine widersprach dem anderen, zusätzlich war der Angeklagte in einem Fernsehinterview aufgetreten und hatte in der scheinbaren Gewissheit, wieder einen Freispruch zu bekommen, frech in die Kamera gesagt, »vielleicht« sei er ja »dabei gewesen, vielleicht aber auch nicht«. Er verhöhnte also noch im Nachhinein die Menschen, die auf Grund solcher Taten Angst davor haben mussten, dieses Land überhaupt zu betreten. Denn das war die eigentliche Ansage, die hinter dem scheinbar vernachlässigenswerten Anschlag auf ein leer stehendes Haus steckte: »Wir wollen diese Ausländer nicht, und wenn sie trotzdem kommen, werden wir sie kriegen.«

So stützten wir uns also auf wenige wirklich gute Indizien, hatten allerdings gleichzeitig doch einen Zeugen, bei dem sich erhöhte Aufmerksamkeit lohnte.

Wie aus dem Nichts präsentierte die Sitzungsvertreterin der Staatsanwaltschaft plötzlich einen Kronzeugen: Carsten S., von dem im ganzen Verfahren bis zu jenem Zeitpunkt nie die Rede gewesen war, belastete den Angeklagten, und es schien endlich eine Möglichkeit gefunden, mit der das Gericht die Schuld feststellen und ein entsprechendes Urteil fällen konnte. Im Grunde spürte ich sofort, dass das zu schön war, um wahr zu sein.

S. war ein harter Fall, rechtsradikal bis ins Mark, tief in der Szene verwurzelt. Zum Zeitpunkt des Dolgenbrodt-Prozesses saß er selbst ein. Einige Jahre zuvor hatte er mit ein paar seiner rechtsradikalen Kameraden versucht, einen Nigerianer zu töten. Unter »Schlagt den Neger tot«-Rufen von S. war der Mann in einer Diskothek brutal zusammengetreten und anschließend bewusstlos in einen See geworfen worden. Nur der mutigen Rettungstat eines Türstehers, der ihn aus dem Wasser zog, war es zu verdanken gewesen, dass der Mann überlebte.

Das hatte S. eine achtjährige Haftstrafe wegen versuchten Mordes eingebracht, und eben jener Mann lief nun plötzlich als Hauptbelastungszeuge in unserem Verfahren auf. Von Anfang an stank hier etwas zum Himmel, so dass veranlasst wurde, S.' Besuchslisten im Gefängnis zu den Akten zu reichen. Hieraus war bereits einiges zu entnehmen, insbesondere, mit wem er Kontakt pflegte. Auch räumte die als Zeugin gehörte Staatsanwältin ein, dass ein anderes Verfahren, in dem es um eine weitere Freiheitsstrafe von einem Jahr ging, plötzlich eingestellt worden war. Außerdem hatte sie den Zeugen auf eigene Faust und ohne das Gericht zu unterrichten im Knast besucht.

Das Ergebnis der Recherche: Der Kronzeuge stand, so muste ich denken, wohl auf der Lohnliste des brandenburgischen Verfassungsschutzes. Einer der sogenannten V-Männer, von denen auch heutzutage wieder so oft die Rede ist.

Es war ein Dilemma, wie es schlimmer kaum kommen kann. Auf der einen Seite konnte man ziemlich sicher sein, dass der Angeklagte die Tat begangen hatte und verurteilt werden musste. Mir war auch zu jenem Zeitpunkt schon klar, dass ein solches Urteil Signalwirkung haben würde. Die rechte Szene sollte ruhig wissen, dass auch ein Anschlag auf ein leeres Asylbewerberheim nicht als Kavaliersdelikt durchgehen würde, sondern als Anzeichen für schlimmere Taten gewertet werden musste, die unweigerlich folgen würden. Auf der anderen Seite war der Zeuge S. vor dem Hintergrund meiner Vermutungen im Grunde nicht zu gebrauchen.

Mir persönlich bereitete diese Situation buchstäblich schlaflose Nächte. Ich saß daheim in meiner Küche und brütete über diesem Fall. Als Berichterstatter war ich auch derjenige, der den Gang des Verfahrens bestimmte und jeweils die weitere Vorgehensweise vorzuschlagen hatte. Für einen jungen Proberichter ohne große Erfahrung eine enorme Belastung!

Spontan wäre ich am liebsten zur Staatsanwältin gegangen und hätte sie gefragt, ob meine Vermutung richtig sei und mit welchem Recht sie uns zum Narren halte. Ich malte mir mehr als einmal aus, wie ich ihr ins Gesicht sagen würde, dass ich annähme, dass sie das Gericht verarsche – eine mildere Formulierung fiel mir kaum ein. Hinsichtlich des Verfahrens selbst haderte ich mit der durchaus gegebenen Möglichkeit, vorzuschlagen, das Verfahren aus rechtsstaatlichen Gründen einzustellen.

Doch das machte ich nicht, und wie es manchmal im Leben so ist, kam Hilfe von unerwarteter Seite. Am Tatort waren

Fasern einer Hose gefunden worden, die als Indizien eine Rolle spielten. Was in Deutschland zu jener Zeit nicht möglich war, schaffte in einem Akt von Amtshilfe das amerikanische FBI: Es konnte nachgewiesen werden, dass es sich bei der Faser um einen seltenen Stoff handelte, der in Deutschland kaum gängig war. Der Angeklagte jedoch besaß eine Hose aus genau diesem Stoff, und es hätte schon ein enormer Zufall sein müssen, dass jemand anderes mit genau einer solchen Hose an jenem Abend vor Ort gewesen wäre. Damit brauchte das Gericht auch die Aussage des Kronzeugen S. nicht.

Von diesem Zeitpunkt an nahm das unglaublich anstrengende Verfahren für mich eine positive Wende. Da die betreffende Staatsanwältin zuvor als Zeugin ausgesagt hatte, hielt nicht sie das Schlussplädoyer, sondern musste dieses einem jungen Kollegen überlassen, der sie gut vertrat.

Doch was wir vor allem schafften, war, dass wir den Angeklagten für die ihm zur Last gelegte Tat allein aufgrund der uns zur Verfügung stehenden Indizien verurteilen konnten. Der Zeuge S. wurde in der sage und schreibe 75 Seiten starken Urteilsbegründung mit keinem Wort erwähnt. In der mündlichen Urteilsbegründung wurde er lediglich kurz als unglaubwürdig beurteilt. Dass das Gericht ihn tatsächlich nicht brauchte, um die Entscheidung rechtskräftig werden zu lassen, erfuhr ich endgültig am 24. Oktober 1996, als bekannt wurde, dass der Bundesgerichtshof das Urteil in der Revision gehalten hatte.

Das war eine solch enorme Bestätigung für meine Arbeit und auf meinem gerade erst begonnenen Weg als Richter, dass ich wie so oft in den entscheidenden Momenten meines Lebens den Tränen nahe war. Später sollte sich herausstellen, dass der Zeuge tatsächlich ein V-Mann des Verfassungsschutzes gewesen war. Noch lange nach diesem Verfahren stellte ich mir die Frage, ob der Zeuge nicht bereits früher hätte enttarnt werden müssen, und ich hatte wohl irgendwie darauf gehofft, dass dies schon allein aufgrund der Nichtbeachtung im Urteil durch die zuständigen Stellen geschehen würde. Im Grunde schäme ich mich heute dafür, dass ich persönlich das Thema nicht offen angesprochen habe. Heute würde ich anders reagieren.

Dolgenbrodt und die Folgen

Dieser Prozess war aus heutiger Sicht betrachtet nicht nur der unglaublich schwere Auftakt meiner brandenburgischen Richterkarriere, er wirkte auch in die Zukunft nach, und selbst bis in die heutige Zeit gibt es eine Verbindungslinie.

Zunächst bekam der Staat die allgemeinen Auswirkungen beim ersten NPD-Verbotsverfahren zu spüren. Ich konnte mich ohne Probleme sofort in die Köpfe der zuständigen Verfassungsrichter hineinversetzen und wusste, dass der Verbotsantrag scheitern würde. Der *Spiegel* hatte zudem im Juli 2000 einen Artikel über Carsten S. veröffentlicht, aus dem genau hervorging, dass dieser tatsächlich V-Mann des Verfassungsschutzes gewesen war, zudem tatkräftig am Aufbau der NPD-Brandenburg beteiligt gewesen war und nicht zuletzt noch aus dem Gefängnis heraus kräftig Propaganda-Arbeit betrieben hatte. Mit dem Geld des Verfassungsschutzes vertrieb er beispielsweise menschenverachtende rechtsradikale Propaganda-CDs, die viele Jugendliche, auch die, mit denen ich später zu tun hatte, dazu brachten, rechtsradikal motivierte Straftaten zu begehen und die Ausländerfeindlichkeit zu schüren.

Diese und weitere Erkenntnisse über V-Leute in den Reihen der NPD ließen schließlich das Verbotsverfahren scheitern, und auch heute, wo ein neues Verfahren im Raum steht, ist es ein großes Hindernis, dass niemand so ganz genau weiß, wer eigentlich wo Ross und Reiter ist. Eigentlich hätte man den Mumm haben müssen, der Sache näher auf den Grund zu gehen und Carsten S. frühzeitig öffentlich zu enttarnen. So hätte man vielleicht verhindern können, dass dieser Mensch mit staatlicher Unterstützung den Rechtsradikalismus noch über Jahre weiter stärken konnte. Kronzeuge und V-Mann Carsten S., dessen Anwerbung als versuchter Mörder bereits moralisch durch nichts zu rechtfertigen war, wurde damals eben nicht abgeschaltet und durfte bis zu seiner tatsächlichen Enttarnung Mitte des Jahres 2000 weiter offiziell die rechtsradikale Szene mit aufbauen, er hatte sich nicht aus dieser verabschiedet. Im Gegenteil: Sein Name taucht ganz aktuell an einer Stelle auf, wo man ihn mit ein wenig Fantasie durchaus auch hätte vermuten können: Carsten S., heute wohl auf Staatskosten mit einer neuen Identität versorgt und im Zeugenschutzprogamm, hatte unmittelbare oder mittelbare Kontakte zum »Nationalsozialistischen Untergrund«, kurz NSU. Eine stringente Karriere in der Welt des Rechtsradikalismus also: von den Anfängen der Szene im Osten der Republik bis zum Umfeld des mutmaßlichen Mörder-Trios Böhnhardt, Mundlos und der insoweit angeklagten Zschäpe.

Das Dolgenbrodt-Verfahren hatte mich eine Menge Kraft gekostet, es war der berühmte Sprung ins kalte Wasser gewesen, und ich hatte bereits eine Menge gelernt, was ich im Laufe meines Richterlebens immer wieder gebrauchen können sollte. Sei es, was die Bedeutung der Öffentlichkeitsarbeit angeht, sei es, was äußere Beeinflussungen von Prozessen oder auch einfach nur was den unglaublichen zeitlichen Aufwand angeht, den die sorgfältige Führung mancher Prozesse bedeutet.

Depressionen abseits des Mythos

Fünf Tage nach der Urteilsverkündung im Dolgenbrodt-Verfahren wurde ich zum Amtsgericht Strausberg abgeordnet.
Das dortige Präsidium betraute mich mit einem Dezernat, das
ich als Proberichter kaum schaffen konnte. Ich war nun unter
anderem zuständig für jeweils kleine Teile im Zivilrecht, Be-
treuungsrecht, Strafrecht, Ordnungswidrigkeitenrecht, Voll-
streckungsrecht und sogar ein wenig Jugendrecht. Bald musste
ich auch alle Eilverfahren erledigen. Dieses bunte Potpourri allein war für einen Proberichter, der ich immer noch war, schon
kaum zu schaffen. Nebenher hatte ich aber auch noch das Dol-
genbrodt-Urteil zu schreiben. Wochenenden gab es zu jener
Zeit für mich nicht mehr. Meine damaligen Kollegen fanden
das normal.

Mich allerdings fanden sie nicht normal. Alleine der Umstand, dass ich meist eine Base-Cap trug und hier und da anders entschied als üblich, reichte schon. Die wirklichen Schwierigkeiten kamen allerdings erst auf mich zu, und zwar aufgrund
einer Entscheidung, die ich als Ermittlungsrichter, der ich seinerzeit war und auch bis heute geblieben bin, getroffen hatte.

Der Ermittlungsrichter hat im Grunde genommen die
Aufgabe, zu entscheiden, wenn die Staatsanwaltschaft beantragt, Menschen wegen schwerwiegender Taten in Haft zu
nehmen. Das wird sie immer dann machen, wenn jemand als
dringend tatverdächtig erachtet wird und Haftgründe wie
Fluchtgefahr, Wiederholungsgefahr oder Verdunklungsgefahr
bestehen.

Der Ermittlungsrichter muss wahnsinnig schnell arbeiten, seine Bedeutung ist hoch, denn er entscheidet darüber, ob Menschen sofort in Haft gehen und hierdurch Job und möglicherweise auch Familie verlieren. Er hat somit quasi den ersten Zugriff auf einen Beschuldigten und entscheidet über Wohl und Wehe. Nachdem der Beschuldigte durch die Polizei festgenommen worden ist, darf er im polizeilichen Gewahrsam ohne richterlichen Beschluss nur bis 24:00 Uhr des nächsten Tages festgehalten werden. Die von der Polizei informierte Staatsanwaltschaft beantragt, nachdem wesentliche Ermittlungen bereits durchgeführt wurden, beim zuständigen Ermittlungsrichter den Erlass eines Haftbefehls.

An einen meiner ersten Fälle als Ermittlungsrichter beim Amtsgericht Strausberg kann ich mich noch gut erinnern, weil er letztlich auch meinen Weg zum Amtsgericht Bernau ebnete. Ein fünfzigjähriger dreifacher Familienvater aus Polen, der mit gebrauchten Autos handelte, hatte in Berlin ein Auto gekauft und wollte dieses über die Grenze nach Polen bringen. Durch ein Momentversagen – er hatte nicht richtig geblinkt – verursachte er einen schweren Unfall, in Folge dessen eine Mutter von zwei Kindern verstarb. Es handelte sich insoweit zunächst um fahrlässige Tötung, für die bei diesem Minimalversagen keine Staatsanwaltschaft einen Haftantrag stellen würde.

Dem Familienvater, den man mir dann polizeilich vorführte, wurde allerdings weiter vorgeworfen, er sei grob und rücksichtslos gefahren und habe darüber hinaus noch Unfallflucht begangen. Nachdem ich die Akten geprüft hatte, kam ich zu dem Schluss, dass weder rücksichtsloses Verhalten noch Unfallflucht tatsächlich vorlagen. Es bestand auch keine Fluchtgefahr.

Die Staatsanwaltschaft begründete ihren Haftantrag einzig und allein damit, dass es sich um einen polnischen Staatsbürger handelte. Ich rief seine deutschen Vertragspartner an, die mir telefonisch bestätigten, dass es sich bei ihrem Geschäftspartner um einen soliden Familienvater handelte. Ich machte also, was das Gesetz vorschrieb: Ich wies den Antrag der Staatsanwaltschaft mangels Fluchtgefahr mit fünf Sätzen zurück und ließ den Beschuldigten, dem man ansehen konnte, wie leid ihm alles tat, nach Polen ausreisen. Das Ganze, obwohl er 10.000 DM in der Tasche hatte, die ich beim Erlass des Haftbefehls als Kaution hätte nehmen können.

Als ich am nächsten Morgen im Amtsgericht Strausberg erschien, musste ich feststellen, dass die Presse bereits über mein »skandalöses« Verhalten berichtet hatte. Ich war plötzlich nur noch der, »der den Polen laufen gelassen hatte«. Ich entgegnete, dass ich nur nach Recht und Gesetz entschieden hätte. Allein aus der Tatsache, dass der Beschuldigte polnischer Staatsbürger gewesen sei, könne ich schließlich keinen Haftbefehl konstruieren.

Die Staatsanwaltschaft ging in die Beschwerde bis zum Oberlandesgericht Brandenburg, wo meine Entscheidung anschließend gehalten wurde. Danach konnte ich es in Strausberg nicht mehr aushalten. Ich musste Dinge hören wie »alle Polen lügen«, und auch mein Hinweis, dass der damalige Papst schließlich auch Pole sei, führte nicht dazu, über die eigene Fremdenfeindlichkeit nachzudenken. Ich bat um meine Versetzung an ein anderes Gericht. So kam ich an das Amtsgericht Bernau bei Berlin, wo ich noch heute arbeite.

Das Schönste an dieser Geschichte, so hart sie auch für die Kinder und den Ehemann der Verstorbenen gewesen war: Ich behielt Recht, und der Beschuldigte stellte sich dem einige Monate später am Amtsgericht Strausberg durchgeführten Verfahren, in dem er wegen eines Momentversagens zu einer Geldstrafe verurteilt wurde. Der Ehemann der Getöteten entschuldigte sich noch in der Hauptverhandlung bei dem Beschuldigten für die letztendlich betriebene Hetzjagd. Ich selber erhielt einige Monate später eine Postkarte mit dem Wort »Dankeschön«. Hätte ich ihn eingesperrt, so hätte ich möglicherweise seine Existenz vernichtet.

Geblieben war jedoch die Erfahrung, dass ein Richter unter ganz besonderer Beobachtung, auch der Öffentlichkeit, steht. Ich hatte am eigenen Leib erfahren, wie belastend das sein kann und eine Seite an der Arbeit des Richters erlebt, die in den allgemeinen Mythen um diesen so hoch angesehenen Beruf nicht vorkommt.

Ein neuer Anfang in Bernau – Meine Arbeit als Jugendrichter

Aus gutem Grund beruht das Rechtssystem in Deutschland auf einer Dreiteilung. Exekutive, Legislative und Judikative bilden die drei Säulen der Rechtsstaatlichkeit. Als Richter gehöre ich der Judikative an, die nach Artikel 97 des Grundgesetzes völlige Unabhängigkeit genießt, ein Umstand, der vor allem auch in Diskussionen mit Politikern immer wieder in Erinnerung gerufen werden muss. Der Legislative passt diese Unabhängigkeit der Judikative nicht immer in den Kram, wie ich in meiner Karriere bereits mehrfach leidvoll erfahren musste.

Als Jugendrichter gehöre ich der sogenannten »Ordentlichen Gerichtsbarkeit« an, die für strafrechtliche und bürgerlich-rechtliche Angelegenheiten zuständig ist, wobei Letzteres für Streitigkeiten zwischen Privatpersonen oder juristischen Personen steht. Ich muss bisweilen schmunzeln, wenn ich den Begriff »ordentlich« in Zusammenhang mit meiner Person sehe. Wie oft habe ich in der Justiz für Unordnung gesorgt, für Aufruhr und Unruhe, weil ich unkonventionell und nicht stromlinienförmig agiere und entscheide. Vermutlich wäre es passender, wenn man für mich den Begriff der »Unordentlichen Gerichtsbarkeit« zusätzlich einführen würde.

Nun ist das Bild des Richterberufs in der Öffentlichkeit gerade in den letzten zehn bis zwanzig Jahren häufig von dem geprägt, was im Fernsehen vorgeführt wird. Die diversen Gerichtsshows, in denen echte Fälle nachgestellt oder auch einfach frei erfundene verhandelt werden, beeinflussen die Meinung über den Beruf des Richters mehr, als man im ersten Moment glauben sollte. Mit meiner Tätigkeit als Richter und den tatsächlichen Verfahren haben diese Fälle nichts zu tun.

Tragen diese Sendungen bereits erheblich zum Mythos des Richterbildes bei, so verschafft auch die Tatsache, dass Richter ein relativ seltener Beruf ist (derzeit gibt es etwa 25.000 Richter in Deutschland), diesem Mythos zusätzlichen Auftrieb. Viele Menschen stellen sich vor, dass der Mann oder die Frau in der eleganten Robe viel Geld verdient, in einem nicht minder eleganten großen Büro sitzt und die Drecksarbeit von einer eigenen, gut aussehenden Sekretärin erledigen lässt. Außerdem, so die Vermutung, könne der Richter sich für einen einzelnen Fall so viel Zeit nehmen, wie er braucht, Hausbesuche machen und abends noch selbst ermitteln. Auch ich stelle mir manchmal vor, dass mein Richterleben so aussähe. Nur leider entspricht das nicht im Entferntesten der Realität.

Die Realität sieht leider anders aus: kleine Büros, Massen an Akten, immer zu wenig Zeit und eine durchschnittliche Entlohnung.

Wer sich für die Laufbahn als Richter entscheidet, bewirbt sich bei einer Landesjustizverwaltung und wird bei erfolgreicher Bewerbung zunächst für einige Jahre Proberichter. In dieser Zeit ist man noch kündbar. Bewährt man sich, folgt eine Anstellung als Richter auf Lebenszeit an einem bestimmten Gericht und man ist fast nur noch kündbar oder versetzbar, wenn man die sprichwörtlichen goldenen Löffel klaut. Vom Proberichter wird vor allem eines erwartet: Er muss zeigen, dass er Verfahren zu Ende bringen kann. »Akten beenden« lautet das Zauberwort, denn jede beendete Akte belastet die Gerichtsbarkeit nicht mehr, weder finanziell noch zeitlich. Das gilt auch noch, wenn man bereits sein »lebenslänglich« bekommen hat.

Als Richter am Amtsgericht, der ich nach meiner Zeit als Proberichter wurde und noch heute bin, kann man Wünsche äußern, in welchem Bereich man eingesetzt werden möchte. Mit ein wenig Glück läuft es wie bei meinem Amtsantritt in Bernau. Ich hatte Interesse an der Tätigkeit des Jugendrichters und durfte sie übernehmen, da die anderen Richter sich das Jugendrecht nicht antun wollten.

Hierüber entscheidet nicht etwa ein Justizminister, ein Präsident eines hohen Gerichtes oder ein Direktor des Amtsgerichts, auch wenn sie das gerne würden. Diese Entscheidung trifft ein durch die jeweilige Richterschaft eines Gerichtes demokratisch gewähltes Präsidium. Nur die Präsidenten und Direktoren kommen per Gesetz, also undemokratisch, in dieses Gremium. Dort haben sie eine Stimme wie die anderen auch. Das ist vernünftig, weil nur so gewährleistet werden kann, dass unbequeme Richter wie ich nicht von heute auf morgen versetzt werden können, die Politik also weniger Einfluss nehmen kann.

Als Jugendrichter ist meine Klientel naturgemäß hinsichtlich ihres Alters genau definiert. Mit 14 beginnt die Strafmündigkeit von Jugendlichen (vorher ist das Familiengericht zuständig), diese Spanne reicht bis zum vollendeten 18. Lebensjahr. Zwischen 18 und 21 spricht man dann von »Heranwachsenden«, auch diese Gruppe gehört zu meiner Kundschaft.

Das Arbeitsaufkommen richtet sich nach den sogenannten Pensen. Das Präsidium eines Gerichtes entscheidet am Anfang eines jeden Jahres, wie viele Fälle jeder Richter in welchem Rechtsgebiet bearbeiten muss. Der Idealfall, der kaum eintritt, ist dabei ein Pensum von 1,0, das heißt, ich als Richter mache genau so viele Fälle, wie ich in meiner vorgegebenen Arbeitszeit rechnerisch schaffen müsste. Das sind in etwa 500 bis 600 Verfahren im Jahr, abhängig von den Vorwürfen, die den Angeklagten gemacht werden. In Zeiten akuten Personalmangels an deutschen Gerichten ist es jedoch häufig so, dass ein einzelner Richter nicht 1,0 Pensen zu machen hat, sondern deutlich darüber liegt, was regelmäßig zu längeren Verfahrenslaufzeiten führt. In Hochzeiten hatte ich etwa 1,5 Pensen, was nichts anderes heißt, als dass ich die Arbeit von − statistisch gesehen − anderthalb Richtern alleine gemacht habe. Zur Zeit liege ich bei über 1,2 Pensen, da im Land Brandenburg mal wieder bei der Gerechtigkeit gespart wird.

Bei den Berechnungen der Pensen wird je nach Art des Vergehens, das verhandelt werden muss, ein bestimmter Zeitrahmen zugrunde gelegt. So schlägt eine Anklage wegen Körperverletzung beispielsweise mit 170 Minuten zu Buche. Dabei spielt es keine Rolle, ob vor mir nur ein Angeklagter sitzt oder auch drei oder gar fünf. Sofern ein Dolmetscher benötigt wird, braucht man die doppelte Zeit, die Zeitgutschrift bleibt jedoch die gleiche. Ich muss also mit einem Gesamtzeitaufwand von knapp drei Stunden hinkommen, in dem ich mir einen Überblick über die Aktenlage verschaffe, die Verhandlung anberaume und durchführe sowie das Urteil diktiere. Ist der Angeklagte geständig, kann ich das schaffen, verweigert er die Aussage oder weist den Tatvorwurf von sich, wird es eng. Denn dann muss ich zusätzlich Zeugen laden und Indizien zusammentragen, um den Fall zum Abschluss zu bringen.

Das führt sehr schnell dazu, dass man mit dem vorgegebenen Zeitrahmen eben nicht hinkommt.

Die Richterpensen, also das, was man arbeiten muss, werden in einer Art Mischkalkulation berechnet: Für unterschiedliche Verfahren gibt es unterschiedliche Zeitgutschriften, ein Verfahren vor dem Jugendschöffengericht bringt mehr als ein Verfahren, dass der Jugendrichter alleine durchführen kann. Der Richter hat leichte Fälle, wie beispielsweise eindeutige Sachbeschädigungen, Fahren ohne Fahrerlaubnis oder kleinere Diebstähle, bei denen die Beweislage eindeutig ist. Dafür bekommt man 110 Minuten gutgeschrieben, braucht aber oftmals sogar weniger Zeit. Er hat aber eben auch schwere Fälle, die manchmal über mehrere Verhandlungstage gehen, aufwendige Zeugenbefragungen nötig machen und damit insgesamt mehr Zeit brauchen, als eigentlich zur Verfügung steht. Auch hierfür erhält man den gleichen Zeitrahmen. Würden alle Angeklagten von ihrem Schweigerecht Gebrauch machen oder lügen – der Angeklagte darf nämlich lügen, der Zeuge dagegen nicht – würde die Strafrechtspflege kollabieren.

Bei dieser Berechnung stehen einerseits die Erwartungen der Gesellschaft und andererseits der Selbstanspruch des Richters im Hintergrund. In beiden Fällen wird vom Richter saubere Arbeit verlangt, weil nur diese dem Bürger ein subjektives Sicherheitsgefühl vermittelt. Arbeitet der Richter gut und holt die bösen und gefährlichen Angeklagten von der Straße, kann der Bürger sich auf dieser Straße ohne Angst bewegen. Darum geht es den Menschen in erster Linie, und das ist auch vollkommen in Ordnung.

Wirklich gut kann ich diese Arbeit außerdem nur dann machen, wenn die eingangs angesprochene richterliche Unabhängigkeit gewahrt bleibt. Diese wird heute immer wieder von verschiedenen Seiten bedroht, seien es Politiker, die versuchen, die Arbeit des Gerichts zu beeinflussen, seien es Medien, die mit manipulativer Berichterstattung Druck ausüben.

Vor allem der gegenwärtige Alltag des Jugendrichters, wie auch der der anderen Richter, gefährdet akut die richterliche Unabhängigkeit. Meine Unabhängigkeit, wie auch die vieler Kollegen, wird besonders durch eines bedroht: akuten Zeitmangel bei gleichbleibend hoher Arbeitsbelastung. Aus diesem Grund brauchen wir keine Gängelung, sondern Unterstützung. Hierum sollte die Politik sich kümmern.

Warum ist diese Feststellung so wichtig? Die Arbeit des Richters im Allgemeinen und die des Jugendrichters im Speziellen hat immer tief greifende Auswirkungen auf das Leben anderer Menschen. Im Extremfall bin ich dafür verantwortlich, dass einem Menschen eines der wertvollsten Güter entzogen wird: seine Freiheit. Ich bin aber auch dafür verantwortlich, dass Opfer und ihre Angehörigen das Gefühl bekommen, durch das Verfahren und das Urteil gegen einen Täter nicht noch mehr Unrecht zu erleiden als ohnehin schon durch die Tat. Auch habe ich dafür Sorge zu tragen, dass von Straftätern keine weitere Gefahr ausgeht. Um dieser enormen Verantwortung gerecht zu werden, muss ich meine Arbeit sehr sorgfältig machen, und Sorgfalt braucht Zeit. Zeit, die ich fast nie habe oder die oft genug private Zeit ist, die ich nicht bezahlt bekomme und die letztlich zulasten meiner Familie und meiner Erholung geht und in der Vergangenheit schon gegangen ist.

Letztlich geht der Trend in meinem Beruf, ähnlich wie in vielen anderen Berufen, zu Quantität statt Qualität. Das, was mir ein Vorsitzender Richter in meiner Zeit als Proberichter in Münster einmal sagte und was ich damals nicht wahrhaben wollte, gilt in erheblichem Maße mittlerweile auch für meine jetzige Tätigkeit und die vieler Kollegen. Dieser Richter versuchte, mir jegliche Illusion als junger Richter mit dem

Spruch zu nehmen: »Herr Müller, Sie sind nicht für Wahrheit und Gerechtigkeit da, Sie sind einzig für den Rechtsfrieden und die Rechtssicherheit da!« Rechtssicherheit bedeutet: Fälle abschließen, erledigen, (fast) egal wie. Konkret bedeutet das beispielsweise, dass kein Richter in der Lage ist, jede Akte wirklich intensiv oder überhaupt nur komplett zu lesen. Er muss oft Mut zur Lücke haben, den Sachverhalt mehr überfliegen als durchdringen, und es ist nicht auszuschließen, dass so manche als »Justizskandal« aufgebauschte Fehlentscheidung eines deutschen Gerichtes vor allem darauf zurückzuführen war, dass der Richter keine Zeit hatte, genau genug in die Akten zu schauen.

Dieser Umstand ist zu einem großen Teil für die massiven psychischen Belastungen verantwortlich, die mein Beruf häufig mit sich bringt und die auch mich schon an den Rand meiner Kraft gebracht haben. Der kollektive Zeitmangel in der Justiz führt beispielsweise auch dazu, dass immer mehr Taten gar nicht mehr verfolgt werden. Die Verfahren werden eingestellt oder bereits im Vorfeld ohne Richter beendet. Dies geschieht im Jugendrecht unter ganz besonderer Beachtung der Täterinteressen und im Einklang mit der linken Sozialromantik viel zu oft sowie letztendlich meistens erzieherisch kontraproduktiv im Rahmen der sogenannten »Diversion«.

Das Wort leitet sich aus dem Englischen ab (to divert = ablenken, umleiten) und ist im Jugendgerichtsgesetz (JGG) im Paragraf 45 geregelt. An die Stelle eines formalen jugendrichterlichen Verfahrens treten erzieherische Maßnahmen durch Sozialarbeiter oder auch die Staatsanwaltschaft, die mit einem »bösen Schreiben« auf die Straftat sinngemäß folgendermaßen reagieren: »Lieber Täter, das war böse, und das darfst du nicht noch mal machen.« Werden Sozialarbeiter eingeschaltet, so die Jugendgerichtshilfe, könne im Rahmen der Diversion das Fehlverhalten erzieherisch aufgearbeitet werden. Es kann einhergehen mit der Ableistung sozialer Tätigkeit und einer Schadenswiedergutmachung. Auch soll der junge Mensch Hilfestellung bekommen und in seiner Entwicklung gefördert werden. Hintergrund ist sicher auch der Gedanke, dass er nicht durch das formelle richterliche Verfahren, also das »böse« Gericht, stigmatisiert werden soll. Außerdem soll hier, da man ja weiß, wie langsam die Justiz ist, eine schnelle Reaktion durch die Sozialarbeit erfolgen, und nicht zuletzt dient dieses Verfahren natürlich auch zur Vermeidung von Kosten für das Justizsystem.

Diversion ist ein Lieblingsinstrument der linken Sozialromantiker, kein Wunder, schließt es doch die ungeliebte Person des Richters sowie die Möglichkeit eines Freiheitsentzugs aus. Das soll nicht heißen, dass es nicht auch Fälle gibt, in denen dieses Vorgehen sinnvoll ist und dem Justizsystem wie auch Eltern und Beschuldigten eine Zeitverschwendung durch ein im Grunde überflüssiges Verfahren erspart wird. Ich selbst zum Beispiel war nach der Erfahrung des aufgeflogenen Zirkel-Diebstahls in meiner Jugend nachhaltig eingeschüchtert und habe mir nichts mehr zuschulden kommen lassen, auch wenn ich den Jugendrichter gar nicht zu Gesicht bekam. Das war Diversion.

Mir persönlich als Richter bringt eine außergerichtliche Klärung, anders als man denken könnte, allerdings keinen besonderen zeitlichen Vorteil. Das Gegenteil ist der Fall. Habe ich weniger einfache Sachen, die letztlich die Mischkalkulation ausmachen, habe ich zunächst für die schwierigen Sachen weniger Zeit. Außerdem leisten die Richter immer das gleiche Pensum: Habe ich weniger Jugendsachen, möglicherweise auch weil ich erzieherisch gut gearbeitet und Wiederholungstäter schnell in den Griff bekommen habe, werde ich dafür im Grunde bestraft. Dann bekomme ich eben andere Fälle und andere Rechtsgebiete, die ich nicht auf Anhieb beherrsche, in die ich mich einarbeiten muss und die mir gegebenenfalls nicht liegen. Zur Zeit bin ich nur noch etwa zur Hälfte Jugendrichter und verhandle in der anderen Hälfte meiner Arbeitszeit Erbschaftssachen und auch Straftaten gegen Erwachsene.

Für mich persönlich bedeutet gute Arbeit, so paradox das auch klingt, mehr oder eben andere Arbeit. Letztlich würde ich das sogar hinnehmen, würde ich mich als Jugendrichter doch eigentlich am liebsten durch gute Arbeit selbst abschaffen. Die Krux am Diversionsverfahren ist jedoch, dass dieses Verfahren in den letzten Jahrzehnten geradezu inflationär angewandt wurde und weiter angewandt wird. Wie oft habe ich im Erziehungsregister sehen müssen, dass dieses Instrument nicht nur bei einzelnen Gewalttaten, sondern sogar wiederholt bei denselben Tätern benutzt wurde. Auch für die Staatsanwaltschaft bedeutet dieses Verfahren schließlich Einsparungen, da keine Anklagen zu schreiben sind, keine Sitzungsdienste geleistet werden müssen und ein Verfahren mittels Formblatt schnell erledigt werden kann. So habe ich Fälle gehabt, in denen zuvor wiederholt per Diversion versucht worden war, einen erzieherischen Effekt bei den Jugendlichen zu erzielen, bei denen ich aber das sichere Gefühl hatte, dass es für die Angeklagten und oft auch für die Opfer wichtig gewesen wäre, frühzeitig die offizielle Staatsmacht in Robe live erlebt zu haben. Stattdessen hatten diese Angeklagten aber meist nur ein wenig Smalltalk mit oftmals in Kuschelpädagogik hervorragend ausgebildeten Sozialarbeitern gehalten.

Seit den Achtzigerjahren hat es, ausgehend von einer Studie von Professor Christian Pfeiffer, Leiter des Kriminologischen Forschungsinstituts Niedersachsen, den man auch als

»Jugendrechtspapst« bezeichnen könnte, einen regelrechten Trend zur Diversion gegeben. Christian Pfeiffer ist mit dieser Studie berühmt geworden. Der »böse« Jugendrichter hatte seiner Auffassung nach außen vor zu bleiben. In Vorbereitung seiner Promotion war diese wissenschaftliche Studie, die auf Untersuchungen aus den späten Siebzigerjahren basierte, unter dem Titel *Kriminalprävention im Jugendgerichtsverfahren* im Jahr 1983 veröffentlicht worden. Sie ist noch heute für viele Altachtundsechziger-Sozialarbeiter und auch Jugendrichter die Bibel der jugendrichterlichen Erziehung.

Inhalt dieses Werkes war im Grunde genommen eine Untersuchung über die durch Münchener Richter verhängten Arreste. Der damalige Doktorand Pfeiffer kam im Ergebnis zu der Erkenntnis, dass letztlich die Verhängung freiheitsentziehender Maßnahmen wie eben Jugendarrest im Verhältnis zu ambulanten Maßnahmen wie Auflagen und Weisungen weit mehr an Rückfällen produziere und damit für das Gemeinwohl schlechter sei. Auch müsse letztendlich die Einschaltung des Jugendrichters eher als schädlich denn als vorteilhaft beurteilt werden. Vielmehr sei die außergerichtliche Erziehung, nämlich durch Sozialarbeit, der sinnvollere Weg.

Diese Auffassung passte natürlich in die Zeit der Altachtundsechziger, die Knast als das Schlimmste empfanden und alle Schuld der Gesellschaft zuschrieben, die den Täter geprägt hatte. Pfeiffer wurde für seine Arbeit hoch gelobt und bekam Preise, seine Doktorarbeit wurde mit »summa cum laude« ausgezeichnet. Aus damaliger Sicht alles verständlich und sicherlich auch gerechtfertigt, ja sogar verdient. Allerdings manifestierte sich damit der Trend, Arrest und Jugendstrafe um jeden Preis zu vermeiden. Die Diversion war geboren und sofort zum Dogma geworden.

So revolutionär diese Erkenntnis zum damaligen Zeitpunkt sicherlich gewesen sein mag, so sehr führte sie auf längere Sicht zu wahnsinnig vielen Straftaten von jungen Menschen, schaffte Wiederholungs- und Intensivtäter sowie immer wieder neue Opfer. Der arme, von der Gesellschaft geschaffene Täter war somit zum Opfer geworden, das eigentliche Opfer selbst trat in den Hintergrund.

Vergessen wurde auch, dass sich die Zeiten wandeln. Während Anfang der Achtzigerjahre überwiegend noch leichte Taten zu richterlichem Eingreifen führten und insoweit tatsächlich häufig anders verfahren werden konnte, dürfen wir heute nicht mehr mit diesem Dogma arbeiten. Spätestens seit den Neunzigerjahren hätte anders verfahren werden müssen. Ab dieser Zeit hatten wir es mit ganz anderen Tätergruppen zu tun als noch zu Pfeiffers Glanzzeiten. Wir hatten und haben schwerste Jugendkriminalität, Arbeitslosigkeit, Verwahrlosung, Perspektivlosigkeit, Skinheadgewalt und schließlich ein Heer von Jugendlichen mit Migrationshintergrund, denen nicht mit wiederholter Diversion hätte begegnet werden dürfen.

Wann immer es irgendwie möglich erschien, kamen Verfahren also gar nicht erst vor den Jugendrichter, sondern wurden außergerichtlich »geklärt« und dann im Rahmen der Diversion eingestellt. Es gibt nicht wenige Jugendliche, bei denen das einmal gemacht wurde, dann noch einmal, dann ein drittes Mal, und spätestens beim vierten Mal wussten sie: »Wenn ich was anstelle, passiert im Grunde gar nichts.« Ich habe in meiner Karriere schon Fälle erlebt, bei denen in der Akte fünf oder sechs Einträge waren, ohne dass diese Jugendlichen jemals einen Jugendrichter zu Gesicht bekommen hatten. Das darf meines Erachtens schlicht und ergreifend nicht wieder und wieder passieren, da hierdurch unzählige Wiederholungs- und Intensivtäter und die damit verbundenen Opfer geschaffen werden. Das Gegenstück zur Diversion ist übrigens Kirsten Heisigs »Neuköllner Modell«, dazu an anderer Stelle mehr.

Für viele Verfechter der Diversion ist also der Jugendrichter die Personifikation des Bösen. Diesen in den Umgang mit einer Straftat einzubeziehen, gilt es so gut es geht zu verhindern. Wenn es dann doch soweit kommt, dass Anklage erhoben wird und eine Verhandlung im Gerichtssaal ansteht, würden diese Leute dem Richter am liebsten noch persönlich die Robe ausziehen und ihn im T-Shirt in den Saal schicken, damit er nahbarer und weniger bedrohlich erscheint. Ich selbst bestreite Verhandlungen grundsätzlich in Robe und auch mit Krawatte. Ja, ich gehe sogar so weit, dass ich bei größeren Verfahren die im Gerichtssaal Anwesenden beim Eintritt des Gerichts aufstehen lasse. Es ist meine feste Überzeugung, dass die Anerkennung der Autorität des Gerichtes eine wichtige Rolle spielt. Jugendrichter sollten sich nicht zum »Du-du«-Richter abqualifizieren lassen, der bestenfalls mal milde den Zeigefinger erhebt und dem Jugendlichen dann ausführlich erklärt, dass er doch, anstatt etwas zu klauen, die gleichen Dinge auch hätte kaufen können.

Viele Jugendrichter aus der Fraktion der Altachtundsechziger mögen inzwischen kurz vor der Pensionierung stehen oder bereits pensioniert sein. Die Gefahr, dass deren Dogmen immer weitergegeben werden, bleibt indes bestehen – nicht zuletzt haben diese Dogmen auch in der Politik noch starke Fürsprecher. Ich sehe nach wie vor Handlungsbedarf. Wir dürfen die Fehler der vergangenen Jahrzehnte nicht wiederholen.

Überhaupt zählt die Diskussion über ambulante und stationäre Maßnahmen zu den zentralen Streitpunkten im Jugendrecht, deshalb findet sie sich auch in diesem Buch an vielen Stellen wieder. Kurz erklärt meine ich mit »ambulant« alles denkbare Erzieherische, wie Arbeits- und Geldauflagen, Weisungen an die Lebensführung und natürlich sozialarbeiterische Hilfen. »Stationär« bedeutet dagegen Freiheitsentzug durch Verhängung von Arrest und Jugendstrafe. Während die linken Sozialromantiker grundsätzlich jede stationäre Maßnahme verdammen und für eine Kapitulation der Justiz halten, sehe ich die Sache deutlich differenzierter. Kapitulation ist für mich, wenn der Staat sich als zahnloser Tiger erweist, selbst bei härtesten Körperverletzungen wieder und wieder Milde walten lässt und auch, wenn eine Jugendstrafe gar nicht mehr zu verhindern ist, diese zumindest noch zur Bewährung aussetzt.

Was ich als Jugendrichter nicht zur Verfügung habe, und auch das belastet mich immer wieder sehr, ist ein stark ausdifferenziertes Arsenal an stationären Maßnahmen. Wenn ich eine Jugendstrafe verhänge, muss diese nach geltendem Recht mindestens sechs Monate betragen. Ich würde aber gerne öfter mal nur einen oder zwei Monate verhängen, da sich der erzieherische Gedanke des Jugendstrafrechtes damit viel besser umsetzen ließe. Worauf ich hingegen gut verzichten kann, ist eine Verschärfung des Jugendrechtes im Hinblick auf längere Haftstrafen, wie sie in der Vergangenheit verschiedentlich von Vertretern der konservativen Sozialromantik gefordert wurde. Mit zehn oder im ganz harten Fall mittlerweile sogar 15 Jahren Haft kommt jeder Jugendrichter locker aus, Fälle dieser Kategorie hat er ohnehin nur äußerst selten. Darüber hinaus ist die erzieherische Wirkung von 15 Jahren Haft nicht größer als die von zehn, das einzige Argument, das hier unter Umständen zählen kann, ist die Genugtuung für die Opfer einer so schweren Straftat. Hier zeigt sich auch, wie oberflächlich man meine Arbeit beurteilt, wenn man mir unterstellt, ich sei ein »Richter Gnadenlos« oder ähnlichen Unfug. Gnade ist ein wesentlicher Bestandteil unseres Rechtssystems und ich bin der Letzte, der ohne Gnade urteilt. Was ich mache, und was ich gerne in noch viel größerem Umfang machen würde, ist einfach nur Folgendes: Mit vernünftigem Handwerkszeug vernünftig erziehen.

Die Weisungen, mit denen ich vor allem während der Hochzeit der Fälle mit rechtsradikalem Hintergrund ab und an auch in der Presse gelandet bin, waren Ausweis kreativer Interpretation der gesetzlichen Möglichkeiten. Einen Nazi-Schläger zu einer Geldbuße, ein paar Arbeitsstunden, Arrest oder Jugendstrafe zu verurteilen, ist nicht falsch, aber es ist eben auch Dienst nach Vorschrift. Einen Jungen, der »Sieg Heil« und »Ausländer raus« gerufen hatte, in Begleitung eines Sozialarbeiters nach Kreuzberg zu schicken, wo er unter anderem den ersten Döner seines Lebens essen musste, verfolgte einen anderen Gedanken. Es geschah in dem Wissen, dass dieser Junge in seinem ganzen Leben noch gar keinen Kontakt mit den Menschen gehabt hatte, die er angeblich hasste und verjagen wollte. Auch Aufsätze zum Thema »Warum ist ›Sieg Heil‹-Rufen verboten?« oder Besuche eines ehemaligen Konzentrationslagers können Wirkung zeigen. Gerade das Mittel der Weisungen und Auflagen ist enorm wichtig für meine Arbeit als Jugendrichter, weil ich hier dem erzieherischen Auftrag des Jugendstrafrechts Ausdruck verleihen kann.

An dieser Stelle schließt sich allerdings auch der Kreis zum vorher angesprochenen Problem der dem Richter zur Verfügung stehenden Zeit. Um meine Arbeit so kreativ machen zu können, muss ich mich mit meiner Klientel mehr beschäftigen als nur während der paar Minuten vor Gericht. Ich muss die Szene kennen, muss wissen, wie die Mitglieder ticken, ich muss auch die Tatorte kennen, denn diese sind immer wieder die gleichen: Discos, Kneipen, S- und U-Bahnhöfe, bestimmte Treffpunkte.

Die Möglichkeit dazu habe ich aus mehreren Gründen oft genug nicht. Zum einen liegt es an dem durch Pensenregelungen ausgelösten chronischen Zeitmangel, zum anderen aber oft auch an der mangelnden Geschlossenheit in den eigenen Reihen. Kirsten Heisig hat es immer wieder erlebt, und auch ich stehe oft vor dem Problem: Gerade bei engagierten Richtern mit ungewöhnlichen Methoden und Ideen entwickelt sich Widerstand.

Frustration gehört also zu diesem Job dazu, aus vielerlei Gründen, und nicht zuletzt ist es die Frustration der Opfer, die wiederum bei mir das gleiche Gefühl auslöst. Auch hierbei spielen die bisweilen mangelhaften Möglichkeiten der Strafbemessung eine Rolle, viel schlimmer für Opfer von Straftaten ist es jedoch, wenn es erst gar nicht zu einer Strafe kommt.

Als Laie glaubt man, dass auf eine Straftat auch eine Anklage und eine Strafe folgen müssten, wenn der Täter erwischt wird. Die Realität sieht oft anders aus. Neben der bereits dargelegten Diversion gibt es weitere Möglichkeiten, dass Täter nicht für ihre Taten schuldig gesprochen werden. Ich spreche vom Paragraf 154 der Strafprozessordnung (StPO) und Paragraf 47 Abs. 1, Nr. 2 des Jugendgerichtsgesetz (JGG). Aus diesen Paragrafen ergibt sich für die Staatsanwaltschaften oder auch für die Gerichte die Möglichkeit, ein Verfahren einzustellen. Zu hören beziehungsweise zu lesen, dass ein Verfahren eingestellt wurde, gehört zu dem schlimmsten, was einem als Opfer passieren kann. Es gibt dabei zwei Varianten. Die erste schafft gewissermaßen eine Wertigkeit von Verbrechen und besagt, dass die Verfolgung einer Tat eingestellt werden kann, wenn wegen einer anderen, schlimmeren Tat eine Verurteilung zu erwarten ist. Steht also jemand wegen Raubes vor Gericht und hat zusätzlich noch einen Ladendiebstahl auf dem Kerbholz, ist davon auszugehen, dass die Staatsanwaltschaft das

Verfahren wegen des Diebstahls nach Paragraf 154 StPO einstellen wird, weil es gewissermaßen vor der Raubanklage verblasst. Nach Paragraf 47 JGG können Verfahren eingestellt werden, wenn bereits erzieherische Maßnahmen durchgeführt oder eingeleitet worden sind. Wenn ein Jugendlicher also beispielsweise wegen zweier Körperverletzungen bereits zu einem Jugendarrest von drei Wochen verurteilt wurde und noch zwei weitere Verfahren wegen Körperverletzung und Ladendiebstahl gegen ihn laufen, können letztere eingestellt werden.

Ist das für den bestohlenen Ladenbesitzer vielleicht einfach nur ärgerlich, aber zu verkraften, so sieht es bei der zweiten Variante schon anders aus. Es können nämlich auch Verfahren wegen heftiger Körperverletzungen unter Anwendung dieser Paragrafen eingestellt werden, wenn parallel weitere Verfahren laufen und vor Anklageerhebung erheblicher Ermittlungsaufwand zu erwarten ist. Vereinfacht gesagt: Schlägt ein Täter innerhalb eines bestimmten Zeitraums zwei oder mehr Nasenbeine zu Brei, kann es einem der Opfer durchaus passieren, dass der Schläger für »seinen« Nasenbeinbruch nicht zur Rechenschaft gezogen wird. Selbst wenn der Täter wegen anderer Vergehen eine Strafe zu erwarten hat, ist das für das Opfer, gerade bei Gewaltdelikten, oft schlimm. Auch ich als Richter habe häufig bei Einstellungen nach Paragraf 154 StPO oder Paragraf 47 JGG heftige Bauchschmerzen, weil ich sehe, dass damit bei dem Opfer nach der Tat zum zweiten Mal Schmerz ausgelöst wird.

Wann immer es möglich ist, verhandele ich daher Fälle auch am Rande meiner eigenen Belastbarkeit. Exemplarisch lässt sich hier der Fall eines jungen Mädchens nennen, das einen Nasenbeinbruch erlitten hatte. Der mutmaßliche Täter war nicht geständig, einen Antrag auf Prozesskostenhilfe zur Geltendmachung von Schadensersatzansprüchen hatte das zuständige Landgericht mangels hinreichender Erfolgsaussichten bereits abgelehnt, es sah insgesamt nicht gut für das Opfer aus.

Der zum Zeitpunkt der Tat noch als Heranwachsender geltende Angeklagte war zwischenzeitlich bereits durch das Amtsgericht Berlin-Tiergarten zu einer Freiheitsstrafe auf Bewährung verurteilt worden. Nach den normalen Regeln hätte ich nun, wie auch von der Staatsanwaltschaft angeregt, das Verfahren gemäß Paragraf 154 Abs. 2 StPO einstellen können. In der Konsequenz hätte dies für das junge Mädchen bedeutet, dass die betreffende Straftat nicht aufgeklärt worden wäre. Sie hätte weder in strafrechtlicher Hinsicht Genugtuung noch in zivilrechtlicher Hinsicht Schadenersatz und Schmerzensgeld zugesprochen bekommen. Im Rahmen der Hauptverhandlung, die ich trotz allem durchführen wollte, zeigte das Opfer mir seine Nase, die nach wie vor mangels finanzieller Mittel nicht gerichtet worden war. Der Angeklagte bestritt weiterhin die ihm vorgeworfene Körperverletzung, es standen etliche Zeugen zur Vernehmung. Trotz enormer Belastung zog ich das Verfahren durch, hörte an vier Verhandlungstagen etwa 20 Zeugen, bekam Befangenheitsanträge und hatte letztendlich einen Zeitaufwand von zwei Wochen reiner Arbeitszeit. Allein das Schreiben des außerordentlich schwierigen Urteils, in welchem der Angeklagte der Tat schuldig gesprochen wurde, dauerte anderthalb Tage.

Obwohl ich also für diesen Fall nur 170 Minuten angerechnet bekam, lud ich Zeugen, suchte nach Indizien und führte schließlich ein langes Verfahren durch, an dessen Ende tatsächlich die Schuld des Täters bewiesen war. Dem Mädchen war also Gerechtigkeit widerfahren, obwohl ihr anfangs kaum jemand Hoffnung gemacht hatte.

Diese Art von Gerechtigkeit, die dazu führte, dass dem Opfer letztendlich auch Schmerzensgeld und Schadensersatzansprüche zugesprochen wurden, ist leider weder bei mir noch bundesweit an der Tagesordnung. Ich schätze, dass in Deutschland jährlich Zehntausende Verfahren gegen Straftäter zur Entlastung der Strafjustiz, zu Gunsten der Täter und zu Lasten der Opfer eingestellt werden. Dass dies von den Opfern nicht nachvollzogen werden kann, versteht sich von selbst; dass dies aber letztendlich auch die Begehung mehrerer Taten nach dem Motto »Auf einen Nasenbruch mehr oder weniger kommt es nicht an« begünstigt, dürfte jeder nachvollziehen können. Diese opferschädigende gängige Vorgehensweise der Justiz könnte nur dann gesetzlich verhindert werden, wenn Opfer – zumindest bei Gewalttaten – bei drohenden Verfahrenseinstellungen ein Zustimmungsrecht erhielten. Dem ist derzeit gesetzlich nicht so, vielmehr kann der Staat weiterhin unter Missachtung der Opferinteressen und gegen die Hoffnung auf Genugtuung einzig und allein im Kosteninteresse Verfahren einstellen. Dies begünstigt die Täter und führt zur Begehung von weiteren Straftaten. Auf Jahre gerechnet handelt es sich dabei um eine Milchmädchenrechnung. Ich selbst denke immer: Sollte ich einmal Opfer werden, möchte ich zumindest das erste Opfer dieses Täters sein. So habe ich wenigstens die Chance, dass gegen den Täter auch ein Strafverfahren durchgeführt wird.

Einige Monate nach der Verhandlung kamen Mitglieder der Familie des geschädigten Mädchens auf mich zu. Sie wollten sich mit einer Schachtel Pralinen und einer Dankeskarte bei mir dafür bedanken, dass ich mich so für sie eingesetzt und ihnen die Funktionsfähigkeit der Justiz bewiesen hatte. Natürlich lehnte ich die süße Versuchung ab, nur die Karte nahm ich an. Diese Geste aber zeigte mir, wie unglaublich wichtig das Urteil für das Mädchen und seine Familie war. Dabei ging es ihr gar nicht so sehr um das tatsächliche Strafmaß für den Täter – wichtig war ihr vor allem, dass seine Schuld überhaupt festgestellt wurde.

Der Beruf des Jugendrichters führt einen immer wieder sowohl an die eigenen Grenzen als auch an die der anderen. Diese ständige Belastung könnte mit ein paar leichten Änderungen in den Gesetzen verringert werden, sie könnte aber auch durch ein weniger dogmatisches Verhalten einiger Beteiligter im Justizapparat gemindert werden. Mir geht es niemals um Härte als Selbstzweck, sondern immer um eine angemessene Reaktion auf jugendliches Fehlverhalten. Und ich bin auch weit davon entfernt, das Jugendgerichtsgesetz hier insgesamt negativ darzustellen. Es ist ein gutes Gesetz, das einfach nur an ein paar Stellen noch besser gemacht werden müsste.

Malen nach Zahlen
Warum rosarote Statistiken mit Vorsicht zu genießen sind

War ich bisher immer nur Objekt journalistischer Betrachtung, wurde mir durch die Recherchearbeit für dieses Buch nun auch einmal das Privileg eines Perspektivwechsels geboten. Ich holte mir dafür meinen Freund, den Journalisten Guido Fahrendholz, an Bord. Sein Know-how und meine fachliche Kompetenz, so unser Gedanke, sollten es doch ermöglichen, anschauliche Daten zu bekommen, die den gegenwärtigen Stand der Dinge bei der Jugendkriminalität in Deutschland besser vermittelbar machen. Interessant waren aber am Ende nicht nur die tatsächlichen Ergebnisse dieser Recherchen: Allein ob und in welchem Umfang die angefragten Ministerien und Institutionen antworteten, in welchen Zeiträumen sie dann reagierten und ihre inhaltlichen Auseinandersetzungen mit den Fragen überraschte selbst mich außerordentlich. Über die Informationspolitik zum Thema Jugendrecht und -kriminalität, die geführten Diskussionen und die daraus resultierende öffentliche Wahrnehmung mache ich mir aufgrund unserer umfangreichen Recherchen nun noch weniger Illusionen.

Wichtige Informationsgeber sollten nach meiner Auffassung eigentlich die jeweils sechzehn Landesministerien für Inneres und Justiz sein. Davon überzeugt erarbeitete ich zusammen mit Guido einen Fragenkatalog für die Innenressorts, bestehend aus vier konkreten Fragen:

➤ Gibt es spezielle Jugendkriminalitätskommissariate?
➤ Gibt es spezielle Abteilungen für Intensivtäter bzw. Wiederholungtäter?

➤ Führen sie Jugendkriminalitätsstatistiken?
➤ Wie lang sind die Verfahrenslaufzeiten zwischen Tatbegehung und Abschluss der Ermittlungen bzw. Übersendung der Akten an die Staatsanwaltschaft jeweils in den Jahren 2008 bis 2012 gewesen?

Ein weiterer Fragebogen mit elf Fragen ging zeitgleich an die Justizministerien der Länder. Darin enthalten waren beispielsweise Fragen wie diese:
➤ Wie viele registrierte Jugendstraftaten gab es in diesem Zeitraum in Ihrem Bundesland?
➤ Wie lange dauert es durchschnittlich von der Begehung der Straftat bis zur Erstentscheidung eines Jugendgerichts?
➤ Werden Verfahren nach dem Neuköllner Modell verhandelt?
➤ Darüber hinaus möchte ich gern von Ihnen wissen, ob in Ihrem Ressort Statistiken über Intensivstraftäter und Wiederholungstäter und die von diesen begangenen Straftaten geführt werden?

Beide Fragebögen wurden als klar zu erkennende Presseanfragen von Guido in den ersten beiden Januarwochen 2013 an die jeweiligen Minister, Senatoren und/oder deren Pressesprecher versandt. Wir erwarteten, einen halbwegs repräsentativen Gesamteindruck über die Entwicklung der Jugendkriminalität im Deutschland der zurückliegenden Jahre und über die Zusammenarbeit der Behörden zu bekommen. Das Ergebnis war: ernüchternd!

Nach über vier Monaten hatten trotz wiederholter Nachfragen tatsächlich nur acht Innenressorts und neun Justizressorts überhaupt geantwortet. Während aus den Bundesländern Baden-Württemberg, Hamburg, Niedersachsen und Schleswig-Holstein jeweils beide Ressorts zu einer Stellungnahme bereit waren, antworteten die Ministeriumsvertreter der Länder Hessen und Rheinland-Pfalz überhaupt nicht. Im Wesentlichen beschränkte man sich bei den Antworten aber darauf, auf die jeweiligen Polizeilichen Kriminalstatistiken (PKS) des Landes zu verweisen, die konkreten Fragestellungen in unserer Presseanfrage wurden sehr oft schlichtweg ignoriert. Ein Sonderlob möchte ich allerdings noch dem Land Bayern aussprechen, dessen Justizministerium besonders ausführlich und schnell antwortete.

In unserem persönlichen, leicht absurden Ranking wurde die sinngemäße Antwort:»Diese Zahlen liegen uns nicht vor/ werden nicht erfasst« uneinholbar absoluter Spitzenreiter, gefolgt von »Hierzu verweisen wir auf die PKS/auf den Landesbericht ...«.

Der Preis für die effektivste Antwort geht eindeutig an das Ministerium für Inneres und Kommunales in Nordrhein-Westfalen für diese erschöpfende Auskunft:

> »Ich beantworte Ihre Fragen wie folgt:
> zu Frage 1: Ja
> zu Frage 2: Nein
> zu Frage 3: Siehe Anlagen
> zu Frage 4: Unbekannt«

Doch damit nicht genug. Das Ministerium für Justiz, Kultur und Europa des Landes Schleswig-Holstein setzte noch einen oben drauf:

> »Um das von Ihnen gewünschte Zahlenmaterial zusammenstellen zu können, sind wir hinsichtlich der folgenden Punkte noch auf Erläuterungen Ihrerseits angewiesen.
> Was meinen Sie mit ›registrierte Jugendstraftaten‹?
> Was meinen Sie mit ›Wiederholungs- bzw. Intensivtäter‹?

Was meinen Sie mit ›Gewaltstraftaten‹ und ›sogenannte Rohheitsdelikte‹?

Was meinen Sie mit ›von der Begehung der Straftat bis zur Erstentscheidung eines Jugendgerichts‹?

Was meinen Sie mit ›Erstentscheidung‹?

Was meinen Sie mit ›Intensivstraftäter und Wiederholungstäter‹?

Was meinen Sie mit ›Haft‹?

Ich wäre Ihnen dankbar, wenn Sie uns die entsprechenden Erläuterungen noch zukommen lassen könnten.«

Nach dem Erhalt solcher Antworten haben wir zunächst so manches Mal darüber geschmunzelt. Geblieben ist letztlich aber nur Fassungslosigkeit. Hier wird auf großer Bühne eine Politik der Desinformation über die Entwicklung von Sozial- und Gewaltstrukturen unserer Kinder, Jugendlichen und Heranwachsenden in der Gesellschaft betrieben.

Ein paar Zahlen, die dann doch noch den Weg zu uns fanden, möchte ich hier allerdings präsentieren. Rede ich von der Notwendigkeit eines konsequenteren Vorgehens in der Rechtsprechung und von erweiterten Kompetenzen der Jugendrichter, erwartet mich von der linken Sozialromantik immer die gleiche Argumentation. Verwiesen wird vornehmlich auf die aktuellen Statistiken der PKS. Diesen Zahlen zufolge haben wir in Deutschland derzeit einen Rückgang an Gewalttaten im Bereich der Jugendkriminalität.

In der PKS 2012 werden folgende Zahlen angegeben:

Tatverdächtige insgesamt	2.094.123	*(- 0,9 % zum Vorjahr)*
– davon Kinder	75.449	(- 11,9 %)
– davon Jugendliche	200.257	(- 6,7 %)
– davon Heranwachsende	196.255	(- 4 %)

Bei den von den jeweiligen Altersgruppen begangenen Straftaten waren:
- bei Kindern 21,8 % Körperverletzungen und 10,8 % Gewaltkriminalität
- bei Jugendlichen 23,2 % Körperverletzungen und 13,53 % Gewaltkriminalität
- bei Heranwachsenden 26 % Körperverletzungen

Gewaltdelikte bei Heranwachsenden wurden sicherlich auch erfasst, sind aber in der PKS nicht explizit aufgeführt. Erkennbar ist dennoch, dass mit zunehmendem Alter auch die Gewaltbereitschaft steigt.

Interessant ist auch die Statistik über die in die Zuständigkeit der Jugendgerichte fallenden Intensivtäter, und zwar nicht nur wegen der Zahlen, sondern insbesondere hinsichtlich der verwendeten Begrifflichkeit. Denn hier wird der Begriff Intensivtäter tunlichst vermieden, man spricht stattdessen von »Mehrfachtatverdächtigen« und betont explizit:

»Der Begriff ›Mehrfachtatverdächtiger‹ im hier verwendeten Sinne bringt lediglich zum Ausdruck, dass ein Tatverdächtiger mindestens zweimal während eines Berichtsjahres polizeilich erfasst wurde. Er ist daher nicht mit den zum Teil auf Landesebene benutzten Begriffen der Mehrfach- oder Intensivtäter gleichzusetzen.«

Wie auffällig ist die hier zum Ausdruck kommende Angst vor der Beschäftigung mit dem Thema Intensivtäter! Die Zahlen selbst, die nach Aussage der PKS erst seit 2011 überhaupt erhoben werden können, was aber nach meiner Recherche unverständlicherweise in keinem Bundesland separat getan wird, sind für 2012 eindrucksvoll:

Mehrfachtatverdächtige	*1 x*	*2–5 x*	*6–10 x*	*11–20 x*	*ü 20 x*
– Kinder	60.350	13.630	1.029	345	95
– Jugendliche	137.054	53.443	6.462	2.373	925
– Heranwachsende	130.279	54.930	7.159	2.694	1.193

Alles in allem haben wir also im Jahr 2012 144.278 »Mehrfachtatverdächtige«, ein Anteil von 30,57 Prozent an der Gesamtzahl der tatverdächtigen Kinder, Jugendlichen und Heranwachsenden von 471.961. Wenn man davon ausgeht, dass etwa ein Viertel der Tatverdächtigen für ungefähr drei Viertel der Straftaten verantwortlich ist, so ist dies ein Umstand, der die Beschäftigung mit dem Thema Intensivtäter nur noch dringender macht. Immerhin liegen diese Zahlen nun vor, und in den kommenden Jahren wird sich auch eine Entwicklung aufzeigen lassen. Noch ist ein Vergleich mit den Vorjahren ja leider nicht möglich, eben weil es bisher überhaupt keine Erfassung gab.

Ich will die PKS keinesfalls rundheraus anzweifeln, auch wenn die Erhebungsweise sicher im Einzelfall zu prüfen wäre und zu beachten ist, dass es sich bei den hier zitierten Zahlen natürlich nur um die Straftaten eines einzelnen Jahres handelt, und auch nur um jene, die auch angezeigt wurden. Gehen wir einfach mal davon aus, dass der allgemeine Befund stimmt: Die Zahl der Gewalttaten, die von Kindern, Jugendlichen und Heranwachsenden 2012 begangen wurden, ist wirklich eindrucksvoll, vor allem, wenn man immer die dazugehörigen Opfer im Hinterkopf mitdenkt. Im Verhältnis zu den Anfängen der Neunzigerjahre ist beispielsweise die Zahl der gefährlichen Körperverletzungen laut PKS bei Jugendlichen von 12.088 im Jahr 1992 auf einen Höchstwert von 37.495 im Jahr 2007 gestiegen, also ein Anstieg um das Dreifache innerhalb von gerade mal 15 Jahren. Seither ist bei den insgesamt

erfassten Straftaten von Kindern, Jugendlichen und Heranwachsenden indes ein Rückgang festzustellen, wie auch aus
den eingangs genannten Zahlen der PKS hervorgeht. So ist
etwa die erwähnte Zahl der gefährlichen Körperverletzungen
bei Jugendlichen rückläufig auf 25.222 im Jahr 2011, was
aber eben immer noch das Doppelte von 1992 bedeutet. Man
kann es also drehen und wenden, wie man will: Die nüchternen Zahlen der PKS bedeuten eine enorme Zahl von Opfern
durch minderjährige und heranwachsende Täter, das ist der
alarmierende Umstand.

Rückläufige Zahlen sind kein Grund zur Bequemlichkeit!

Woran liegt der zuletzt sichtbare Rückgang, und wieso ist das
eben kein Grund, zu triumphieren und sich bequem zurück-
zulehnen, wie die linken Sozialromantiker es nur allzu gerne
tun würden?

Einerseits gibt es dafür justizunabhängige Gründe, andererseits gibt es welche, die im Handeln der Justiz selbst liegen.
Unabhängig vom Wirken der Justiz muss man beispielsweise
feststellen, dass ein Teil des Rückgangs schlicht der demogra-
fischen Entwicklung geschuldet ist, da in der Regel mit absoluten Zahlen gearbeitet wird. Vereinfacht gesagt: Wir haben
weniger Kinder, Jugendliche und Heranwachsende in der Ge-
samtbevölkerung, folglich haben wir auch weniger Straftaten
in diesem Bereich.

Darüber hinaus dürfte die Tatsache eine Rolle spielen,
dass wir in Deutschland im Vergleich zu anderen Ländern
seit Jahren eine stabile Entwicklung im Bereich der Wirtschaft
haben. Obwohl allerorten von europäischer Wirtschaftskrise
die Rede ist, geht es den Menschen hierzulande insgesamt
sehr gut, so dass eine Stimmungslage, in der sich gerade Jugendkriminalität besonders gut entwickeln würde, derzeit

nicht vorhanden ist. Darüber hinaus sind in den letzten Jahren viele soziale Projekte erfolgreich initiiert worden, die frühzeitig mit solchen Jugendlichen arbeiten, die Anzeichen einer problematischen Entwicklung zeigen. Zu nennen sind hier vor allem die Schulverweigerungsprojekte.

Aber es gibt auch speziell von der Justiz ausgehende Gründe für den Rückgang in den Statistiken. Einer dieser Gründe liegt in einer neuen Generation von Jugendrichtern und auch Jugendstaatsanwälten. Es wird auf den unteren Ebenen der Justiz, also etwa den Amtsgerichten, zum Teil spürbar härter geurteilt, es gibt bei den Kollegen einen geschärften Blick auf die Problematik der Intensivtäter und es besteht dort auch weniger Furcht davor, in entsprechenden Fällen statt auf ambulante auf stationäre Maßnahmen zurückzugreifen, sprich: Knast zu verhängen.

Das hat beispielsweise für das Bundesland Berlin zur Folge, dass derzeit etwa zwei Drittel der bekannten Intensivtäter einsitzen oder ihre Strafe bereits verbüßt haben. Diese können während dieser Zeit logischerweise keine neuen Straftaten begehen und belasten die Statistik nicht. Was das heißt, wird deutlicher, wenn man es umgekehrt formuliert: Würde immer noch mit ausschließlich ambulanten Maßnahmen versucht, diesen Tätern zu begegnen, wie es bis vor nicht allzu langer Zeit noch der Fall war, fielen hier diverse neue Straftaten an, die die statistischen Zahlen verschlechtern würden.

Oberflächlich betrachtet könnte man sich also zurücklehnen. Die Zahlen scheinen diejenigen zu bestätigen, die ohnehin jede Warnung vor einem Zuwachs der Jugendkriminalität und jede Kritik ins Reich der Schwarzmalerei verweisen. Genau das ist der Grund, warum in mehrfacher Weise vor einem erneuten Anstieg der statistischen Zahlen zu warnen ist. Wenn der gegenwärtige Trend, mit dem vorhandenen Zahlenmaterial umzugehen, sich fortsetzt, wird eine Verschlechterung der Situation die unweigerliche Folge sein: Die derzeit verbesserten Zahlen sind, wie erwähnt, vor allem auch eine Folge intensivierter Bemühungen sowohl im polizeilichen Bereich als auch in der Justiz. Die Gefahr, dass man sich auf den erreichten minimalen Verbesserungen und der insgesamt nur geringen Reduzierung ausruht, ist nicht von der Hand zu weisen. Ein solches Ausruhen würde jedoch unweigerlich dazu führen, dass alte Gewohnheiten wieder einreißen. Linke sozialromantische Denk- und Handlungsweisen könnten wieder Konjunktur bekommen, vor allem auch deshalb, weil die Deutungshoheit über die statistischen Verbesserungen immer noch bei den alten sozialromantischen Vordenkern um Professor Pfeiffer liegt. Dort werden Erfolge in der Kriminalitätsstatistik vor allem auf Lösungen im Zuge der Diversion zurückgeführt. Es gibt viele minder schwere Fälle von Jugendkriminalität, wo diese Vorgehensweise hervorragend funktioniert und auch eine Entlastung der Jugendgerichte bedeutet. Es gibt aber leider genauso viele nicht so leichte Fälle, in denen Diversion das vollkommen falsche Mittel ist. Gerade Gewalttaten gehören spätestens nach der zweiten Tat in jedem Fall ohne Diskussion vor den Jugendrichter. Auch wenn das zunächst bedeutet, dass wieder mehr Richter benötigt werden.

Ein weiteres simples, aber sehr wichtiges Argument für die Gefahr eines neuerlichen Anstiegs der Jugendkriminalität ist die notorische Geldknappheit der öffentlichen Hand. Zurückgehende Zahlen im Bereich der Kriminalität bedeuten für Justiz- und Innenpolitiker zunächst einmal vor allem eins: Einsparpotenzial. Und wo lässt sich am meisten einsparen? Richtig, beim Personal von Polizei und Justiz. Die Gerichte erfahren das in den vergangenen Jahren durch die Bank am eigenen Leib. So hat das Amtsgericht Tiergarten die Zahl seiner Jugendrichter um etwa 25 Prozent gesenkt. Das ist eine Personalkürzung, die dem notorisch klammen Berlin im ersten Moment eine Einsparung im siebenstelligen Bereich eingebracht haben könnte, sich aber auf lange Sicht rächen dürfte.

Nicht aus den Augen lassen sollten wir auch das Argument der wirtschaftlichen Stabilität, das ich als Grund für die sinkenden Zahlen angeführt habe. Denn es kann wohl nicht bestritten werden, dass die unruhige Zeit, die Europa als Ganzes derzeit erlebt, sehr schnell auch auf Deutschland übergreifen könnte. Die letzten großen Krisen haben bewiesen, welche Dynamik negative Entwicklungen haben können. Eine solche Dynamik kann durchaus auch hierzulande dazu führen, dass eine neue Perspektivlosigkeit unter jungen Menschen entsteht, die steigende Kriminalitätsraten begünstigt.

Zusammenfassend gesagt: Die augenscheinliche Verbesserung der letzten Jahre ist eine schöne Sache und soll auch von mir gar nicht schlechtgeredet werden. Insgesamt ist die Reduzierung bei einem Blick auf die Gesamtzahlen aber immer noch äußerst gering. Um es deutlich zu machen: Selbst wenn wir nur bei den in den letzten Jahren von Jugendlichen und Heranwachsenden begangenen gefährlichen Körperverletzungen eine Verringerung von geschätzten 60.000 bundesweit auf 55.000 geschafft haben, ist diese Zahl eben immer noch eindeutig zu hoch.

Ich sehe die große Gefahr, dass man sich auf dieser vergleichsweise geringen Reduzierung ausruht, aufhört an weiteren Verbesserungen zu arbeiten und somit sehr schnell wieder ins Hintertreffen gerät. Das ist wie bei einem Fußballspiel. Eine Mannschaft kann eine Halbzeit lang großartigen Fußball gespielt haben und 3:0 in Führung gegangen sein. Wenn sie sich in der zweiten Halbzeit auf dieser Führung und dem schönen Spiel ausruht, wird sie damit nur die gegnerische Mannschaft stark machen und darf sich nicht wundern, wenn sie irgendwann plötzlich mit 3:4 in Rückstand gerät und das Spiel verliert.

Wer jetzt im Umgang mit Jugendkriminalität, vor allen Dingen im Bereich der Gewalt- und Intensivtäter alle Fünfe gerade sein lässt, wird mittelfristig in Rückstand geraten und langfristig, wenn nicht reagiert wird, das Spiel verlieren. Mit dem Unterschied, dass es dabei nicht um ein letztlich bedeutungsloses Fußballspiel geht, sondern um Zehntausende von Opfern von Gewalttaten.

Dreierlei Sozialromantik und mein erster Schuss vor den Bug

Wie ich eingangs bereits erläutert habe, sollte dieses Buch ursprünglich einen anderen Titel haben. »Springerstiefel, Cannabis und Depressionen« hätte das inhaltliche Spektrum perfekt widergespiegelt und mein Richterleben durchaus treffend beschrieben. Dass ich mich letztlich für den jetzigen Titel entschieden habe, hatte trotzdem wichtige Gründe. Das Jugendstrafrecht in Deutschland ist im Grunde eine tolle Sache. Vor allem das Jugendgerichtsgesetz (JGG) als wichtigste Grundlage für die praktischen Belange dieses Strafrechts ist ein sehr gut gemachtes Gesetz. Einige gezielte Änderungen sind mir sehr wichtig, darauf komme ich später noch, dann wäre es ein noch besseres Gesetz, nah an der Perfektion, wenn es so etwas bei von Menschen gemachten Gesetzen überhaupt geben kann.

Doch jedes Gesetz ist auch immer nur so gut wie seine Auslegung und seine Anwendung ist immer abhängig davon, wie ernst die »Anwender«, also vor allem wir Richter, aber auch die Staatsanwälte, die niedergelegten Regeln nehmen. Was passiert, wenn sich eine bestimmte Art und Weise der Auslegung von Jugendstrafrecht durchsetzt und durch gezielte Lobbyarbeit mit der Zeit mehr oder weniger sakrosankt wird, zeigt das Phänomen der deutschen Sozialromantik. Und weil diese, egal von welcher Seite sie interpretiert und angewendet wird, so mächtig ist und die vernünftige Anwendung des JGG immer wieder erschwert oder unmöglich macht, hat sie letztlich Eingang in den Titel dieses Buches gefunden.

Ich möchte an dieser Stelle versuchen, den Begriff der Sozialromantik, wie ich ihn sehe, zu beschreiben und gehe dazu in drei Schritten vor. Denn meiner Erfahrung nach teilt sich dieses Phänomen in eine, wie ich es nenne, »konservative Sozialromantik« und eine »Sozialromantik von links«. Zunächst jedoch möchte ich meine eigenen Anfänge als Sozialromantiker beschreiben und den Fall zeigen, der diese Haltung zum ersten Mal nachhaltig ins Wanken brachte.

Meine eigenen sozialromantischen Überzeugungen und wie ich sie verlor

Als ich 1997 in Bernau antrat, um das Amt des Jugendrichters zu übernehmen, war ich vor allem eines: ein echter Sozialromantiker. Ich betrachtete es als vorrangiges Ziel meiner Arbeit, niemanden in Haft zu bringen und alle Fälle, seien sie auf den ersten Blick auch noch so schwierig, mit einem pädagogischen Ansatz zu einer zufriedenstellenden Lösung zu bringen. Mein Vorhaben war geradezu pastoral, ich wollte reden, damit ein wenig erziehen, und dachte wirklich, mit einer ordentlichen Ansage und guter Sozialarbeit bekäme ich jeden Angeklagten wieder hin. Bei der Staatsanwaltschaft hatte ich bereits den Spitznamen »Der milde Müller«.

Diese Überzeugung festigte sich bei mir durch den Vortrag eines pensionierten niedersächsischen Richters auf einer DVJJ-Tagung im Jahr 1997, dem ich mit großer Faszination lauschte. Dieser Richter beschrieb gewissermaßen seinen persönlichen Weg vom Saulus zum Paulus. Am Beginn seiner Karriere, so berichtete er, sei er voller Überzeugung ein strenger Richter gewesen. Seine Urteile seien hart ausgefallen, und er habe viel Lob dafür eingeheimst, weil man in ihm einen aufrechten Kämpfer für Recht und Ordnung sah. Doch im Laufe der Zeit seien ihm immer stärkere Zweifel gekommen, er habe seine Linie überdacht, fand sich selbst oft zu hart und zu streng. Schließlich habe für ihn festgestanden: Den Tätern ist mit Milde viel besser beizukommen. Ermahnen ist besser als strafen. Anders gesagt: »Jede ambulante Maßnahme ist besser als eine stationäre.«

Ich hatte diesen Vortrag quasi inhaliert, war begeistert, und wusste instinktiv: So will ich auch handeln, das ist das Bild des Jugendrichters, das mir auch vorschwebt. Milde und Nachsicht, so dachte ich wirklich, zahlten sich aus, und würden bessere Ergebnisse in der Resozialisierung bringen. Ich weiß heute, dass ich gar nicht anders denken konnte zu jener Zeit. Mein eigener Bruder war mir durch den Strafvollzug genommen worden. Viel zu früh meiner Meinung nach hatte man ihn ins Gefängnis gesteckt, bei ihm hätte sich Milde tatsächlich gelohnt, und sein Weg in den harten Drogenmissbrauch wäre mit ein wenig mehr Abwarten und etwas mehr Kümmern vielleicht zu verhindern gewesen.

Die sozialromantische Denke war mir also gewissermaßen vom Leben mit auf den Weg gegeben worden, und ich gedachte, nach ihr zu handeln und somit anderen Jugendlichen zu ersparen, was meinem Bruder widerfahren war.

Und dann kam Dennis, siebzehn Jahre alt.

Dennis war für sich genommen kein wirklich spektakulärer Krimineller. Gewalt war nicht sein Ding, seine Taten waren auch nicht irgendwie politisch motiviert, im Grunde genommen war er »nur« der Kopf einer Art Jugendgang in Bernau, die in der Summe dann allerdings doch für eine ganze Menge Straftaten verantwortlich war, bei denen es in der Regel um Einbrüche in Geschäfte ging, um Geld zu erbeuten.

Dass Dennis trotzdem hier Erwähnung finden muss, liegt daran, dass er der erste junge Mensch war, den ich in den Knast brachte und damit gleichzeitig auch derjenige, der meine sozialromantischen Illusionen nachhaltig zerstörte.

Dennis war bereits mit meinem Vorgänger auf dem Jugendrichterposten in Bernau in Berührung gekommen. Er hatte Auflagen und Weisungen bekommen und schließlich auch einen Haftbefehl, der dann allerdings wieder außer Vollzug gesetzt worden war. Fakt war: Dennis sammelte Tat um Tat auf seinem Kerbholz und bekam immer wieder signalisiert: Alles irgendwie nicht in Ordnung, aber auch wieder nicht so schlimm, dass wir dir die Freiheit entziehen würden. Zuletzt erhielt er eine Bewährungsstrafe, also keinen Tag Freiheitsentzug.

Schließlich hatte auch ich Dennis vor mir stehen, obwohl ich gedacht hatte, dass er es noch hinbekommen würde. Er hatte erneut einen Einbruch begangen. Nun wurde es doch eng, zu viel war bei ihm und seinen Kumpanen mittlerweile vorgefallen. Er selbst merkte das durchaus und begann in einer erneuten Haftprüfung zu lügen, dass sich die Balken bogen. Das war ungewöhnlich, da er bei den vorherigen Verhandlungen immer geständig gewesen war. Nun allerdings zeigte sich ein typisches Phänomen, das immer dann zu beobachten ist, wenn ein Täter selbst merkt, dass er nicht mehr so einfach aus einer Sache herauskommen wird: Die meisten Angeklagten versuchen, sich mit teils abenteuerlichen Lügengeschichten aus der Affäre zu ziehen, je bedrohlicher sie ihre Situation empfinden.

Ich jedenfalls stand vor der schwierigsten Entscheidung meiner noch jungen Richterkarriere. Ich hatte die unglaublich lange Liste der Vergehen, die Dennis begangen hatte, noch einmal eingehend studiert und schließlich einen Entschluss gefasst, der einerseits schmerzhaft für den Angeklagten, aber irgendwie auch für mich als bekennenden Sozialromantiker sein würde: Ich nahm Dennis bereits vor der Verhandlung in Untersuchungshaft.

Es bestand gar keine andere Möglichkeit mehr, und so stand es auch anschließend in der Urteilsbegründung. Dennis brauchte vom Gericht das Signal: Das Ende der Fahnenstange ist erreicht, ab sofort sind deine Opfer wichtiger als deine Freiheit. Die Opfer waren in diesem Fall keine Gewaltopfer, es ging nicht um schwere Körperverletzung oder Ähnliches. Es handelte sich »nur« um kleine Geschäftsinhaber, in deren Läden eingebrochen worden war. Aber hätte ich weiterhin sagen sollen: »Alles nicht so schlimm, mein Junge, mach doch einfach noch mal 50 Arbeitsstunden und denk drüber nach«? Dennis hatte eindrucksvoll widerlegt, dass ihm mit ambulanten pädagogischen Mitteln beizukommen war. Er musste die volle Konsequenz seiner Vergehen zu spüren bekommen.

Wichtig war auch eine zweite Entscheidung: Ich hatte absichtlich verschiedene Verfahren zusammengefasst und mehrere Gehilfen aus Dennis' Gang mit vor Gericht zitiert. Diese erhielten mildere Strafen als ihr Anführer, so dass der Abwägungsprozess des Gerichtes hier deutlich werden konnte. Gleichzeitig bestand ich allerdings darauf, dass jeder der Angeklagten während der vollen Dauer dem Prozess beiwohnte. Ich hätte es mir einfach machen können, die geringeren Strafen schnell verkünden und die Jungs nach Hause entlassen können. Das wäre die übliche Vorgehensweise gewesen und hätte alles etwas unkomplizierter gemacht. Doch ich beabsichtigte, dass jeder aus der Gang mitbekommen sollte, wie unterschiedlich das Gericht die Taten bewertete und welche Konsequenzen, nämlich Freiheitsentzug, Dennis zu ertragen hatte. Intuitiv hatte ich hier bereits generalpräventive Gedanken im Kopf, auch wenn ich es zu diesem Zeitpunkt niemals in das Urteil hineingeschrieben hätte. Aber es war klar: Ich wollte mit dem Verfahren gegen Dennis auch die Köpfe der anderen erreichen.

Als das Verfahren vorüber war, war ich fertig mit der Welt. Nach dem letzten Verhandlungstag saß ich bei meinem Stamm-Italiener und trank mehr Chianti, als gut war, weil der Frust über das Geschehene an mir nagte. Ich fühlte keinen Triumph, wie man vielleicht annehmen könnte, kein »dem hast du es aber gezeigt«. Nein, ich fühlte mich in diesem Moment als Versager. Ich war gezwungen gewesen, meine Ideale zu verraten, so kam es mir vor, und ich spürte Wut auf alles. Auf mich, auf das System, auf Dennis, auf diese blöde Welt, in der man Jugendliche ins Gefängnis sperren musste. Immerhin: Ich war gezwungen gewesen, das zu tun, und diese Tatsache war mir vollkommen klar.

Was mir auch klar war: Dennis' Strafmaß hatte sich durch die von mir vertretene sozialromantische Strategie des Abwartens erhöht. Das Urteil des Jugendschöffengerichts lautete auf zwei Jahre Jugendstrafe ohne Bewährung. Aufgrund seiner eigenen Berufung und der der Staatsanwaltschaft erhielt er dann schließlich vom Berufungsgericht sogar zwei Jahre und sechs Monate. Man hatte also nicht nur dafür gesorgt, dass er überhaupt in den Knast ging, sondern auch noch dafür, dass seine Zeit dort länger dauern würde, als es notwendig gewesen wäre. In Dennis' Fall galt ganz klar: Hätte man viel früher konsequent durchgegriffen, hätte man allen Beteiligten einiges ersparen können, sowohl Dennis als Täter als auch den Inhabern der Geschäfte als Opfer. Dennis wäre auch ein idealer Kandidat für den Warnschussarrest gewesen, den ich zum damaligen Zeitpunkt sogar hätte verhängen können, aber noch nicht in meinem Richterkopf hatte.

Für mich war dieses Verfahren der Zeitpunkt, an dem meine eigenen sozialromantischen Überzeugungen heftig zu bröckeln begannen. Natürlich passiert das nicht von heute auf morgen, und klar ist auch, dass es mir bis heute keinen

Spaß macht, junge Menschen vor den Augen ihrer weinenden Mütter hinter Gitter zu bringen. Sehe ich eine echte Chance, dass ambulante Maßnahmen Aussicht auf Erfolg haben könnten, dann ergreife ich diese Chance nach wie vor. Die verbohrte Ansicht jedoch, Knast sei in jedem Fall Teufelszeug und als erzieherisches Mittel grundsätzlich ungeeignet, kam durch Dennis bereits erheblich ins Wanken.

Für ihn war das »Einfahren« letztendlich eine heilsame Erfahrung. Er machte im Knast eine Lehre als Maler und wurde später nur einmal leicht wegen einer nicht einschlägigen Tat rückfällig. Zwar war er damit nach sozialromantischer Denkweise ein Rückfalltäter durch Knastaufenthalt, meiner Ansicht nach aber war er vom Intensivtäter zum normalen jungen Menschen geworden, der eben, wie viele Verurteilte, noch einmal kurz einen minimalen Rückfall hatte und dabei erwischt wurde. Der schönste Beweis dafür, dass ich mit dieser so unglaublich schwierigen Entscheidung richtig gelegen hatte, erreichte mich einige Zeit nach seiner Entlassung in Form eines Briefes. Inhalt: Eine Einladung zu Dennis' Geburtstag.

Sozialromantik von links – Milde zahlt sich aus

Zugegeben, die linke Sozialromantik bekommt in meinen Ausführungen um einiges stärker ihr Fett weg als die konservative. Das liegt nicht an einer politischen Ausrichtung meinerseits, sondern darin, dass die linke Sozialromantik in diesem Land die Gesetzgebung und vor allem die Auslegung geltender Gesetze maßgeblich negativ beeinflusst hat und weiter beeinflusst. Sie schafft damit in der Konsequenz immer wieder neue Opfer, wenn es nicht zu einem Umdenken kommt und den Jugendrichtern weitere Instrumente an die Hand gegeben werden.

Die linke Sozialromantik hat ein Mantra, das sie stets vor sich herbetet, wenn einer der Ihren auszuscheren droht und mit dem Gedanken spielt, eine vergleichsweise harte Strafe zu verhängen. Dieses Mantra geht wohl zurück auf die bereits erwähnte Studie von Professor Pfeiffer. In dieser Untersuchung betrachtete er die Verhängung von Arresten durch unterschiedliche Richter und die damit zusammenhängende Rückfallquote. Er kam zu dem Schluss, dass sich die Unterbringung von Jugendlichen in Strafanstalten oder Jugendarrestanstalten im Verhältnis zu sozial-pädagogisch orientierten Weisungen und Auflagen nachteilig auswirken würde, insbesondere bezogen auf die Rückfallquote.

Der entscheidende Gedanke war also, dass man letztendlich ohne freiheitsentziehende Maßnahmen und mit mehr Sozialarbeit Jugendkriminalität in den Griff bekommen könne. Zum damaligen Zeitpunkt – das kann ich guten Gewissens sagen – war das eine revolutionäre Änderung der Gedankenwelt im Jugendstrafrecht, die sich Professor Pfeiffer sehr wohl auf die Fahne schreiben darf. Allerdings entwickelte sich aus dem Gedanken des Vorranges der Sozialarbeit ein Dogma, das bis in die heutige Zeit reicht. Es führte nach meiner festen Überzeugung dazu, dass von den Mitteln des kurzzeitigen oder auch längeren Freiheitsentzuges in den vergangenen zwei Jahrzehnten bis heute oftmals viel zu spät oder gar nicht Gebrauch gemacht wurde. Bisweilen frisst eben die Revolution doch ihre Kinder.

Obwohl die Sozialarbeit im Jugendstrafrecht außerordentlich wichtig ist, hat man vergessen, dass die Jugend aus den Siebzigerjahren nicht mit der Jugend der Neunziger oder Zweitausender zu vergleichen ist. Damals gab es keine Begriffe wie Intensivtäter, Wiederholungstäter oder Schwellentäter. Es gab auch keine massenhafte Arbeitslosigkeit und Perspektivlosigkeit in der Form, wie sie später entstand. Wir hatten keine nachwachsende Immigrantenjugend, die aufgrund verfehlter Migrationspolitik mit besonderem Aggressionspotenzial und hoher Gewaltbereitschaft durch die Gegend lief, und auch Perspektivlosigkeit war für die meisten Jugendlichen der Siebziger ein Fremdwort. Schließlich gab es auch keine rechtsradikalen Jugendgruppen, die auf alles, was anders war, sofort mit extremer Gewalt reagierten. Damals hatte die Jugend den Slogan »Petting statt Pershing« verinnerlicht. Heute dagegen wird Gewalt insbesondere in der Musikszene viel zu oft verherrlicht, und manche Musiker bekommen dafür dann auch noch einen Bambi.

Das Mantra der linken Sozialromantik wurde zuletzt nochmals sehr deutlich durch den Kriminologen Wolfgang Heinz, einen Weggefährten von Professor Pfeiffer, auf dem Jugendgerichtstag 2010 präzisiert: »Eine Strategie des Zuwartens zeitigt bessere Ergebnisse. Milde zahlt sich aus.«

Nach diesem Gebot handelt der linke Sozialromantiker. Jede ambulante Maßnahme, so die feste Überzeugung, muss automatisch besser sein als eine stationäre. Knast mache böse Buben noch böser, so sinngemäß die Überzeugung, und sei ohnehin vollkommen ungeeignet, um die erzieherische Wirkung des Jugendstrafrechtes zur Geltung kommen zu lassen. Ich kenne Jugendrichter, zum Glück bereits pensioniert oder kurz davor stehend, die mir erklärten, sie hätten noch nie eine Jugendstrafe verhängt. Auch Arrest sei kein pädagogisch sinnvolles Mittel. Wie oft habe ich mir überlegt, wie viele Taten die jungen Menschen, die vor diesen Richtern standen, im Rahmen des sogenannten »Zuwartens« begangen haben müssen, und wie viele Opfer von diesen Kollegen letztendlich durch das Abwarten billigend in Kauf genommen wurden. Übrigens meint der ungewöhnliche Begriff des »Zuwartens«

laut Duden ein »untätiges Warten«. Allein diese kleine sprachliche Feinheit zeigt schon, wes Geistes Kind die linke Sozialromantik ist. Untätigkeit als Prinzip auszurufen ist schon ein starkes Stück.

Die linke sozialromantische Perspektive ist eine reine Täterperspektive. Sie stellt die Verhältnisse auf den Kopf, macht aus dem Täter ein Opfer der Gesellschaft, und vergisst dabei diejenigen, die eigentlich von den Regelungen des Jugendstrafrechts auch profitieren müssten: die echten und die potenziellen Opfer. Der linke Sozialromantiker kümmert sich intensiv und liebevoll um den, der das Nasenbein gebrochen hat. Der, dem es gebrochen wurde, ist ein lästiger Kollateralschaden. Er war zur falschen Zeit am falschen Ort, was man ja dem Täter nicht vorwerfen kann. Der wiederum konnte sicherlich einfach nicht anders als zuschlagen, und wenn man es ihm nur lange genug erklärt, dass Zuschlagen nicht erlaubt ist, wird er es schon irgendwann begreifen. Und selbst bei dem, der es nicht begreift, wächst sich das irgendwann aus. Ich fasse das hier ein wenig polemisch zusammen, sicher, aber so in etwa blickt der linke Sozialromantiker auf die Welt der Straftaten und auf ihre Täter und Opfer.

Natürlich macht der linke Sozialromantiker noch feine Unterschiede. Meine harten Urteile gegen Rechtsradikale waren ihm eigentlich auch ein Dorn im Auge, wurden jedoch geduldet oder sogar gelobt, weil es eben gegen »rechts« ging und somit gesellschaftlich hoch angesehen war. Kirsten Heisig, die schlicht in ihrem Kiez eine andere Klientel hatte als ich in Bernau, war dagegen ungeschützt der offenen Kritik der linken Sozialromantik ausgesetzt. Dabei machte es weder für Kirsten noch für mich einen Unterschied, ob ein jugendlicher Schläger einen Migrationshintergrund hat oder einen rechtsradikalen. Beide tanzen dem Staat auf der Nase herum, ignorieren geltende Rechtsnormen auf eine nicht zu tolerierende Art und Weise und schaffen Opfer um Opfer, weil »zugewartet« wurde.

Milde zahlt sich eben aus. Vor allem für die Täter.

Der Hort der linken Sozialromantik und ihre Taktgeberin ist die DVJJ, die »Deutsche Vereinigung für Jugendgerichte und Jugendgerichtshilfe e.V.«. Diesem Umstand werde ich ein eigenes Kapitel widmen, da die DVJJ und ihr Spiritus Rector, der bereits erwähnte Star-Kriminologe und Direktor des »Kriminologischen Forschungsinstituts Niedersachsen e.V.« Christian Pfeiffer eine äußerst unrühmliche Rolle nach Kirsten Heisigs Freitod gespielt haben. Als Hüterin der »Strategie des Zuwartens« ist die DVJJ jedenfalls von einer grundsätzlich sinnvollen Einrichtung zu einem echten Problem des deutschen Jugendrechtes geworden.

Konservative Sozialromantik – Härte zahlt sich aus

»Konservativ« und »Romantik«? Auf den ersten Blick scheinen diese Begriffe sich nach allgemeinem politischem Verständnis gegenseitig auszuschließen. »Konservative« Justizpolitik, so würde man sicherlich sagen, ist gerade gekennzeichnet durch Stichworte wie »Härte«, »Durchgreifen« oder »Unnachgiebigkeit«. Alles Dinge, die so gar nicht romantisch klingen und auch nicht vermuten lassen, dass einer eher weichen Linie im Strafrecht das Wort geredet werden soll. Andererseits ist Romantik gekennzeichnet durch eine schwärmerische Haltung und eine Idealisierung der Wirklichkeit, und genau das ist bei den konservativen Sozialromantikern Inhalt ihres Denkens.

Dabei geht es nicht etwa um Nachsicht und Weichheit, sondern um eine Sichtweise, die sich Erfolge im Jugendstrafrecht von einer derart einfach gestrickten Vorgehensweise verspricht, dass ich als erfahrener Richter nur mit dem Kopf schütteln kann.

Oberflächlich betrachtet setzt die konservative Sozialromantik dabei zunächst, gemäß dem Image gleich gelagerter Justizpolitik, auf Härte und Durchgreifen. Bei näherem Hinsehen zeigt sich allerdings, dass man dabei als Tiger springt und als Bettvorleger landet.

Sozialromantik im konservativen Lager lässt sich nach meinen Beobachtungen vor allem bei drei Phänomenen, mit denen ich immer wieder befasst bin, gut beobachten: Zunächst einmal hinsichtlich der regelmäßig geforderten Erhöhung von Strafrahmen eben auch im Jugendstrafrecht, dann exemplarisch beim Thema Warnschussarrest und schließlich bei den Regelungen in der Cannabis-Frage. Auch das Thema Cannabis werde ich an späterer Stelle noch ausführlich beleuchten, da es in meinem Leben als Mensch und als Richter eine zentrale Rolle gespielt hat und spielt. An dieser Stelle sei nur die konservativ-sozialromantische Sichtweise kurz dargestellt.

So geht der Vertreter dieser Sichtweise, also vornehmlich Politiker der Unionsparteien oder anderer Gruppierungen im konservativen parlamentarischen Spektrum davon aus, dass man mehr oder weniger die gesamte Drogenproblematik grundlegend damit bekämpfen könne, dass eine totale Kriminalisierung von Cannabisbesitz und -gebrauch in die Gesetze geschrieben wird. Die simple Denkweise lautet in etwa so: Wir verbieten den Besitz und den Konsum von Cannabis, schaffen sämtliche Grenzen, die zur Zeit gelten, komplett ab und fahren eine »Zero-Tolerance«-Strategie. Das führt dazu, dass alle Fälle, die mit Cannabis zu tun haben, konsequent strafrechtlich verfolgt und die Beteiligten zu empfindlichen Strafen verurteilt werden können. Damit lösen wir in absehbarer Zeit das

»Problem Cannabis« und erzielen gleichzeitig einschneidende Erfolge beim Thema »Drogenmissbrauch«.

Sozialromantisch ist diese Behandlung des Themas, weil sie von einer vereinfachten und idealisierenden Sichtweise ausgeht, die der Thematik überhaupt nicht gerecht wird und letztlich mit allzu einfachen Schlüssen aus einer allzu einfachen Perspektive jugendrechtlich in die Irre führt.

Auch denken die konservativen Sozialromantiker – gerade bei CDU-Innenministern lässt sich das regelmäßig beobachten –, dass durch die simple Erhöhung der Strafrahmen insbesondere im Jugendstrafrecht Jugendkriminalität verhindert werden könnte. Zuletzt wurde im Juli 2012 die im Jugendgerichtsgesetz festgelegte Höchststrafe für Mord von zehn auf fünfzehn Jahre bei Heranwachsenden erhöht, was ich prinzipiell durchaus begrüße, weil es ein Signal an die Angehörigen der Opfer ist. Dies feierten allerdings unsere konservativen Sozialromantiker als echten Durchbruch und verkauften es als wirksame Waffe gegen Gewaltkriminalität. De facto wird aber diese Erhöhung nicht eine einzige Gewalttat verhindern, da sie selbst nach einer hoch angesetzten Schätzung vielleicht fünfzehn Fälle im Jahr betreffen könnte und ein Mörder im heranwachsenden Alter im Vorfeld nicht über den konkret erwartbaren Strafrahmen für seine Tat nachdenkt.

Hier geht es dann auch gar nicht mehr darum, dass der Täter erzogen werden soll, hier geht es nur noch darum, dass den Opfern und Hinterbliebenen Genugtuung widerfährt. Es soll sichergestellt werden, dass ein Mörder auch nach Jugendstrafrecht länger für einen Mord im Strafvollzug verbringen muss. Er soll also nicht bereits nach fünf Jahren, wie es vorher durchaus möglich war, auf der gleichen Straße spazieren gehen, auf der er sein Opfer getötet hat und in der die Hinterbliebenen vielleicht sogar noch leben. Dieser Gedanke ist sicherlich nachvollziehbar, die Verschärfung des Strafrahmens aber als probates Mittel zur Bekämpfung des jugendlichen oder heranwachsenden Fehlverhaltens an sich zu verkaufen, ist indes Augenwischerei. Im Übrigen reichen die Strafrahmen des Jugendgerichtgesetzes mit Strafen bis zu zehn Jahren für fast alle vom Gericht verhandelten Fälle völlig aus. Eine Ausnahme bildet hier nur der Jugendarrest, bei dem ich eine geringe Erhöhung für notwendig halte. Hier aber nicht im Sinne einer Verschärfung, sondern einer Verbesserung der erzieherischen Möglichkeiten. Ich habe in meiner gesamten Geschichte als Richter noch nie über einen Mord von Jugendlichen oder Heranwachsenden zu entscheiden gehabt. Daher musste ich auch noch nie mehr als fünf Jahre geben – was für einen jungen Menschen bereits sehr lang ist. Wenn also unsere Sozialromantiker aus der konservativen Ecke eine Erhöhung der Strafrahmen fordern, ist das nichts anderes als das Werfen von Nebelkerzen. Es lenkt von den wirklichen Problemen im Jugendstrafrecht ab.

Ähnlich simpel gestrickt ist die konservativ-sozialromantische Sichtweise beim Thema Warnschussarrest. Sozialromantiker hören oder lesen einfach nur dieses plakative Wort und sind begeistert. Das klingt nach all dem, wovon sie träumen: Straffällige Jugendliche bekommen mal so richtig einen vor den Latz, fahren wegen geringfügiger Delikte in den Knast ein und bekommen gezeigt, was passiert, wenn man sich danebenbenimmt.

Ich gehöre zu den Juristen, die immer für den Warnschussarrest plädiert haben und bin sehr froh, dieses Instrument seit Anfang 2013 endlich wieder an die Hand bekommen zu haben. Umso ärgerlicher ist aus meiner Sicht die stark vereinfachte und in manchem auch einfach nur falsche Interpretation dieses juristischen Mittels.

Da werden die Begriffe »Arrest« und »Knast/Gefängnis« munter vermischt und gleichgesetzt, da wird aus diesem Mittel, das eins unter vielen ist, ein Allheilmittel, mit dem die Jugendkriminalität scheinbar abgeschafft werden kann. Schließlich wird der Eindruck erweckt, dieses Mittel könne und müsse flächendeckend eingesetzt werden, um Erfolg zu zeitigen. Auch hier zeigt sich die Romantik vor allem in der Vereinfachung und dem laienhaften Sprechen über juristische Instrumente.

Mein Blick auf das Jugendstrafrecht ist nach so vielen Jahren meines Wirkens sehr differenziert und mir ist klar, dass wir als Richter alle uns zur Verfügung stehenden Möglichkeiten auch nutzen müssen, um der Vielfalt der Täter und Opfer halbwegs gerecht zu werden. Die Sozialromantik steht einem solchen Vorgehen massiv im Weg. Sie propagiert entweder von konservativer Seite blinde Härte oder von links genauso blinde Milde. Sie schaut nicht auf Verhältnismäßigkeiten, hat nicht den Blick auf die Zukunft von Tätern und Opfern gerichtet, sondern genügt sich in einer seltsam bräsigen Selbstzufriedenheit mit ihren scheinbar klaren und einfachen Konzepten.

Damit muss Schluss sein!

Meine Kampfansage an die rechte Szene
Kooperation macht stark

Der Fall Dennis hatte nach meinem Amtsantritt in Bernau bereits dafür gesorgt, dass ich langsam, aber sicher von einer konsequent sozialromantischen Denkweise abrückte. Im Vergleich zu dem, was sich anbahnte, nachdem ich mich intensiv mit der Situation vor Ort beschäftigt hatte, war Dennis mit seinen Einbrüchen und Diebstählen allerdings ein harmloser Fall.

Je länger ich auf dem Richterstuhl in Bernau saß, je mehr kleinere Verfahren ich auf den Tisch bekam, desto klarer wurde mir: Du sitzt hier inmitten einer rechtsradikalen Hochburg, und es wird täglich schlimmer. Ging man durch die Straßen der Stadt, waren allerorten Springerstiefel, Bomberjacken und kahlrasierte Schädel an der Tagesordnung. Zum damaligen Zeitpunkt war die rechte Szene an diesen Insignien noch deutlich zu erkennen; heute ist das wesentlich schwieriger geworden, rechte Schläger und linksautonome Gewaltbereite sind optisch kaum mehr auseinanderzuhalten.

Ich begann zu begreifen, warum vielen Bernauern mulmig war, wenn sie durch ihre Stadt liefen. Die Springerstiefel-Fraktion hatte längst das Regiment übernommen und spielte auf übelste Art und Weise die heimliche Ordnungsmacht auf den Straßen.

Rein juristisch betrachtet bekam ich trotzdem im Grunde zunächst nur Kleinkram, bis ich schließlich Haftanträge für mehrere junge Männer vor mir hatte, die ich alle schon aus kleineren Verfahren in der kurzen Zeit, die ich bis dahin als Jugendrichter tätig war, kannte. Als ich die Tatumstände zur

Kenntnis nahm, war mir sofort klar: Dieses Mal geht's ans Eingemachte. Die fünf Skins, die schließlich im Verfahren vor mir standen, waren Mitglieder einer Gruppe gewesen, die an einem Bernauer See regelrecht Jagd auf eine Gruppe von Berliner Jugendlichen gemacht hatte, die dort lediglich in Ruhe grillen, knutschen und ein paar Bier trinken wollten. Ihr Nachteil war, dass sie für die Bernauer Skin-Szene zum Teil ausländisch aussahen, zum Teil wie Punks oder Hippies wirkten. Das reichte zu jener Zeit vollkommen aus, um als unerwünscht zu gelten und gewalttätige Übergriffe befürchten zu müssen. Es kam damals oft vor, dass fremde Gruppen von jugendlichen Gewaltstraftätern angegriffen wurden. Sie wurden mal beleidigt, mal bedroht, mal gejagt und in den ganz schlimmen Fällen eben auch getreten und geschlagen. Zu dieser Zeit hätte ich keinem meiner ausländischen Freunde geraten, von Berlin mit der S-Bahn nach Bernau zu fahren oder alleine abends durch Bernau oder andere Orte in Brandenburg zu laufen. Zu groß war die Gefahr.

So auch in diesem Fall: Die Skins gingen äußerst brutal gegen die Berliner vor, einer der Betroffenen wurde mit Springerstiefeln gegen den Kopf getreten und trug so schwere Verletzungen davon, dass er eine Stahlplatte im Kopf tragen musste.

Die jungen Leute flüchteten zwar, wurden auf dieser Flucht jedoch weiter getreten und geschlagen. Erst nachdem auch eines ihrer Autos heftig beschädigt und eine Tasche erpresst worden war, gelang ihnen mit ihren Autos die Flucht. Einige der Mädchen allerdings rannten, da sie die Autos nicht hatten erreichen können, in Todesangst mehrere Stunden lang durch den Wald.

Durch einen glücklichen Umstand – einer der Täter verlor seine Brieftasche mit NPD-Flyer – konnten die Tatverdächtigen dann sehr schnell ermittelt werden. Ich bekam die Akten auf den Tisch und bemühte mich extrem um Schnelligkeit, da ich die Chance sah, hier ein erstes Zeichen an die Szene senden zu können. Dieses Zeichen sollte lauten: Wenn ihr was anstellt, geht es ab jetzt ruck zuck, und ihr steht vor dem Richter.

Fünf Angeklagte gab es schließlich, denen eine Tatbeteiligung zur Last gelegt werden konnte. Drei von ihnen waren bereits in Untersuchungshaft. Zwei weitere jüngere und nicht als Haupttäter zu beurteilende Jugendliche bekamen gleichfalls Haftbefehle, wurden allerdings nach ein bzw. zwei Wochen unter strengen Auflagen wieder auf freien Fuß gesetzt, nachdem sie gewissermaßen eine Art Warnschussknast erfahren und gemerkt hatten, dass der Staat es ernst meinte. Der gesamte Prozess fand bereits etwa drei Monate später vor dem Jugendschöffengericht statt und zog sich über insgesamt vier Verhandlungstage. Das Jugendschöffengericht setzt sich aus einem Berufsrichter und zwei aus dem Volk gewählten Nichtjuristen zusammen, die den gesunden Menschenverstand in den Gerichtssaal bringen sollen. Eine anstrengende Großveranstaltung also, auch und vor allem für mich. Aber ich wollte es so, weil ich wusste, dass hier die Chance bestand, erstmals einen echten Keil in die Szene zu treiben.

Die Verhandlung lief, ich befragte die Zeugen, also vor allem auch die geschädigten Jugendlichen aus Berlin, und stellte durchgängig fest, dass diese bei jeder Befragung leichenblass waren und am ganzen Körper zitterten. Ich konnte das kaum mit ansehen, bat schließlich ein Mädchen, das ganz besonders verängstigt schien, in mein Büro und fragte sie, was los sei. Daraufhin berichtete sie von den Rechten, die draußen vor dem Saal saßen und auf der Straße vor dem Gericht standen. Alle in voller Montur, inklusive Springerstiefel. Diese Männer hatten vor allem eins im Sinn: Sie wollten die Zeugen einschüchtern und verhindern, dass sie zu Lasten ihrer Gesinnungsgenossen aussagten. Darüber hinaus war der martialische Auftritt ein klares Signal: Wir lassen uns hier nicht die Butter vom Brot nehmen.

Ich reagierte sofort, forderte Polizeibeamte an, die sich vor dem Saal postierten und ein Auge auf die Rechten hatten. Zusätzlich bekamen die Zeugen auf ihrem Weg vom Gericht zum Bahnhof Polizeischutz, so dass keine Möglichkeit bestand, erneut durch die Kumpane der Angeklagten belästigt zu werden.

Mich selbst beschäftigten die Vorgänge unablässig, auch außerhalb des Gerichts. Die Angst der Zeugen, die Unverfrorenheit der Angeklagten und ihrer Freunde, all das ging mir ständig im Kopf herum, so dass ich abends nach dem ersten Verhandlungstag versuchte, bei einem Bierchen in der Kneipe auf andere Gedanken zu kommen. Was passierte, war jedoch etwas anderes. Ich kam, nachdem es dann doch ein paar Bierchen mehr geworden waren, nachts um drei Uhr in einem Kreuzberger Club mit einem Springerstiefelträger ins Gespräch. Mein Glück war vermutlich, dass dieser der linken Szene zuzuordnen war. Sein Look insgesamt war komplett anders, eindeutig nicht rechtsradikal, die Stiefel jedoch trug er, denn diese gehörten auch auf der anderen Seite häufig zur Grundausstattung.

Wir redeten, und ich fragte ihn nach der Bedeutung des Schuhwerks. Er erzählte daraufhin von symbolischer Macht, von der Außenwirkung der groben, mächtigen Stiefel, und auch davon, dass man, wenn es denn nötig sei, diese Dinger sehr wirkungsvoll als Waffe einsetzen könne.

Das war mein Stichwort. Waffe. Hatte ich bisher eher ein diffuses Gefühl von »geht nicht« gehabt, so war mir jetzt klar:

Diese Dinger sind nichts anderes als eine Waffe, und Waffen dulde ich weder in meinem Gerichtssaal noch auf der Straße. Ich fasste einen Entschluss: »Ab jetzt ziehe ich den Bernauer Skins die Springerstiefel aus!«

Sofort am zweiten Verhandlungtag verbot ich das Tragen von Springerstiefeln zunächst im Gericht, und irgendwie hatte jeder Prozessbeobachter gleich das Gefühl, die Angeklagten und ihre Sympathisanten seien »geschrumpft«. Es fehlte ein wichtiger Teil ihres Auftritts, ihr eigener Schutzpanzer war gewissermaßen an einer Stelle gebrochen. Genau diese Wirkung hatte ich erzielen wollen. Da das Verfahren öffentlich war, erklärte ich der anwesenden Szene, dass ab jetzt keine Springerstiefel mehr in meinem Gerichtssaal zugelassen würden. Ich drohte mit Ordnungsgeld und Ordnungshaft für den Fall, dass einer es wagen würde, diese Anordnung zu missachten und mit Springerstiefeln meinen Saal zu betreten. Ich machte somit erstmals klar, wer Chef im Saal ist. Und tatsächlich erkannten die Skins, dass ich es ernst meinte. Und erschienen auf Socken. Vor dem Saal, so berichtete man mir später, standen zwölf Paar Springerstiefel in Reih und Glied. Was für ein schönes Bild!

Die Verhandlung lief, es kam zur Urteilsverkündung. Im Saal anwesend: Ein Teil des harten Kerns der gewaltbereiten rechten Szene von Bernau. Wenn auch ohne Stiefel. Das Gericht verhängte Jugendstrafen von fast drei Jahren ohne Bewährung für die beiden Hauptangeklagten, denen die härteste Tatbeteiligung nachzuweisen war, die drei anderen bekamen ebenfalls Strafen von mehr als einem Jahr, allerdings zur Bewährung. Insgesamt war das Urteil jedoch so, dass die versammelte rechte Schlägertruppe mit einiger Fassungslosigkeit merkte: Das ist kein Spaß mehr, die Richter da vorne machen jetzt richtig ernst. Und genau so war auch meine Ansage, noch im Saal nach der Urteilsbegründung. Ich machte den Anwesenden unmissverständlich klar: Passiert in meinem Zuständigkeitsbereich irgendwas, nimmt irgendeiner von euch die Fäuste hoch und schlägt andere Menschen, landet ihr so schnell bei mir vorm Gericht, wie ihr es euch kaum vorstellen könnt. Und ihr werdet nicht mit Milde zu rechnen haben: Noch ein Tritt mit dem Springerstiefel ins Gesicht, und ich sorge dafür, dass ihr wegen versuchten Mordes vors Landgericht kommt.

Von nun an war ich das erklärte Feindbild der rechten Szene, gleichzeitig aber auch derjenige, vor dem sie eine diffuse Furcht hatten. Denn im Knast wollten sie dann doch nicht landen, und sie hatten ja erlebt, dass Richter Müller nicht nur redete, sondern auch handelte.

Von nun an setzte ich das Springerstiefelverbot um, wo es rechtlich nur ging. Dazu muss man wissen, dass insbesondere das Jugendrecht, wenn man es richtig anwendet, eine Vielzahl von Möglichkeiten bietet, das Verhalten von jungen Menschen zu steuern. So ist es ohne Weiteres möglich, jungen Straftätern Weisungen zu erteilen, die an eine korrekte Lebensgestaltung appellieren. Man kann ihnen sagen: Diese Plätze hast du nicht zu besuchen, du darfst in der Öffentlichkeit keinen Alkohol trinken, du hast abends um 20.00 Uhr zu Hause zu sein. Außerdem darfst du keine Diskotheken oder andere öffentliche Veranstaltungen besuchen. Man kann ihnen mithin alles verbieten, was für sie und andere gefährlich werden könnte. Diese sogenannten Weisungen an die Lebensführung kann der Jugendrichter sowohl als separate Weisungen als auch im Rahmen von Bewährungszeiten anordnen.

Als ich auf die Idee gekommen war, Bernau springerstiefelfrei zu machen, musste diese Weisung irgendwie auch umgesetzt werden. Ich selbst hatte keine Zeit, über Campingplätze, Marktplätze, Bahnhofsvorplätze und durch Parkanlagen zu marschieren, um zu schauen, ob meine Weisungen tatsächlich beachtet wurden. Allerdings kannte ja auch die Polizei meine Jungs. Also traf ich mich mit dem damaligen Leiter des örtlichen Schutzbereiches und wir vereinbarten eine Kooperation zwischen Jugendgericht und Polizei. Ich sandte, nachdem ich einen Beschluss erlassen hatte, der ein Springerstiefelverbot vorsah, diesen umgehend an die örtliche Wache. Dort erstellte man schließlich eine Liste, auf der am Schluss etwa hundert Personen aufgeführt waren, die nach Weisung des Richters Müller keine Springerstiefel mehr tragen durften.

Die Polizei konnte nun durch die Gegend fahren und schauen, wer entgegen dieser Weisung handelte, und genau das machte sie auch sehr erfolgreich. Am nächsten Tag hatte ich Nachricht, dass einer meiner Täter angetroffen worden war. Bei Nichtbefolgung einer Weisung kann ein Jugendrichter bis zu vier Wochen Jugendarrest verhängen oder sogar die erfolgte Bewährung widerrufen, was ganz konkret das Einfahren in den Knast bedeutet. Ich tat dies auch in mehreren Fällen, was sich herumsprach.

Die Folge meines Springerstiefelverbotes war, dass alle kapierten, dass ich in dieser Sache tatsächlich keinen Spaß kannte. Ich schaffte es schließlich sogar, dass manche von meinen Jungs ihre Springerstiefel freiwillig abgaben. Die lustigste Anekdote dazu hörte ich über einen unter Bewährung stehenden Skinhead, der sich zwar an das Verbot hielt, von dem aber berichtet wurde, dass er jeden Abend, wenn er nach Hause kam, wütend in Unterhosen und Springerstiefeln durch seine Wohnung lief.

Diese Geschichte zeigte mir persönlich, wie wichtig die Kooperation zwischen der Polizei und dem Jugendgericht war und ist. Die Polizei konnte demonstrieren, dass sie sehr wohl über jugendgerichtliche Weisungen Bescheid wusste und in dieser Hinsicht auch eng mit dem Jugendrichter zusammenarbeitete. Dies stärkte nicht nur die Autorität der Polizeibeamten vor Ort, sondern auch meine. Es kursierte damals ein geflügeltes Wort: »Wenn du dich nicht vernünftig verhältst, kommst du zu Müller!« Das allein reichte schon manches Mal als erzieherische Maßnahme.

Leider hat diese Form der Zusammenarbeit noch keine Schule gemacht – bis heute gibt es dazu keine gesetzlichen Regelungen. Dabei wäre die Kommunikation zwischen Polizei und Gericht mit heutigen Kommunikationsmitteln ein Leichtes! Polizeibeamte haben zwar die Möglichkeit zu schauen, ob jemand vorbestraft ist, sie erhalten allerdings keinerlei Kenntnisse über richterliche Weisungen. Das ist der Hauptgrund, weshalb viele dieser Weisungen ins Leere laufen. Bei einer vernünftigen Zusammenarbeit zwischen Jugendgericht und Polizei könnten die schlimmen Jungs viel besser und stärker kontrolliert werden. Hierfür wäre es notwendig, dass jede jugendrichterliche Weisung nach Erteilung umgehend nicht nur in die örtlichen Polizeicomputer, sondern bundesweit in alle Polizeicomputer eingespeist wird. Einfach gesagt: Das Jugendgericht erteilt die Weisung, dass ein Jugendlicher in der Öffentlichkeit nicht trinken darf, weil er bereits mehrmals mit Alkohol aufgefallen ist. Dann wird diese Weisung umgehend der Polizei mitgeteilt, die bei Missachtung gleich den Jugendrichter unterrichtet. Dieser wiederum beraumt sofort einen Termin an, hört den Täter und reagiert auf angemessene Weise. Früher mussten wir so etwas noch per Fax koordinieren, heute könnte quasi per Knopfdruck alles online und blitzschnell organisiert werden.

Bislang ist es so, dass die Jugendgerichte in aller Regel nicht mal mit den örtlichen Polizeidienststellen vernetzt sind.

Überregional befinden sich im sogenannten INPOL-System der Polizei lediglich Informationen über das Bestehen von Haftbefehlen, Fahndungen und über schwerste Gewalttäter. Darüber hinaus ist die Informationsmöglichkeit auf Länderebene geregelt und nicht vernetzt, so dass ein Brandenburger Staatsanwalt in den meisten Fällen nicht mitbekommt, wenn zum Beispiel ein Jugendlicher aus meinem Kiez nebenher im Bundesland Berlin, also nur zehn Kilometer von meinem Amtsgericht entfernt, gleichfalls aktiv wird. Bei guter Zusammenarbeit vor Ort weiß der ein oder andere Polizeibeamte sicherlich, was der jeweilige Jugendrichter so verordnet hat. Eine irgendwie geartete Pflicht, die Staatsanwaltschaft oder besser noch das Gericht direkt über Weisungsverstöße zu informieren, gibt es jedoch nicht. Dies ist im Übrigen auch bei Bewährungsverstößen und nicht nur im Jugendrecht so. Auch hier erlangen die Zuständigen, nämlich Staatsanwaltschaft und Gerichte, in aller Regel erst dann von Verstößen Kenntnis, wenn die Akten übersandt werden. Und das kann Monate dauern.

Wenn es nach mir ginge, würden die zuständigen Gerichte postwendend und direkt informiert werden müssen, wenn durch Polizeibeamte im Rahmen ihrer Dienste Verstöße gegen Auflagen und Weisungen festgestellt oder auch, wenn neue Straftaten begangen werden. Bei jedem, der unter Bewährung oder richterlicher Aufsicht steht und sich rechtswidrig verhält, müssten bundesweit bei der Polizei rote Lämpchen angehen: Sofort das Gericht unterrichten! Wie effektiv könnten verhängte Urteile umgesetzt, wie viele Straftaten könnten alleine hierdurch verhindert werden!

Etwa zwei Jahre nach der Verhandlung drehte das Magazin *Kontraste* eine Dokumentation über die rechtsradikalen Tendenzen in Brandenburg und berichtete schwerpunktmäßig auch über Bernau und über mein Wirken dort. Ich war nun zum ersten Mal in der Presse, auch wenn ich das im Grunde gar nicht wollte. Aber um gesellschaftliche Veränderungen in die Wege leiten zu können, braucht man bisweilen Mitspieler und Verbündete. Die Urteile hatten also bereits überregional für Aufmerksamkeit gesorgt, auch über das Springerstiefelverbot war breit berichtet worden. So etwas hatte man bisher noch nicht gehört. In dieser Doku wurden auch einige »meiner« rechten Schläger anonym interviewt, die Gesichter abgedeckt, die Stimmen verzerrt. Ich selbst wusste allerdings genau, wer dort stand, und hörte mit einiger Zufriedenheit, was die Jungs so von sich gaben. Seit der Müller da ist, lassen wir die Fäuste in den Taschen, hieß es dort sinngemäß. Und, noch besser: Der Jugendrichter Müller verhalte sich ja wie ein strenger Vater. Sie wussten im Grunde sehr wohl, was sie brauchten. Nämlich eine Autorität und kein Weichei, das mit reiner Kuschelpädagogik reagiert. Gleichwohl war mein Auftrag, Gewalt von rechten jugendlichen Schlägergangs zu reduzieren, noch lange nicht beendet. Es dauerte noch einige Jahre, bis es dann aber wohl auch der Letzte im meinem Kiez kapiert hatte. Noch einige Zeit, nachdem ich mein Springerstiefelverbot erlassen hatte, versuchte als Letzter ein NPD-Funktionär, das Verbot zu ignorieren und mit Springerstiefeln als Zeuge bei mir auszusagen. Ich sah ihn vor dem Saal und erklärte ihm, dass er diesen mit den Stiefeln nicht betreten dürfe. Für den Fall, dass er es trotzdem versuche, drohte ich ihm mit einem Ordnungsgeld. Er schien die Sache nicht ganz ernst zu nehmen und verwies allen Ernstes auf seine Menschenwürde. Ich hingegen verwies auf die Würde des Gerichts und meine sitzungspolizeilichen Befugnisse. Ich beorderte zwei Polizisten in den Saal, und der Zeuge erschien tatsächlich trotz meiner Warnung in Springerstiefeln. Unter Verweis auf die anwesende

Polizei gab ich ihm die Möglichkeit, innerhalb einer Stunde rechtsanwaltlichen Rat einzuholen, sich neue Schuhe zu besorgen oder auf Socken zu erscheinen, was ich als milderes Mittel ansah. Eine Stunde später erschien der Zeuge tatsächlich auf Socken. Niemand traute sich zu lachen, auch ich nicht. Innerlich jedoch war ich sehr zufrieden.

Mike, Heiko und andere Schläger

Warum Generalprävention ein Thema ist, das unbedingt ins Jugendrecht gehört

Je länger ich in Bernau meiner Tätigkeit nachging, desto mehr merkte ich, dass ich fast jedes Mal, wenn es gravierendere Straftaten zu verhandeln galt, in diverse rechtsextreme Wespennester hineinstach. Die Szene war stetig gewachsen, sie formierte sich zu einer Art SA der Neuzeit und maßte sich an, auf den Bernauer Straßen für »Ordnung« zu sorgen.

Für mich bestand das Problem darin, dass ich all die Delikte überwiegend in kleinen »Portionen« auf den Tisch bekam, so dass ich immer nur hier und da Auflagen und Weisungen erteilen konnte, aber kaum einmal die Möglichkeit bekam, der führenden Köpfe der Szene wirklich habhaft zu werden. Allein die Masse der für sich genommen geringfügigen Verstöße war kaum zu bewältigen. Wenn ich in dieser Zeit jeden hätte einsperren wollen, der sich alleine nur wegen der »Verwendung verfassungsfeindlicher Kennzeichen« strafbar gemacht hatte, hätte nur für meine Angeklagten ein eigener Knast gebaut werden müssen. Die Szene war mittlerweile groß, und ein gezieltes Vorgehen war dringend notwendig geworden, um Zeichen zu setzen.

Die rechten Gruppen selbst bestanden wie so oft in solchen Fällen aus vielen vergleichsweise unauffälligen Mitläufern, aber auch aus Kandidaten, bei denen die Gewaltbereitschaft auf einem Niveau angelangt war, dass jederzeit mit dem Schlimmsten gerechnet werden musste.

Zu Letzteren gehörten auch Mike und Heiko. Man musste ihnen schon allein deshalb besondere Aufmerksamkeit schenken, weil sie nicht ausschließlich klassische dumpfe Schläger-Skins waren, sondern aufgrund einer gewissen geistigen Grundfähigkeit auch bewusst politische Ambitionen mit ihrer Einstellung verbanden. Mike und Heiko waren eben keine Mitläufer mehr, die »nur« ab und zu mal prügeln wollten, sondern sie hatten längst das entwickelt, was man gemeinhin als »geschlossenes rechtsradikales Weltbild« bezeichnet. Ihre ausländerfeindliche und auch in Bezug auf gewisse inländische Gruppen wie Punker oder Kiffer vollkommen menschenfeindliche Haltung mündete in den klaren Plan, diese Menschen gezielt so zu schädigen, dass sie Deutschland verlassen würden. So sagte es mir zumindest ein Jugendlicher einmal: »Ich beleidige Ausländer, damit sie Deutschland verlassen.« Und falls das nicht wirkte, war im Hinterkopf auch der Tod von Menschen immer eine Option.

Ich konnte also aus den vielen Einzelakten bereits ersehen, dass ich es hier mit einer von mehreren in Bernau agierenden hochgefährlichen Gruppen zu tun hatte, und überlegte hin und her, wie ich mehr »Futter« bekommen konnte, um juristisch wirklich wirksam vorgehen zu können. Mit anderen Worten: Ich brauchte Anklagen.

Gegen Mike und Heiko bestanden zu jenem Zeitpunkt bereits Haftbefehle, weil sie gemeinsam eine junge Frau in der S-Bahn massiv körperlich attackiert und belästigt hatten. Die Frau war eigentlich nur eine harmlose Studentin, doch wegen ihres Outfits wurde sie von den selbst ernannten Hütern von Recht und Ordnung als »Punk« identifiziert. Mike und Heiko zerstörten das mitgeführte Fahrrad der Frau, indem sie es erst kaputt schlugen und anschließend aus dem fahrenden Zug warfen, sie zerbrachen ihre Brille, bespritzten sie mit Bier, traten und schlugen sie, bevor es ihr gelang, an einer Haltestelle den Zug zu verlassen und zu entkommen.

Mike hatte sich wegen dieser Geschichte bereits vor einem Ermittlungsrichter zu verantworten gehabt, der Haftbefehl war jedoch außer Vollzug gesetzt worden. Heute würde ich klar sagen, dass auch in diesem Fall sozialromantische Denkweisen einem gezielten Handeln im Weg standen – Mike entsprach sicher nicht mehr dem Bild des armen jungen Menschen, dem eine Haftstrafe vielleicht Chancen verbaut hätte.

Mike also war mal wieder davongekommen, lachte sich vermutlich in irgendeinem Hinterzimmer ins Fäustchen und trank das eine oder andere Bier auf die Handlungsunfähigkeit der deutschen Justiz.

Dann jedoch beging er einen Fehler. In der Vorstellung, vollkommen unangreifbar zu sein (die war ihm ja ausreichend vermittelt worden), prahlte er gegenüber einer Sozialarbeiterin, dass er plane, die Radmuttern eines Polizeiwagens zu lösen.

In diesem Moment konnte ich endlich handeln. Zwischenzeitlich hatte die Staatsanwaltschaft nämlich Anklage erhoben, womit die Jungs in meine Zuständigkeit fielen. Ich setzte sofort den Haftbefehl in Vollzug, begründet mit Wiederholungsgefahr, und Mike ging in Untersuchungshaft.

Plötzlich also war er von der Straße, für seine Kumpel nicht erreichbar, schlicht zunächst aus dem Verkehr gezogen. Bereits diese vorläufige Maßnahme erzielte einen ersten »Erfolg«, wie ich am Tag nach Verkündung des Haftbefehls feststellen durfte. In einer Holzbank gegenüber eines Sitzungssaals hatten Mikes Kumpane sich künstlerisch verewigt: Mehrere Hakenkreuze waren dort säuberlich eingeritzt worden, versehen mit der eindeutigen Parole »Arschloch Müller«.

Das sollte mich offensichtlich beeindrucken und erschrecken, letztlich bekräftigte es mich aber viel mehr in dem Entschluss, jetzt endlich gezielt tätig zu werden.

Ich wälzte Akte um Akte, arbeitete mich immer tiefer ein. Alle Vorfälle, die mit der rechtsradikalen Szene zu tun hatten, wurden durch die politische Abteilung der Staatsanwaltschaft bearbeitet und hatten ein festes staatsanwaltschaftliches Aktenzeichen, nämlich Js 256. Es gab damals also bereits so etwas wie eine Intensivtäterabteilung, allerdings nur für politisch motivierte Straftaten.

Ich gab meiner Geschäftsstelle die Weisung, mir alle 256er-Fälle sofort vorzulegen, weswegen sie dann auch bevorzugt und konzentriert bei mir landeten. Schnell erschlossen sich mir auch die Verbindungen untereinander. Schließlich fasste ich vier Verfahren zu einem zusammen. Vier Intensivtäter aus der harten rechten Szene Bernaus, neben Mike und Heiko noch zwei weitere junge Männer, die nicht ganz so viel, aber immer noch genug auf dem Kerbholz hatten, sollten gemeinsam vor dem Jugendschöffengericht stehen. Letztere waren auf freiem Fuß, während sowohl Mike als auch Heiko, gegen den ich gleichfalls Untersuchungshaft verhängt hatte, sicher im Knastgewahrsam saßen und dort wahrscheinlich recht siegesgewiss darauf warteten, endlich wieder in die Freiheit entlassen zu werden.

Das Verfahren begann, und allein das Verlesen der Tatvorwürfe gegen die vier Angeklagten dauerte. Es war die ganze Palette enthalten. Der Angriff auf die Studentin kam zur Verhandlung, ebenso das räuberische Eintreiben angeblicher Schulden bei einem Mitglied der Szene, die Bedrohung eines jungen Mannes und der Diebstahl seines Geldes und eines Kassettenrecorders. Mike und Heiko waren zudem angeklagt, einen türkischen Imbiss-Betreiber überfallen zu haben, weil dieser sich angeblich einem Mädchen aus der Clique unsittlich genähert haben sollte. Es war dabei nicht zu Körperverletzungen gekommen, weil der Mann sich mit einem Döner-Spieß gegen die Angreifer gewehrt hatte. Aus Wut über diese Gegenwehr hatte Mike allerdings mit seinem Baseball-Schläger die Scheibe des Imbisses in Kleinteile zerlegt und für erheblichen Sachschaden gesorgt.

Letztlich fand sich in den Akten das ganze Programm. Menschen waren geschlagen, bedroht und beleidigt worden, weil sie entweder Ausländer oder (vermeintlich) Punker oder Kiffer waren, also eine »undeutsche« Droge nahmen. Alle Taten waren zudem mit äußerster Brutalität verübt worden. Hätte man ein Musterbeispiel für das gebraucht, was zu jener Zeit in vielen ostdeutschen Gemeinden abging: Hier war es. Viele dieser Gemeinden hatten ihre eigenen Mikes und Heikos, und mir war vollkommen klar, dass wir sie nicht mal ansatzweise in den Griff bekommen würden, wenn sie weiter auf die Milde des Staates, den sie letztlich verachteten, zählen konnten.

Die Verhandlung lief also, die Angeklagten ließen sich zum Teil geständig zu ihren Taten ein, wo es ihnen möglich schien, lavierten sie ein wenig herum, um nicht alles zugeben zu müssen. Reue oder Einsicht war kaum vorhanden, doch was ich deutlich merken konnte: Alle vier gingen auf eine für alle Anwesenden fast körperlich spürbare Weise davon aus, dass es schon »nicht so schlimm kommen«, also Bewährungsstrafen verhängt würden.

Das Gericht wusste genau: Wenn auch nur einer der Angeklagten freien Fußes den Gerichtssaal verlassen würde, wäre das in der gesamten rechten Szene als Sieg über den Staat interpretiert worden.

Vor dem letzten Tag des Verfahrens rief ich den zuständigen Staatsanwalt an. Ich machte ihm deutlich, dass das Jugendschöffengericht eine aufsehenerregende Entscheidung treffen würde und bat ihn, für so viel Presse und Öffentlichkeit im Saal zu sorgen wie nur möglich. Meine Pressekontakte waren zu jener Zeit noch extrem bescheiden, ich hätte so kurzfristig kaum einen Journalisten aktivieren können. Gleichzeitig war mir aber absolut klar, dass nicht nur das Urteil an sich hart sein musste, sondern auch größtmögliche Außenwirkung notwendig war. Und die ließ sich nun mal am besten über die Presse herstellen.

Der große Tag war gekommen, die Urteile sollten gefällt werden. Was ich erhofft hatte, war eingetreten. Mehrere Vertreter von Zeitung, Radio- und TV-Sendern waren vor Ort und warteten gespannt, ob es tatsächlich Spannendes zu berichten gäbe. Das Gericht hatte nicht vor, sie zu enttäuschen.

Ebenfalls anwesend: Teile der rechtsradikalen Szene von Bernau und Umgebung, Vertreter der Kameradschaften. Ganz offensichtlich sollte hier eine zusätzliche Drohkulisse aufgebaut werden, um das Gericht einzuschüchtern und die eigene »Macht« zu demonstrieren.

Es war eine Art »Showdown«, doch ich war ruhig, hatte ich mir doch alles bis ins letzte Detail überlegt, Fakten und Argumente gegeneinander abgewogen, mit den Schöffen diskutiert. Ich war mir meiner Sache absolut sicher, und diese Sache hieß: Hier war der Zeitpunkt gekommen, um Härte zu zeigen und das Gewaltmonopol des Staates mit aller Konsequenz zu untermauern.

Das hieß: Zwei Jahre und fünf Monate für Mike, etwas kürzere Jugendstrafen für Heiko und die anderen. Ohne Bewährung. In allen vier Fällen. Die beiden auf freiem Fuß befindlichen Jungs wurden noch im Saal festgenommen. Das Ziel war erreicht: Keiner der Angeklagten verließ den Saal als freier Mann.

Die Wirkung war immens. Ich habe selten so viele Tränen im Gerichtssaal gesehen. Die Familien der Angeklagten weinten, die Presse hatte eine richtig gute Story, und die Kameraden mit den Glatzen und Bomberjacken schauten sich fassungslos und ungläubig an. Erst langsam dämmerte einigen, was gerade passiert war. Vier der Ihren gingen direkt hinter Gitter, das hemmungslose Rumprügeln und Verängstigen von Menschen, deren Nationalität, Denken oder Aussehen ihnen nicht passte, hatte tatsächlich ganz konkret spürbare Auswirkungen. In dieser Form war das neu für sie.

Ich möchte an dieser Stelle eins betonen: Wenn ich dieses besondere Verfahren hier schildere, mag das für den einen oder anderen klingen, als wenn ich zu jedem Zeitpunkt ohne Zweifel und Mitgefühl gewesen wäre. Ganz so einfach ist es allerdings nicht. Selbst in so einem Fall, bei so verabscheuungswürdigen und heftigen Taten sieht man als Richter immer noch ein paar zum Teil noch nicht einmal volljährige Jungs vor sich und fragt sich, wie das sein kann, was schief gegangen ist und ob man sie nicht anders wieder in die Spur bekommen könnte. Beispielsweise mit Milde und Zuwarten, den Dogmen der linken Sozialromantik. Darüber hinaus sieht man auch die weinenden Mütter und denkt natürlich auch an deren Leid. Auch meine Mutter hatte das Gleiche erleben müssen und ich weiß, was so etwas in einer Familie anrichten kann. Man weint förmlich mit und jeder, der eingesperrt wird, tut mir noch heute leid. Doch man muss eben immer auch das große Ganze im Blick haben. Dazu gehören die Opfer, ihr Leid und ihr Anspruch auf Strafe für die Täter. Dazu gehört auch die Prognose für das künftige Wirken der Täter.

Und dazu gehört auch die Wirkung eines Urteils auf das Umfeld der Täter.

Mit Letzterem ist der neuralgische Punkt dieses Verfahrens und des Urteils benannt. Das JGG sieht den Erziehungsgedanken im Hinblick auf den einzelnen Jugendlichen oder Heranwachsenden im Mittelpunkt. Dieser soll mittels erzieherischer Maßnahmen dazu bewegt werden, seine Tat einzusehen und sich zu bessern. Der Blick über den Tellerrand ist nicht vorgesehen.

Das mag bei einem Sechzehnjährigen, der aus Langeweile ein Fahrrad klaut, seine Berechtigung haben. Bei dem gleichen Sechzehnjährigen, der »Heil Hitler« ruft, Ausländer verprügelt und Bestandteil einer wachsenden gleichgesinnten Gruppe ist, ist dieser Tunnelblick fatal. Hier ist generell mit einer Urteilsbegründung anzusetzen, die der linken Sozialromantik um die DVJJ nach wie vor die Zornesröte ins Gesicht treibt und einen der größten Streitpunkte im deutschen Jugendrecht darstellt: Generalprävention.

In der Urteilsbegründung habe ich das für jeden einzelnen der Angeklagten berücksichtigt. »Bei der Verhängung dieser Strafe«, schrieb ich, »hat das Gericht generalpräventive Gründe nicht unberücksichtigt gelassen. Zwar sind im Normalfall generalpräventive Gründe im Jugendstrafrecht außer Acht zu lassen, dies aber dann nicht mehr, wenn von Jugendbanden wie rechtsradikal organisierten Skinheads regelmäßig und im Bundesland Brandenburg nunmehr seit bald zehn Jahren politisch motivierte Gewalt auf den Straßen ausgeübt wird. Das Auftreten gewaltbereiter Skinheads, die, wie vorliegend, nicht davor zurückschrecken, Gewalt gegen Andersdenkende oder Andersaussehende auszuüben, führt zu Ängsten vieler Bürger. [...] An vielen Bahnhöfen, wie auch auf Marktplätzen, tummeln sich gewaltbereite Skinheads. Wenn dem aber so ist und diese Skinheads, wie im vorliegenden Fall, gerade durch ihr bisweilen militärisches und gruppenmäßiges Auftreten erreichen wollen, dass man Angst vor ihnen hat, so muss diesem Verhalten auch im Rahmen der Verhängung von Jugendstrafen entgegengetreten werden.«

Je länger ich mich mit der rechten Szene in Bernau beschäftigte, desto klarer war mir, dass es ein solches Urteil mit Signalwirkung brauchte. Die »Kameraden« mussten plastisch vor Augen geführt bekommen, dass der Staat nicht länger gewillt war, ihre Provokationen zu dulden. Dass er kein zahnloser Tiger war, sondern sehr wohl ansatzlos bei Wahrung aller rechtstaatlichen Voraussetzungen so zubeißen konnte, dass es schmerzte.

Ich war zum Zeitpunkt dieses Urteils selbst noch Mitglied in der DVJJ. Immerhin befand ich mich irgendwie immer noch in der Loslösungsphase von meinen eigenen sozialromantischen Überzeugungen, konnte, wie bereits gesagt, ein gewisses Mitleid mit den Jungs nicht verhehlen und tat mich innerlich durchaus schwer damit, Minderjährige für lange Zeit hinter Gitter zu schicken. Von der DVJJ bekam ich damals wenig Widerspruch, vermutlich rettete mich der Umstand, dass die Betroffenen meines generalpräventiven Denkens Rechtsradikale waren. Anders erging es später Kirsten Heisig, die mit dem gleichen Ansatz zum Beispiel gegen einige libanesische Großfamilien vorging. Obwohl auch in diesen Milieus die gleiche generalpräventive und auch harte Handlungsweise dringend notwendig ist, befindet man sich auf vermintem Terrain und wird schnell in die rechte Ecke geschoben. Für die Opfer jedoch macht es zunächst einmal keinen Unterschied, ob ein Angriff rechten, linken, inländischen, ausländischen oder sonstigen Hintergrund hatte, ihre Verletzungen bleiben die gleichen und können Traumata hinterlassen, die für die Opfer unter Umständen lebenslänglich bedeuten.

Über meine Generalpräventionsargumentation ging die Kammer, die diese Argumentation nicht teilte, später hinweg, das Urteil selbst wurde jedoch gehalten – vielleicht weil man auch dort erkannt hatte, dass hartes Durchgreifen notwendig geworden war.

Bis heute sollte dieses Verfahren mein letztes Umfangverfahren gegen die Szene bleiben. Und auch wenn ich es danach noch mit einzelnen Fällen zu tun hatte: Seit diesem Urteil herrschte relative Ruhe in Bernau.

Mike, der mir regelmäßig drohte und noch während seines Knastaufenthaltes Kontakte zur später, leider zu spät, verbotenen »Hilfsorganisation für nationale politische Gefangene und deren Angehörige« (HNG) hatte, wurde, nachdem ein Teil der Strafe zur Bewährung ausgesetzt worden war, in meinen Zuständigkeitsbereich entlassen. Kurz nach seiner Entlassung und zwei Tage vor der Bundestagswahl 2002, in welcher ich Kandidat war, suchte er mich, nachdem ich eine Abschlussrede auf dem Bernauer Marktplatz gehalten hatte, auf. In einer Gaststätte erklärte er mir den Krieg, wobei er auf seine glatzköpfigen Kameraden in einem PKW vor der Tür verwies und auf seine Verbindungen zur Kameradschaftsszene. In den nächsten Tagen standen meine Familie und ich unter Polizeischutz.

Nach diesem Vorfall und aufgrund des Umstandes, dass ein drei mal sechs Meter großes Laken mit SS-Runen und Drohungen gegen mich über der Autobahn aufgehängt wurde, erklärte ich mich für die Bewährungsaufsicht im Fall Mike für befangen. Der zuständige Richter wies dies allerdings ab – was sich für Mike als Glück herausstellen sollte.

Einige Zeit nach seiner Entlassung geriet Mike erneut in eine Auseinandersetzung mit der Punkerszene in Bernau und wurde inhaftiert. Ich schaute mir im Rahmen meiner Bewährungsaufsicht die Akten an und erklärte dem zuständigen Richter – scheinbar war ich doch nicht befangen –, dass Mike wohl zu Unrecht inhaftiert worden war. Aus der Ermittlungsakte ergab sich nämlich, dass Mike nur Streit verhindern, also hatte schlichten wollen und bestenfalls fahrlässig gehandelt hatte. Vielleicht hatten seine Erfahrungen mit dem Gericht hier schon Wirkung gezeigt. Nach der Haftprüfung wurde Mike auf freien Fuß gesetzt. Der Staat, den er bekämpfen wollte, hatte bewiesen, dass er tatsächlich auch ohne Ansehen der Person handeln kann. Mike schaffte es dann, seine Bewährungszeit zu überstehen und nicht mehr straffällig zu werden.

Als ich ihn in Vorbereitung dieses Buches traf, war kein Hass mehr zu spüren. Auch er erklärte mir, das es richtig gewesen sei, ihn damals frühzeitig wegzusperren. Hätte ich das nicht getan, so versicherte Mike, hätte er weitergemacht und es wäre seiner Ansicht nach zu noch Schlimmerem gekommen. Seit ein paar Jahren lebt Mike nun in der Schweiz und musste selbst erfahren, wie Ausländer eben manchmal von Inländern behandelt werden. Das wird ein Übriges getan haben. Auf die Frage, ob ich über ihn schreiben dürfe, antwortete Mike: »Lieber Richter Müller, wenn Ihr Buch nur einen Einzigen davon abhält, so zu werden, wie ich damals war, und nur ein Einziger vor dieser menschenverachtenden rechtsradikalen Gesinnung bewahrt wird, dann gerne.« Für mich eine schöne Bestätigung für meine Aufgabe und meinen Anspruch zugleich.

Der Fall Daniel
Schnelligkeit wirkt

Zu meinen Eigenarten gehört es, dass viele Fälle mit dem Urteil für mich längst nicht abgeschlossen sind. Mehr als einmal habe ich den Weg der Angeklagten, die sich bei mir vor Gericht verantworten mussten, anschließend weiterverfolgt. So auch bei einem ganz besonderen jungen Mann, der für meine Überzeugungen als Richter eine erhebliche Rolle gespielt hat.

Daniel war bis vor etwa zehn Jahren ein überzeugter Rechtsradikaler, ist es aber heute nicht mehr.

Gegenüber von meinem Arbeitsplatz am Gericht befand sich jahrelang ein indisches Restaurant, das *Taj-Mahal*. Regelmäßig ging ich dort in der Mittagspause eine Kleinigkeit essen und kannte den Inhaber dadurch mit der Zeit ein wenig, so dass wir ab und an etwas Small Talk hielten. Am 6. Oktober 2000 fand unweit des Restaurants eine Wohnungseinweihungsfeier in der rechten Kameradschaftsszene statt. Wie üblich bei diesen Gelegenheiten floss der Alkohol in Strömen, verbotene rechtsradikale Musik wurde gehört und die Stimmung schaukelte sich auf. Ein paar Leute der Truppe beschlossen, durch die Stadt zu ziehen und »weiter zu feiern«, was nichts anderes bedeutete als: Randale machen, Ärger suchen, grölend Frust ablassen, gegebenenfalls eben auch in Form von Gewaltanwendung.

Unter den »Kameraden« befand sich auch der damals 19-jährige Daniel, der selbst zwar noch kein Strafverfahren gehabt hatte, mir aber aus verschiedenen Zeugenvernehmungen bereits bekannt war. Mir war klar, dass er zu den üblichen Skinhead-Gewalttätern gehörte.

»Mein« indisches Restaurant dürfte eher zufällig auf dem Weg gelegen haben, zumindest scheint es das erste gewesen zu sein, was der alkoholgeschwängerte Mob irgendwie als ausländisch identifizieren konnte. Dort angekommen, schoss Daniel mit einer Gaspistole, die er immer bei sich trug, in die Scheibe des Lokals. Zeitgleich trat er mit seinen Springerstiefeln in die Scheiben und zerstörte diese. Die anwesenden Kameradschaftler huldigten dem Geschehen mit Beifall und lautem Gegröle rechtsradikaler Parolen.

Zum Glück war es bereits spät, so dass das Restaurant geschlossen war und sich keine Menschen im Inneren befanden. Ob das die Tat verhindert hätte, wage ich bis heute zu bezweifeln.

Ich hatte es mir damals zur Gewohnheit gemacht, morgens die Zeitungsmeldungen zu durchsuchen, um über die Entwicklungen in meinem Bereich auf jede erdenkliche Art informiert zu sein. Auch von einem Anschlag auf ein Restaurant erfuhr ich auf diesem Weg. Dass es sich dabei ausgerechnet um diesen Laden handelte, sah ich allerdings erst, als ich zur Arbeit fuhr.

Ich hatte kaum mein Büro betreten, als plötzlich ein Mann vor mir stand und unbedingt mit mir reden wollte. Ich kannte ihn gut, es war der Inhaber jenes indischen Restaurants und er war durch die Ereignisse sichtbar aufgewühlt. Er drängte mich, zu handeln: »Herr Müller, Sie müssen uns helfen, machen Sie doch was! Meine Köche wollen nicht mehr zur Arbeit kommen, wir haben alle Angst. Wenn nichts passiert, muss ich das Geschäft schließen!« Er berichtete mir auch davon, dass Mitarbeitern bereits vor der Tat und auch noch danach von Unbekannten gedroht worden war.

Es wäre ein fatales Signal gewesen, hätte das Restaurant wegen eines solchen Attentats tatsächlich schließen müssen. Der Jubel in der rechten Szene wäre groß gewesen. Die Zuständigen waren dringend aufgefordert zu handeln. Ich war, da Anklage nicht erhoben worden war und die Sache somit noch nicht in meinem Bereich angelangt war, nicht zuständig und wäre es nach dem normalen Verlauf auch in den nächsten Monaten nicht geworden. Ein für mich kaum zu ertragender Gedanke.

Also tat ich spontan wie so oft das Unübliche. Anstatt zu warten, bis der Vorfall irgendwann einmal auf meinem Tisch landen würde, wurde ich selbst aktiv und rief bei der Polizei an, mit der ich zu jener Zeit eine ausgezeichnete Zusammenarbeit pflegte. Ich redete nicht lange um den heißen Brei herum, sondern fragte direkt: »Wisst ihr, wer das war?« Die Antwort kam ebenso direkt und klar: »Ja!«

Polizeibeamte hatten die Truppe verfolgt und die Personalien aufgenommen, der Täter war bereits bekannt. Beste Voraussetzungen also, um das anzuwenden, was schon lange als »beschleunigtes Verfahren« in der Strafprozessordnung steht, aber bis heute viel zu selten zur Anwendung kommt. Es handelt sich dabei um ein Verfahren, das bei Tätern ab 18 Jahren angewandt werden kann, wenn lediglich eine Geldstrafe oder eine Freiheitsstrafe bis zu einem Jahr in Betracht kommt. Wäre Daniel noch unter 18 gewesen, so hätte das Gesetz die Möglichkeit geboten, das beschleunigte Verfahren nach dem Jugendgerichtsgesetz durchzuführen, das einige Jahre später zur Grundlage von Kirsten Heisigs Neuköllner Modell werden sollte.

Das nächste Telefonat ging an den zuständigen Staatsanwalt. Ich schilderte ihm die Situation, die Notwendigkeit des schnellen Reagierens und regte an, das beschleunigte Verfahren anzuwenden.

Normalerweise, auch heute noch, läuft die Geschichte genau anders herum. Die Polizei ermittelt, schickt die Akten an die Staatsanwaltschaft und diese erhebt irgendwann Anklage. Dann kommt es durchschnittlich erst nach etwa neun bis zwölf Monaten zu einer gerichtlichen Reaktion, wobei das für die heutige Zeit gilt, damals dauerte es noch länger. Wenn aber Anträge auf beschleunigte Verfahren gestellt werden, was selten genug ist, werden diese Anträge sehr oft abgelehnt, weil die Richter den Aufwand des Verfahrens inklusive der Zeugenvernehmung für zu hoch halten oder eine vergleichsweise hohe Strafe voraussehen können. Beides nennen die diesbezüglichen Paragrafen ausdrücklich als Gründe, das beschleunigte Verfahren von richterlicher Seite abzulehnen. Aber auch die gegenwärtigen Strukturen, nämlich nicht vorhandene Saalkapazitäten oder überlange Terminstände bei den Strafgerichten dürften ein wesentlicher Grund für das Stiefmütterchendasein des beschleunigten Verfahrens sein. Hier brauchen wir eindeutig eine gesetzliche Regelung, die die Richter stärker in die Pflicht nimmt, so dass die Staatsanwaltschaften ihre Ablehnungen auch anfechten können. Das könnte auch den Druck erhöhen, die Strukturen endlich zu verbessern, und auch Polizei und Staatsanwaltschaften müssten dafür Sorge tragen, dass die Akten schneller auf den Richtertischen landen.

In diesem Fall war es mir besonders wichtig, so schnell wie möglich den Jungen vor mir zu haben, um diese Geschichte in aller Klarheit und Konsequenz angehen zu können. Schnelles Handeln für die Gesellschaft, aber auch für die Angeklagten, war und ist meine Direktive.

Ich organisierte alles so straff wie nur möglich. Daniel, nur er wurde angeklagt, bekam von mir einen Pflichtverteidiger zugeteilt, die Ladungen für ihn und die Zeugen ließ ich polizeilich zustellen. Zwölf Tage nach der Tatnacht hatte ich alles auf der Reihe, die Verhandlung war ordnungsgemäß angesetzt, die Beteiligten geladen, Staatsanwaltschaft und meine Wenigkeit vor Ort im Gerichtssaal, um Recht zu sprechen. Das alles vollkommen rechtsstaatlich organisiert, ein Musterbeispiel dafür, wie es funktionieren kann, wenn alle beteiligten Institutionen Hand in Hand arbeiten.

Mir war klar, dass Daniel tief in der Szene drinsteckte und dort vor allem auch durch seine Prügelfreudigkeit ein gewisses internes Ansehen genoss. Bisher hatte er selbst sich allerdings dem Zugriff durch die Justiz entziehen können, war nie bei irgendetwas wirklich erwischt worden. Bis jetzt.

Die Verhandlung dauerte fast drei Stunden, was im Rahmen des beschleunigten Verfahrens lang ist. Im Gerichtssaal wurde Daniel auch von seinen Kumpels aus der Szene unterstützt. Niemand erwartete wirklich eine drastische Strafe, es ging um eine simple Sachbeschädigung, und überhaupt schien man Milde der Justiz gewöhnt zu sein. Der erste Schrecken über die Schnelligkeit des Verfahrens schien sich bereits gelegt zu haben.

Drei Stunden später änderte sich das entscheidend. Mein Urteil lautete auf neun Monate Haft ohne Bewährung. Dies begründete ich mit dem Generalpräventionsgedanken aus dem allgemeinen Strafrecht. Dieser besagt, dass eine Bewährung dann nicht gegeben wird, wenn die Verteidigung der Rechtsordnung dies gebietet. Diese Begründung war allerdings nur deshalb möglich, weil Daniel nach Erwachsenenstrafrecht verurteilt wurde. Die Siegesgewissheit in den Gesichtern wich zunehmendem Entsetzen. Mit jeder Sekunde, die der Urteilsspruch länger einwirken konnte, stieg die Fassungslosigkeit sowohl bei Daniel selbst, der den Tränen nahe war, als auch bei seiner Clique.

Haft für eine einfache Sachbeschädigung? Ohne Bewährung? Daniel sollte wegen einer kaputten Scheibe in den Knast gehen? Es schien alles unglaublich.

Als ich dann noch einen Haftbefehl wegen Fluchtgefahr verkündete, war das Entsetzen noch größer. Ich wollte einfach klar machen, dass das Volk, in dessen Namen ich Urteile sprechen muss, ausländerfeindliche Übergriffe nicht toleriert. Um dem jungen Mann allerdings noch eine letzte Chance zu geben, reizte ich die Stimmung etwa zehn Minuten lang aus, unterbrach die Sitzung und setzte den Haftbefehl dann selbst außer Vollzug. Daniel musste also nicht direkt in Haft, sondern konnte sich auf die Berufungsverhandlung vorbereiten.

Das gab ihm die Möglichkeit, sich mit seiner Tat auseinanderzusetzen, zu zeigen, dass er gewillt war, sich gesetzeskonform zu verhalten und an sich zu arbeiten. Zusätzlich war bei ihm eine Alkoholtherapie unbedingt notwendig.

Letzteres war durchaus entscheidend, denn Alkohol spielte bei fast allen Verfahren gegen die rechtsradikale Szene eine enorm große Rolle. Ihre abseitige Gesinnung hatten die Rechten auch in nüchternem Zustand, die heftigen Straftaten begingen sie jedoch überwiegend mit besoffenem Kopf.

Daniel selbst sagte mir später, dies seien die »schlimmsten zehn Minuten« seines ganzen Lebens gewesen, jene kurze Zeitspanne zwischen der Verkündung und der Außervollzugsetzung des Haftbefehls. Zehn schlimme Minuten lang sah er sich wegen einer kaputten Scheibe ins Gefängnis wandern, die Gewissheit, irgendwie über dem Recht zu stehen, war schlicht pulverisiert worden.

Eine ähnliche Wirkung hatte das Urteil auf seine Kumpel aus der rechten Szene. Auch die hatten begriffen, dass ihnen die Straße nicht gehört und der Staat verdammt schnell reagieren kann.

Das Urteil zeigte jedenfalls in jeder Hinsicht Wirkung. Daniel selbst gab sich tatsächlich Mühe, bis zur Berufungsverhandlung einen anderen Weg einzuschlagen, er machte mit Hilfe einer außerordentlich guten Sozialarbeiterin eine Therapie, und auch in seinen Gedanken fand langsam, aber sicher eine Wandlung statt. Natürlich stieg er nicht von heute auf morgen aus der Szene aus, doch die Distanzierung, die nach und nach stattfand, war erkennbar. In der Berufungsverhandlung, die neun Monate später durchgeführt wurde, hieß das endgültige Urteil sechs Monate auf Bewährung. Damit war sicher, dass er nicht in den Knast musste, wenn er sich am Riemen riss, und Daniel schaffte das tatsächlich. Auch Bewährungsstrafen können häufig ein vernünftiges und durchaus erfolgreiches Mittel sein, um Straftäter unter Kontrolle zu bringen.

Daniel trat strafrechtlich nicht mehr in Erscheinung und drehte später sogar mit anderen zusammen einen Antigewaltfilm, wofür er mit dem Landespräventionspreis geehrt wurde.

Aus Saulus war Paulus geworden.

Das wurde mir endgültig klar, als ich eines Tages den Anruf des Bürgermeisters einer kleinen brandenburgischen Gemeinde erhielt, der mir erzählte, Daniel habe sich dort als Streetworker beworben und wolle zeitgleich ein Sozialarbeitsstudium aufnehmen. Aber da sei ja seine Vergangenheit, und ich würde ihn doch kennen, ob ich nicht etwas dazu sagen könne. Ich erbat mir ein paar Tage Zeit, rief Daniel an und verabredete mich mit ihm zum Essen, um ihm auf den Zahn zu fühlen. Nach diesem Treffen konnte ich den Bürgermeister mit gutem Gewissen anrufen und ihm mitteilen, dass ich für den jungen Mann bürgen würde und ihn voll und ganz für den Job empfehlen könne.

Der Fall Heike

Was passiert, wenn die Strategie der Milde versagt

Das NSU-Verfahren hat viele meiner Verfahren gegen rechts-radikale Schläger während meiner Tätigkeit als Richter wieder plastisch werden lassen. Besonders an eine Angeklagte muss ich denken, weil ihr Fall in mehrfacher Hinsicht bemerkens-wert ist.

Zweimal stand im Gerichtssaal ein junges Mädchen vor mir, dessen Taten jedes normale Menschenbild ins Wanken bringen mussten. Heike war zu jener Zeit tief in die gewalt-bereite rechte Szene in Bernau verstrickt. Wie sie dort hinein-geraten war, ließ sich nur annähernd nachvollziehen, war doch die Kindheit und frühe Jugend im Grunde unauffällig gewe-sen. Jedenfalls rutschte sie nach einem Umzug von ihrem Ge-burtsort nach Bernau auf der Suche nach neuen Freunden in die gewaltbereite rechte Szene ab und integrierte sich dort mit der Zeit. Insbesondere das martialische Auftreten der älteren Anführer dieser Szene muss ihr enorm imponiert haben.

An Heikes Lebenslauf zu jener Zeit lässt sich die Dyna-mik, die diese extremen Gruppen damals entwickelten, gut beobachten. Die Rechten wurden zu einer Art Ersatzfamilie, man trieb sich gemeinsam rum, hatte gemeinsame Feindbilder und empfand sich als die Speerspitze des sogenannten gesun-den Volksempfindens. Alles, was irgendwie anders war, also insbesondere Ausländer, galt es zu bekämpfen. Heike passte sich äußerlich dem szenetypischen Auftreten an und gehörte fortan zu den ersten richtig gewalttätigen jungen Frauen in der blühenden rechten Landschaft im Osten. Genau wie ihre

Gesinnungsgenossinnen trug sie den sogenannten Renee-Haarschnitt, der im Grunde das Erkennungszeichen der Skinheadszene insgesamt ist, also auch in linken Skin-Kreisen getragen wird. In Bernau war allerdings klar: Mädchen mit Renee-Frisur gehörten zu den rechten Schlägern.

Bevor Heike zum ersten Mal vor meinem Richtertisch stand, war sie mir bereits als Mädchen aus dem gewaltbereiten Bernauer Umfeld bekannt. Jetzt hatte sie sich vor dem Jugendschöffengericht zu verantworten. Obwohl ich zu diesem Zeitpunkt bereits einiges an Gewalttaten »meiner« Rechten gewohnt war, schockierten mich die Berichte zu diesem Fall doch ganz besonders.

Der Tatvorwurf gegen die damals Siebzehnjährige lautete auf »Gefährliche Körperverletzung in zwei Fällen, gefährliche Körperverletzung in Tateinheit mit Freiheitsberaubung, Nötigung, Beleidigung und versuchten Schwangerschaftsabbruch«.

Heike hatte sich, wie so oft, mit einigen ihrer »Kameraden« sowie einem weiteren Mädchen aus der Bernauer Szene in einer Wohnung getroffen. Dort wurde abgehangen und getrunken, allerdings war die Stimmung an jenem Abend wohl besonders aggressiv. Opfer dieser latenten Aggressivität – ein wirklich nachvollziehbarer Grund konnte während des ganzen Verfahrens nicht gefunden werden – wurde die gerade mal 14-jährige Sandy, die sich ebenfalls in der Wohnung befand.

Besonders Heike hatte eine enorme Wut auf Sandy, angeblich hatte diese hinter ihrem Rücken schlecht über sie geredet und sollte außerdem von Heikes Freund schwanger sein. Die Stimmung schaukelte sich auf und das Schicksal der Vierzehnjährigen nahm auf extreme Art und Weise seinen Lauf. Man plante, Sandy körperlich und psychisch Schmerzen zuzufügen, die sie so schnell nicht vergessen sollte, und führte das schließlich auch aus. Das Mädchen wurde geschlagen und mit

Springerstiefeln getreten, nackt mit kaltem Wasser übergossen und bekam Hakenkreuze ins Gesicht gemalt. Über Stunden setzen sich die Misshandlungen und Demütigungen fort, während Sandy in der Wohnung festgehalten wurde.

Ein zweites Mädchen, ebenfalls 14 Jahre alt, wurde am Morgen nach dieser Nacht auf ähnliche Weise misshandelt und gedemütigt, Heike war während des ganzen Geschehens immer vorne dabei. Ich musste als Richter den Eindruck gewinnen, dass sie versucht hatte, sich besonders hervorzutun und sich mit größtmöglicher Gewalt innerhalb ihrer Gruppe zu profilieren.

Für die beiden Mädchen muss die Tat ein für den normalen Menschenverstand kaum nachvollziehbares Martyrium gewesen sein. Heike wurde auf Antrag der Staatsanwaltschaft bereits unmittelbar nach der Tat in einem evangelischen Jugend- und Fürsorgewerk untergebracht, einer Anstalt, die der Haftvermeidung dient und als milderes Mittel im Vergleich zur Untersuchungshaft geschaffen worden ist. Als ich diese Entscheidung traf, überlegte ich indes bereits, ob es nicht besser sei, diese junge Frau direkt in Haft zu nehmen. Heute bin ich der Überzeugung, dass es die Tatsache war, dass Heike mein erstes Mädchen vor Gericht war, die mich dazu brachte, der Sozialarbeit den Vorrang zu gewähren. Bis zur sechs Monate später beginnenden Hauptverhandlung blieb sie in der Fürsorgeanstalt. Ich verfolgte ihre Entwicklung, blieb also am Ball, vielleicht auch, um wenigstens ansatzweise zu begreifen, was ein scheinbar harmloses junges Mädchen dazu treibt, dermaßen gewalttätig zu werden und sich einer so menschenverachtenden Ideologie hinzugeben.

Was ich von Heike mitbekam, gefiel mir. Wie so oft, machte man in der Anstalt richtig gute Arbeit. Heike machte die Realschule nach und schaffte die Mittlere Reife. Und, mindestens genauso wichtig: Sie schien sich ernsthaft vom Rechts-radikalismus zu distanzieren. Als das Gericht dann noch er-fuhr, dass sie vorhatte, eine Lehre zu beginnen, war Milde an-gesagt. Das Gericht ging davon aus, dass sich bereits ein echter Wandel in Heikes Kopf vollzogen hatte.

Doch sowohl das Gericht als auch ich selbst hatten sich getäuscht. Das kann zwar passieren, hilft dem nachfolgenden Opfer allerdings herzlich wenig.

In der Hauptverhandlung lautete Heikes Urteil auf zwei Jahre Jugendstrafe. Durch die gute Entwicklung des Mädchens behielt ich mir für eine Frist von sechs Monaten vor, die Strafe zur Bewährung auszusetzen. Das hieß konkret: Heike konnte gehen, freien Fußes das Gericht verlassen.

Sie ging zunächst zurück zu ihrer Mutter, dann aber auch zurück in ihr altes Leben. Zurück auf die Straße zu den Skin-heads, zu den saufenden Schlägern, die nach wie vor Jagd auf alles machten, was irgendwie »undeutsch« zu sein schien.

Meine Hoffnung, Heike mit Milde zu ermöglichen, die Kurve zu kriegen und etwas aus ihrem Leben zu machen, wur-de brutal enttäuscht. Ganze zehn Tage, nachdem das Urteil ge-sprochen war und ihr die Chance auf Freiheit gegeben hatte, schlug und trat Heike zusammen mit einer Freundin mit vol-ler Aggressivität in der S-Bahn einen türkischen Jugendlichen zusammen. Manchmal hilft auch die beste Sozialarbeit nichts.

Was hätte dieser Jugendliche, der zum Glück keine schwe-ren Verletzungsfolgen davontrug, wohl gesagt, wenn man ihn mit dem Diktum der linken Sozialromantik konfrontiert hätte: »Eine Strategie des Zuwartens zeitigt bessere Ergebnisse. Milde zahlt sich aus.«

Hatte sich Milde hier ausgezahlt? Doch, hatte sie, und zwar für Heike und ihre Kumpel, die einfach kein eindeutiges Signal erhalten hatten. Für sie galt: Man konnte zwei junge

Menschen bis aufs Blut quälen und lief trotzdem anschließend frei herum.

Ich hatte die Schnauze gründlich voll. Eine Strategie des Zuwartens war nicht mehr drin, Milde gegenüber den Tätern wäre der reine Hohn gewesen. Nachdem ich von dem S-Bahn-Übergriff in der Zeitung gelesen hatte, wusste ich auf Grund der Beschreibung sofort, dass Heike dabei gewesen sein musste. Ich telefonierte mit einer Sozialarbeiterin, die ebenfalls bereits Bescheid wusste. Heike stellte sich, und ich erließ einen Sicherungshaftbefehl. Der Sicherungshaftbefehl ist ein im Gesetz stehender Haftbefehl, der die Möglichkeit eröffnet, bei Bewährungsversagern sofort zu reagieren. Das ist dann wichtig, wenn beispielsweise die Gefahr besteht, dass der Verurteilte weitere erhebliche Straftaten begehen könnte. Dieses Instrumentarium setzt in der Regel allerdings voraus, dass die Gerichte auch schnell von den Vergehen im Rahmen einer Bewährungszeit erfahren, also die Polizei sofort Gericht und Staatsanwaltschaft informiert. Da dies allerdings nach wie vor relativ selten ist, kommen eben viele Bewährungsversager nicht rechtzeitig dahin, wo sie hingehören, nämlich in den Knast.

Vielmehr begehen sie weitere Taten, schaffen weitere Opfer und bekommen dann irgendwann – wenn sie Pech haben – eine richtig heftige Strafe. Haben sie allerdings, wie es leider viel zu oft passiert, Glück, können sie auf die Langsamkeit der Strafjustiz bauen und erhalten in den meisten Fällen erneut Bewährungsstrafen. Wie oft sehe ich Bundeszentralregisterauszüge, die mehrfache Bewährungen enthalten. Also noch 'ne Chance, noch 'ne Chance und immer so weiter. Zu Bewährung zu verurteilen ist für Gerichte immer einfacher, da die Verurteilten hiergegen kaum Rechtsmittel einlegen und, was ganz entscheidend ist, das Urteil darüber hinaus auch nur kurz schriftlich begründet werden muss. Da Richter für die einzelnen Fälle eben nicht genügend Zeit haben, ist wiederholte Bewährung eben auch eine Art Selbstregulierung.

Heike hingegen musste nun tatsächlich einfahren, zwei Jahre und zwei Monate, so lautete das Urteil. Keine Bewährung mehr. Zwischenzeitlich hatte außerdem das Landgericht einen Teil ihrer Freunde zu langjährigen Haftstrafen wegen versuchten Mordes verurteilt. Sie alle gingen nun also hinter Gitter.

Ich fühlte mich komplett verantwortlich. Wie hatte es dazu kommen können, dass das Mädchen trotz aller guter Vorzeichen, trotz Verurteilung, trotz guter Sozialarbeit so schnell wieder so heftig über die Stränge geschlagen hatte? Vielleicht war es dieses Verantwortungsgefühl, das mich dazu bewog, in diesem Fall abweichend vom üblichen Procedere auch die Vollstreckungsleitung zu übernehmen, sowie einige Zeit später die Bewährungsaufsicht. Diese Vorgehensweise ist normalerweise nicht üblich. Wenn das Urteil ergangen ist, sieht der Jugendrichter den Täter in den meisten Fällen zunächst nicht wieder, da die Vollstreckung auf den Richter desjenigen Bezirks übergeht, in dem das Gefängnis liegt. Man kann jedoch den zuständigen Kollegen um Übertragung der Vollstreckung bitten, was ich in diesem Fall mit Heikes Einverständnis auch tat.

Ich wollte wissen, wie die Haft auf Heike wirkt, wie sie sich entwickelt, wollte wieder mit ihr sprechen und sie betreuen, in der Hoffnung, in diesen Menschen hineinhorchen zu können. War Läuterung in Sicht? Und war sie dieses Mal ernst zu nehmen? Es ist sehr belastend, sich dieser Frage immer wieder zu stellen, wenn man im Hinterkopf hat, dass der falschen Antwort bereits ein weiteres Opfer geschuldet war.

Der Fall Heike entwickelte sich in der Folge jedoch zu einem meiner Musterfälle.

Heike kam in den Jugendstrafvollzug für Frauen und traf hier auf andere junge Frauen aus der gesamten Welt. Es war ein echter Multi-Kulti-Knast, und Heike begann zu verstehen, dass sie nicht mehr wert war als die ausländischen Frauen. Ihre dumpfe Ausländerfeindlichkeit begann zu bröckeln und verschwand schließlich komplett.

Ich blieb regelmäßig in Kontakt, sah, wie Heike vorankam bei der schwierigen und schmerzhaften Auseinandersetzung mit sich selbst und ihren Taten. Ich spürte die Veränderung, die im Kopf dieses Menschen langsam, aber sicher vor sich ging. Und ich reagierte darauf in mehreren Schritten.

Zunächst entschied ich kurz vor dem Weihnachtsfest, Heikes Reststrafe zur Bewährung auszusetzen. Die eindrucksvolle Beschäftigung Heikes mit ihren Vergehen und den Konsequenzen ließ eindeutig vermuten, dass sie auch nach einer Entlassung diesen Weg weitergehen und alles daran setzen würde, sich in die Gesellschaft zu integrieren sowie fortan gewaltfrei und abseits der Nazi-Ideologie zu leben.

Trotz ihres Wunsches, das Gefängnis noch vor Weihnachten verlassen zu dürfen, wie es üblicherweise auch oft erlaubt wird, legte ich den Entlassungstermin auf Anfang Januar. Angesichts der Emotionen, die bekanntlich mit Weihnachten einhergehen, und des zu erwartenden hohen Alkoholkonsums zu Silvester, wollte ich verhindern, dass sie in problematische Situationen kommen könnte. Außerdem hatte sie in einem Rechtsradikalenprozess in Thüringen Anfang Januar als Zeugin auszusagen. So konnte ich sicher sein, dass sie dort in Begleitung einer Sozialarbeiterin erscheinen würde, die sie unterstützen konnte.

Nach der Entlassung zog ich alsbald auch die Bewährungsaufsicht an mich. Es war mir unglaublich wichtig, den Weg dieser jungen Frau weiterzuverfolgen.

Und es klappte. Heike mogelte sich fortan nicht einfach nur so durch, sondern zeigte in ganz besonderem Maße, wie der gewaltige Schuss vor den Bug, den die lange Inhaftierung für sie bedeutet hatte, sich auswirkte. Ende des darauffolgenden Jahres entschied ich sogar, die Bewährungszeit zu verkürzen und den sogenannten Strafmakel zu löschen, so dass sie künftig nicht mehr als vorbestraft zu gelten hatte. Das ist bei Verurteilungen zu einer Haftstrafe von über zwei Jahren, wie in Heikes Fall, äußert selten. In der Regel ist es so: Verurteilungen nach Jugendstrafrecht, sofern nur Weisungen, Auflagen oder Arrest verhängt werden, kommen nicht ins Führungszeugnis, die Verurteilten gelten als nicht vorbestraft, was für junge Leute sehr wichtig ist. Werden sie zu Jugendstrafen bis zu zwei Jahren verurteilt, wird der Strafmakel in aller Regel nach Ablauf der Bewährungszeit gelöscht. Bei Verurteilungen von über zwei Jahren wird dies nur im Ausnahmefall gemacht. Heike, so war ich überzeugt, war ein solcher Ausnahmefall.

Heike hatte sich während ihrer Haft vollständig verändert. Der Kontakt zu ihr besteht bis heute, und wenn ich sie frage, ob die Verurteilung zu dieser langen Strafe der entscheidende Wendepunkt in ihrem Leben gewesen ist, bejaht sie das immer noch mit der gleichen Überzeugung und Intensität wie vor Jahren.

Letztlich macht es aus meiner Sicht hier genau die Mischung: Die harte Strafe war aus mehreren Gründen notwendig. Aber nachdem Heike im Gefängnis bewiesen hatte, dass sie sich wirklich ändern wollte und konnte, blieb auch eine Strategie der Milde nicht außen vor, sondern setzte gezielt zu einem Zeitpunkt ein, zu dem sie sinnvoll wurde.

Der Wegfall der restlichen Bewährungszeit, so hieß es damals in der Begründung, »soll der Verurteilten zeigen, dass ihre Anstrengungen auch durch das Gericht und damit durch die

Gesellschaft positiv gesehen werden«. Die Anstrengungen, die Heike unternommen hatte, sich zu wandeln, aus ihrem alten problembeladenen Leben auszusteigen, wurden belohnt, das positive Signal, das sie an die Gesellschaft aussandte, blieb nicht unbeantwortet, sondern wurde genauso positiv gespiegelt.

Weiter hieß es dann in der Begründung noch, dass diese Entscheidung auch »der weiteren Erziehung« diene. Hier wurde also der im Jugendstrafrecht verankerte Erziehungsgedanke in seiner denkbar vorteilhaftesten Form aufgegriffen. Erziehung bedeutet hier eben nicht einfach ein gefühlt negatives Einwirken durch Bestrafung, sondern eine individuell angemessene Reaktion auf das Verhalten der Angeklagten, bei der die Bestrafung lediglich einen notwendigen Teil der Gesamtmaßnahme darstellt.

Mich freut es immer wieder zu sehen, wie erfolgreich in diesem Fall letztlich auch mein Vorgehen war. Heike lebt heute ein erfülltes Leben mit ihrer Familie. Kurz nach der Haftentlassung verliebte sie sich in einen kurdischen Gastronomen – und wurde plötzlich von ihren ehemaligen »Freunden« als »Türkenschlampe« beschimpft. Heute lebt Heike mit ihrem Freund und den gemeinsamen sechs Kindern in Berlin. Das Einzige, was ihr noch fehlt, ist eine entsprechende Wohnung. Sollten Sie, lieber Leser, eine Wohnung für eine achtköpfige Familie vermieten wollen, lassen Sie es mich bitte wissen.

Nicht alle Täterkarrieren enden auf diese Art und Weise, auch das ist klar. Und doch gibt mir das Beispiel Heike immer wieder die Kraft, den Mut und auch die Überzeugung der Richtigkeit meiner juristischen Handlungsmaximen nicht zu verlieren. Heike war auf dem direkten Weg, immer tiefer in die rechtsradikale Szene hineinzurutschen. Als sie ihre Straftaten beging, handelte sie zu einem guten Teil noch aus allgemeiner Frustration und Gruppenzwang. Der Weg zu einem geschlossenen nazistischen Weltbild, zu einer Verfestigung der ideologischen Positionen also, war jedoch vorgezeichnet und wäre die logische Konsequenz gewesen, wenn der Staat nicht eingegriffen hätte.

Heike hätte ohne Weiteres eine zweite Beate Zschäpe werden können. Dass es nicht so weit gekommen ist, hat, so glaube ich heute, auch damit zu tun, dass meine sozialromantische Ader gerade noch im richtigen Augenblick nicht mehr zum Tragen kam.

Eine Szene verschwindet
Ergebnisse konsequenten Handelns

Einige, wie Heike oder Daniel, haben den Absprung in eine gesicherte bürgerliche Existenz mit Bravour geschafft und dürfen zu Recht stolz auf sich sein. Jeder Mensch hat das Recht, sein Leben zu ändern, Fehler in der Vergangenheit einzusehen und sich neu zu orientieren.

Natürlich kann ich nicht alle »Karrieren« weiterverfolgen, einige andere, die ich im Gerichtssaal vor mir stehen hatte, sind vielleicht auch nur in eine andere Gegend gezogen und haben weniger gelernt als die gerade Genannten. Insgesamt aber kann ich nach langen Jahren der Auseinandersetzung mit der rechtsradikalen Szene in meinem Kiez mit einiger Befriedigung feststellen, dass es diese in der alten Form seit Langem nicht mehr gibt. Heike, Daniel, Mike und all die anderen: Sie machen heute nicht mehr die Straßen von Bernau unsicher.

Dieser Umstand wird zum Teil, neben dem Engagement auf vielen gesellschaftlichen Ebenen, auch meiner Arbeit im Speziellen und der des Jugendgerichts Bernau im Allgemeinen auf die Fahnen geschrieben. Auch ich glaube, dass es gerade die generalpräventive Wirkung einiger Urteile des Jugendgerichtes Bernau war, die dazu beigetragen hat, dass zumindest Teile der gewalttätigen rechten Jugendszene in Bernau nachhaltig abgeschreckt wurden. Auch ein Schläger, ganz egal welcher Ideologie oder Herkunft, fürchtet den Knast und überlegt sich mehr als einmal, ob er noch mal zuschlägt, wenn er gesehen hat, dass die Freunde für ihre Taten eingefahren sind. Selbst diejenigen, die, so wie viele von Kirsten Heisigs Tätern, mit dem Motto »Knast macht Männer« hausieren gehen, werden ihren Freiheitsentzug nicht mögen. Abgesehen davon können sie während ihrer Zeit im Knast jedenfalls keine neuen Opfer schaffen.

Natürlich habe ich die rechte Gesinnung nicht aus allen Köpfen vertreiben können. Aber zumindest konnte ich dazu beitragen, dass die Straßen ein ganzes Stück sicherer wurden und von den Propagandisten der »National befreiten Zonen« befreit werden konnten. Und manchmal, wie in Heikes oder Daniels Fällen, weicht die rechte Gesinnung eben auch langsam einem weltoffenen und freundlichen Menschenbild. Das sind für mich die Highlights meiner Richterkarriere. Wenn ich solchen Menschen wiederbegegne, weiß ich wieder, warum ich all die Frustrationen, all den Druck, all die Niederlagen, die der Job auch mit sich bringt, und all die harte Arbeit aushalte und mich immer wieder neu motiviere. Diese Menschen sind es wert, jeder Einzelne von ihnen.

Die Bekämpfung des Rechtsradikalismus vom Richterstuhl aus war und ist lehrreich. Ich bekam ein sehr genaues Gespür dafür, wann ein Abrücken von ambulanten Maßnahmen unbedingt erforderlich war. Ich sah, welche Wirkung die Beschleunigung eines Verfahrens auf die Täter, aber eben auch auf die Szene haben kann. Und mir wurde klar, dass mit sozialromantischen Hirngespinsten niemandem geholfen ist, insbesondere dann nicht, wenn es um Jugendgruppengewalt geht. Zwar ist Härte im Kampf gegen rechts gesellschaftlich durchaus akzeptiert, was auch der Grund dafür sein dürfte, dass ich zu jener Zeit kaum echte Kritik an meinem Vorgehen erntete. Mir allerdings ging es dabei nie um Härte als Selbstzweck. Meine großen Verfahren gegen die rechtsradikalen Jugendbanden, aber auch gegen einzelne Intensivtäter, haben meinen Blick auf die Missstände in der deutschen Justiz ganz allgemein geschärft, und ich zögere nicht, diese Erfahrungen genauso in ganz anderen Zusammenhängen zu verwerten.

Wenn ich heute auf den NSU-Prozess schaue, frage ich mich, wie viele »meiner« Jungs und Mädchen sich wohl in eine ähnliche Richtung »weiterentwickelt« hätten, wenn sie nicht rechtzeitig mit wirksamen Mitteln gestoppt worden wären. Das muss immer und überall das Leitbild des Richters bleiben: Bei aller gebotenen Fairness und Neutralität gegenüber dem Täter die möglichen kommenden Opfer im Blick zu haben und zu signalisieren, dass es nicht akzeptabel ist, diese Opfer möglicherweise billigend in Kauf zu nehmen, nur um zugunsten des Täters Milde walten zu lassen. Im Zweifel ist dabei das mögliche Opfer wichtiger als die Freiheit des Täters.

Zu oft zu spät

Warum ich statt Jugendrichter Erziehungsrichter
sein müsste

Wie bereits erwähnt, ist die rechtliche Beurteilung junger
Menschen in Deutschland grob in drei Bereiche aufgeteilt:
Kinder bis 14 Jahre, Jugendliche zwischen 14 und 18 sowie
Heranwachsende zwischen 18 und 21. Das mag auf den ersten
Blick unproblematisch erscheinen, oder im Hinblick auf die
Arbeitsteilung zwischen Familiengerichten und Jugendgerich-
ten sogar vorteilhaft. Die Realität allerdings hält dieser Annah-
me nicht stand, und das vor allem aus einem ganz einfachen
Grund. Sobald es um Familien mit Kindern unterschiedlichen
Alters geht, kann es passieren, dass die älteren bereits straf-
fällig geworden sind, man aber von der Lage der jüngeren
Kinder als Jugendrichter überhaupt keine Kenntnis hat, ob-
wohl man ahnt, dass hier die nächsten Probleme drohen.

Aus so einer Familie stammte Martina. Martina hatte
zwei ältere Brüder, Markus und Jürgen. Die Familie war das,
was man als klassische Problemfamilie beschreiben könnte.
Beide Eltern tranken mehr, als ihnen gut tat, es gab also ein
manifestes Alkoholproblem. Vor allem Markus, der ältere der
beiden Brüder, lief frühzeitig aus dem Ruder und gehörte bald
zu meiner Stammkundschaft. Erstmals hatte er sich mit 17
Jahren vor dem Jugendgericht zu verantworten. Mehrfach
wurde er danach wegen Körperverletzungsdelikten angeklagt,
und nachdem stets versucht worden war, so viel Milde wie
möglich walten zu lassen, kam das Gericht, als er bereits 19
Jahre alt war, um die Verhängung einer Jugendstrafe ohne Bewährung nicht mehr herum. Er legte Berufung ein und da er

nicht in Untersuchungshaft genommen worden war, nutzte er die Zeit, um enorm an sich zu arbeiten. Er machte den Eindruck, als wenn er den Ernst der Lage endlich kapiert hätte und es nun schaffen würde, sein Leben wieder in den Griff zu bekommen, da er sich von seinem alten Umfeld losgesagt hatte und eine bessere Zukunftsperspektive sah als in den Jahren zuvor. Viel wichtiger aber noch: Markus war zwischenzeitlich zum Vormund seines jüngeren Bruders ernannt worden und lebte mit ihm zusammen in einer Wohnung. In der Berufungsverhandlung gab ihm das Landgericht zu Recht eine letzte Chance und stellte ihn unter meine Bewährungsaufsicht. Man wollte den beiden Jungs nicht die Möglichkeit verbauen, sich zusammenzuraufen.

Während der letzten Verhandlung, bei der Markus bereits 19 war, erfuhr ich erstmalig, dass es da noch eine jüngere Schwester gab, die im Haushalt der alkoholkranken Eltern verblieben war. Zu diesem Zeitpunkt hatte ich keine direkte Möglichkeit, mir die Situation des Kindes genauer anzuschauen, da es einfach nicht in meine Zuständigkeit fiel.

Während sich die älteren Brüder durch den Auszug den Alkoholexzessen der Eltern nicht mehr stellen mussten, war Martina ab ihrem zwölften Lebensjahr dem häuslichen Drama schutzlos ausgeliefert. Ihre Eltern soffen sich beide langsam, aber sicher um den Verstand, Gewalt war ebenfalls an der Tagesordnung. Wenn ich heute über diesen Fall nachdenke, sehe ich vor allem die schmerzvolle Parallele zu meiner eigenen Jugend, die Erfahrungen mit meinem alkoholkranken Vater, die Ausbrüche und die Furcht, die ich als Kind selbst erlebte, wenn es ganz schlimm war. Ich kann sehr gut nachempfinden, wie Martina sich zu diesem Zeitpunkt gefühlt haben muss, und ärgere mich noch immer, dass es mir nicht möglich war, früher einzugreifen.

Es musste erst zum Äußersten kommen: Martinas Vater trank eines Tages den berühmten Tropfen zu viel, er kollabierte und konnte nicht mehr gerettet werden. Schlimmer noch: Er starb direkt vor Martinas Augen, als sie gerade mal zwölf Jahre alt war. Von nun an kümmerte sich die kleine Martina um ihre alkoholkranke Mutter, versuchte so gut es ging, die Schule zu besuchen und schaffte gerade noch den Hauptschulabschluss. Unterstützung vom Jugendamt bekam sie nicht.

Die Erlebnisse mit ihrer Familie ließen das junge Mädchen endgültig aus der Spur geraten. Sie geriet an die falschen Freunde, rutschte langsam, aber sicher in die harte Drogenszene ab und begann, Heroin zu nehmen. Ich bekam die mittlerweile jugendliche Martina immer mal wieder wegen kleinerer Vergehen vor den Richtertisch. Es war die klassische Karriere: Die Drogensucht verschärfte sich, der Geldbedarf wurde immer höher, was automatisch in die Beschaffungskriminalität führte. Da es sich nicht um professionelle Kriminelle handelt, werden Junkies, die sich per Klau ihren Stoff zu finanzieren versuchen, immer wieder erwischt. So auch Martina, die in ihrer Akte mittlerweile eine Vielzahl von Anklagen hatte. Als sie zu einem Gerichtstermin nicht erschien, nahm ich sie zum ersten Mal für kurze Zeit in Haft. Danach versuchte sie eine Therapie, die sie aber bald abbrach, wonach sie direkt in die alte Szene zurückkehrte. Wieder beging sie täglich Ladendiebstähle.

Es hätte immer so weitergehen können, mir wären die Hände gebunden gewesen. Auch mehrere Ladendiebstähle, und es waren wirklich viele, reichen nicht, um einen jungen Menschen in Haft zu nehmen. Geschaut wird auf die einzelne Tat, es gibt auch nicht die Möglichkeit, einfache Taten gewissermaßen zu einem schweren Vergehen aufzuaddieren. Zehn

Ladendiebstähle ergeben leider nicht einmal Haft, so einfach ist das Haftrecht nicht gestrickt, und in den meisten Fällen ist das auch ganz gut so.

Martina jedenfalls machte weiter und ich konnte gewissermaßen dabei zusehen, wie sie immer tiefer ins Elend rutschte. Das schmerzte mich, gerade aufgrund meines eigenen Hintergrunds, enorm. Die meiste Zeit wohnte sie auch nicht mehr bei ihrer Mutter, war also faktisch ohne festen Wohnsitz, gleichwohl jedoch noch bei ihrer Mutter gemeldet. Ich wusste, dass Martina nur eine Chance auf Rettung hatte, wenn ich sie durch eine längere Haftzeit aus ihrem Umfeld herausholen konnte.

So beraumte ich einen Termin vor Gericht an und ließ die Ladung postalisch zustellen. Ganz bewusst an die Adresse ihrer Mutter, bei der sie ja offiziell noch gemeldet war. Da ich aber wusste, dass Martina mehr oder weniger bereits auf der Straße lebte, hoffte ich inständig, dass die Ladung ins Leere laufen, Martina also erneut nicht zum Termin erscheinen würde. Warum? Ganz einfach: Nur dieser Umstand, das Nichterscheinen vor dem Gericht, stellte einen Haftgrund dar. Und ich wollte sie wieder in Haft nehmen. Nicht, um sie zu bestrafen, sondern um sie zu schützen. Vor sich selbst, vor dem weiteren, immer schlimmeren Abrutschen in die Drogensucht. Letztlich wahrscheinlich sogar vor dem drohenden Drogentod.

Mein »Plan« ging auf. Martina erschien nicht zur Verhandlung, und ich hatte endlich einen Grund, sie von der Straße zu holen. Nachdem die Polizei sie ausfindig gemacht hatte, ging sie direkt in Haft und war unter staatlicher Kontrolle, was für Martina schlicht und ergreifend die Rettung bedeutete. Sechs Wochen später war die Verhandlung und ihr Bruder, der bis dahin keinen Kontakt mehr zu ihr gehabt hatte, nahm sie auf. Sie machte eine erneute Therapie, die sie bereits aus der Haft heraus vorbereitet hatte, um sich aus der Teufelsspirale zu befreien. Heute ist Martina im Methadonprogramm, kämpft tapfer gegen ihre Depressionen und gegen die todbringende Sucht. Sie lebt nach wie vor mit ihren Brüdern zusammen und hat so eine kleine Familie, die ihr auch Halt gibt.

Was dieser Fall zeigt, ist die Notwendigkeit dessen, was als »Erziehungsrichter« bezeichnet wird. Ich hatte als Jugendrichter nach den gegenwärtigen Abläufen in der deutschen Justiz gar keine Möglichkeit, die Gefahr für Martina, die angesichts der familiären Situation eigentlich offensichtlich war, von meiner Seite aus einzudämmen. Ich versuchte zwar, ihren Bruder auf die Reihe zu bekommen, musste die weitere Familiensituation jedoch außer Acht lassen. Wenn das Konzept des Erziehungsrichters damals bereits umgesetzt worden wäre, wäre das anders gewesen. Genaueres zu diesem Konzept und dazu, wie diese Funktion meiner Meinung nach umgesetzt werden sollte, an späterer Stelle; hier nur so viel: In der Funktion eines Erziehungsrichters hätte ich zumindest den Überblick über das, was sich unterhalb der Altersschwelle von vierzehn Jahren in den Familien tut. Ich wüsste zweierlei: Zum einen, was da an potenziellen Tätern auf mich zukommt, und zum anderen, wo Menschen sind, die geschützt und gerettet werden müssen, weil sie selbst als Kinder schutzlos und schwach gegenüber der Entwicklung sind, die das Leben ihnen aufdrängt.

Wenn es nach mir ginge, wäre ich nicht nur Erziehungsrichter, sondern hätte zusätzlich bessere Möglichkeiten, als Richter schnell aktiv zu werden. Ich habe es als Jugendrichter beispielsweise immer wieder mit jungen Menschen zu tun, die aufgrund von Alkohol- und Drogensucht wiederholt Straftaten begehen. Oftmals muss ich zu lange warten, bis ich Haft-gründe habe. Dann wünsche ich mir regelmäßig, dass ich ein schnelles Instrumentarium zur Verfügung hätte. Etwas ver-kürzt formuliert: Ich wünschte mir, dass der Gesetzgeber den Richtern einen neuen Haftgrund ermöglichen würde: »Ret-tung«. Die Voraussetzungen für U-Haft sind im Moment rela-tiv eng, der Richter braucht Gründe wie Fluchtgefahr, Wieder-holungsgefahr oder Verdunklungsgefahr. Es sollte meiner Meinung nach aber unter bestimmten Voraussetzungen auch möglich sein, Drogen- und Alkoholabhängige, die regelmäßig Straftaten begehen, bereits vor rechtskräftiger Entscheidung in Gewahrsam zu nehmen – zum Schutz vor sich selbst, einem schädlichen Umfeld, aber auch zum Schutz der Gesellschaft. Nichts anderes war mein Ansinnen, als ich Martina in Haft nahm. Ich wollte sie retten, aber der Gesellschaft auch weitere Straftaten ersparen.

Natürlich sollten solche Drogen- und Alkoholabhängige in besonderen Abteilungen im Strafvollzug behandelt wer-den, die wie psychiatrische Stationen ausgerichtet sein müss-ten. Die Therapie müsste dann bereits mit dem ersten Tag der Ingewahrsamnahme beginnen. Denn letztlich sind solche Täter, die aufgrund ihrer Abhängigkeit klauen oder andere, meist geringe Delikte begehen, krank. Sofern sie nicht Alko-holiker sind, verstoßen sie natürlich auch noch gegen das Betäubungsmittelgesetz (BtmG). Diese kranken Menschen müssten viel schneller behandelt und wenn nötig im ge-schlossenen Gewahrsam therapiert werden, stattdessen dau-ert es auch hier viel zu lange, bis der Richter aktiv werden und sie, wie in Martinas Fall, in Haft nehmen kann. Meist passiert erst einmal gar nichts, bis sich so viele Straftaten an-gesammelt haben, dass die Betroffenen viel zu lange Haft-strafen erhalten. Danach werden sie dann oft untherapiert entlassen, finden keinen Halt und landen sofort wieder in der alten Suchtproblematik, begehen weitere Straftaten und schaffen es nicht in eine offene Therapieeinrichtung. Hier sehe ich echten Handlungsbedarf.

Nicht nur Rettung, auch Erziehung als Haftgrund?

Fälle, in denen ich mir gewünscht habe, das Konzept des Erziehungsrichters hätte schon Eingang in die deutsche Gesetzgebung gefunden, habe ich viele gehabt. Dazu gehören junge Menschen wie Martina, die frühzeitig hätten gerettet werden können, dazu gehören aber auch Jungs wie Jan, den ich erst als »fertigen« Straftäter zu sehen bekam, nachdem er bereits mit unter 14 Jahren die Grundlagen für seine Karriere gelegt hatte, bei mir jedoch aufgrund der Trennung von Familiengericht und Jugendgericht gar nicht auf dem Schirm war.

Jan war in einer hochproblematischen Familie aufgewachsen, wurde von seinen Eltern im Grunde abgelehnt und erfuhr nie die Liebe und Geborgenheit, die ein Kind braucht, um sich optimal entwickeln zu können. Jan wechselte zwischen Heimerziehung und einer zwischenzeitlichen Rückkehr in die Familie. Die familienrechtlichen Aufgaben lagen nicht bei mir, aber ich bekam ihn mit einzelnen kleineren Straftaten vor Gericht. Als er zum wiederholten Male vor mir stand, wurde mir sehr schnell klar: Das ist ein Kandidat, den du nur mit Haft dazu bewegen kannst, innezuhalten und vom vorgezeichneten Weg in die Schwerkriminalität abzukommen. Das ist etwas, was das Gewissen eines Jugendrichters extrem belasten kann, weil einem bei jeder neuen ambulanten Maßnahme, die man in solchen Fällen verhängt, vollkommen klar ist, dass man Gefahr läuft, neue Opfer zu schaffen.

So auch bei Jan. Ich hatte bereits mehrere Anklagen gegen ihn wegen einfacher und auch eine wegen schwerer Körperverletzung, Bedrohungen und auch Sachbeschädigungen vorliegen. Die Verfahrenslaufzeit war, wie üblich, relativ lang, und mir fehlten Gründe, U-Haft zu verhängen. Gründe wie Fluchtgefahr, Wiederholungsgefahr oder Verdunkelungsgefahr lagen bei Jan nicht vor. Jan war also bis zu seiner nächsten Verhandlung auf freiem Fuß, und es passierte, was passieren musste: Drei Wochen vor der Verhandlung schlug er erneut zu und verletzte einen anderen Jugendlichen schwer. Das Gericht erfuhr von diesem Vorfall am ersten Tag der Verhandlung durch die Jugendgerichtshilfe und setzte das Verfahren aus. Der Sitzungsvertreter der Staatsanwaltschaft reagierte sofort, besorgte sich die Akte von der Polizei und erhob einige Tage später eine weitere Anklage wegen erneuter gefährlicher Körperverletzung. Nun konnte ich auf Antrag der Staatsanwaltschaft – das zweite Verfahren begründete die Wiederholungsgefahr – Jan endlich in U-Haft nehmen, bis die Verhandlung anstand. Vollkommen klar war jedoch: Er hätte schon zum Zeitpunkt der zweiten gefährlichen Körperverletzung nicht mehr frei herumlaufen dürfen. Doch mir waren die Hände gebunden gewesen, obwohl ich die Gefahr gesehen hatte.

Genau aus diesen Gründen müsste es per Gesetz auch den Haftgrund der Erziehung geben. Ein Jugend- oder besser noch Erziehungsrichter müsste jederzeit argumentieren können, dass aufgrund der bisherigen Geschichte des Angeklagten eine Inhaftierung aus erzieherischen Gründen bereits vor Rechtskraft eines Urteils geboten ist. Im Fall Jan, und nicht nur in diesem Fall, hätte das ein zweites Opfer mit körperlichen Schäden verhindert.

Als Jugendrichter bin ich es naturgemäß gewohnt, mit schlimmen Taten jugendlicher Täter konfrontiert zu werden. Ob brutalste Gewalt bei Schlägereien, Missachtung des Eigentums anderer Menschen oder die Menschenverachtung der Rechtsradikalen: Was die Bandbreite der Straftaten angeht, stehen jugendliche Täter den erwachsenen Tätern in nichts nach.

Vor dem Jugendgericht werden jedoch nicht nur die Taten verhandelt, die von jugendlichen oder heranwachsenden Tätern begangen wurden, sondern dort landen auch die Verbrechen, die an kindlichen oder jugendlichen Opfern verübt wurden. Dazu gehören ganz wesentlich alle Fälle von sexuellem Missbrauch, Gewaltstraftaten sowie Verletzungen der Fürsorge- und Erziehungspflichten. Gerade die Fälle von sexuellem Missbrauch gehören zum Schlimmsten, was ich verhandeln muss, und den meisten Kollegen dürfte es ähnlich gehen. Viele haben selbst Kinder, und die Neutralität des Richters wird bei diesen Geschichten auf eine harte Probe gestellt.

Mir ist ein Fall aus diesem Bereich in besonders eindrücklicher Erinnerung geblieben. Er zeigt, was passieren kann, wenn die staatlichen Stellen sich um Zuständigkeiten streiten, anstatt zum Wohle der Opfer zu kooperieren, so gut es geht.

Es ging um ein junges Mädchen, nennen wir es Manuela, das gemeinsam mit seiner Schwester in seiner Familie ein wahrhaftiges Martyrium erleiden musste. Die Schwestern lebten zeitweise bei ihrer Oma, die ihren Wohnsitz in meinem Bezirk hatte, zeitweise wohnten sie aber auch bei den Eltern in einer anderen Stadt. Beide Mädchen wurden von ihrem eigenen Vater sexuell missbraucht. Darüber hinaus zwangen die Eltern Manuela, Vater und Mutter beim Geschlechtsverkehr mit einer Videokamera zu filmen und führten den Verkehr auch sonst wiederholt vor den Kindern aus. Bevor sich der Vater wegen des Vorwurfs des sexuellen Missbrauchs vor dem Jugendschöffengericht zu verantworten hatte, hatten bereits zwei Halbbrüder Manuelas vor mir gestanden, die ebenfalls bei ihrer Oma in meinem Bezirk gemeldet waren. Auch wenn sie sich zu diesem Zeitpunkt nur wegen kleinerer Vergehen zu verantworten hatten, entwickelten sie sich langsam, aber sicher erkennbar zu Intensivtätern. Ich hatte indes keine Ahnung davon, was sich in der Familie zutrug.

Dann stand der Vater bei mir vor Gericht, ein uneinsichtiger, roher und von seiner Alkoholsucht geprägter Mann, der sich mehrfach an seinen Kindern vergangen hatte. In der Verhandlung bestritt er allerdings jegliche Vorwürfe. Einige der insgesamt sechs Kinder, darunter auch Manuela und ihre kleine Schwester, waren zu diesem Zeitpunkt bereits aufgrund familienrechtlicher Einflussnahme im Heim untergebracht.

Die damals fünfzehnjährige Manuela und ihre Schwester mussten als Zeugen aussagen. Manuela wirkte außerordentlich stark während ihrer Vernehmung, belastete den Vater schwer und erklärte, dass sie alles ins Rollen gebracht habe, um ihre kleine, damals zwölfjährige Schwester zu schützen. Am Schluss ihrer Vernehmung erklärte sie für mich völlig überraschend, dass sie doch bereits früher in mehreren Briefen dem zuständigen Jugendamt alles berichtet habe, unter anderem auch, dass sie die Eltern beim Geschlechtsverkehr habe filmen müssen. Ich wusste von diesen Briefen nichts und war fassungslos. Ich unterbrach die Sitzung und fragte telefonisch beim Jugendamt nach. Die zuständige Mitarbeiterin erklärte mir, dass diese Briefe bekannt seien, sie allerdings zum Schutze der familienrechtlichen und datenschutzrechtlichen Belange weder der Polizei noch der Staatsanwaltschaft zur Kenntnis gegeben worden wären. Auch mir könne man die Briefe nicht übersenden.

Innerlich kochte ich vor Wut über dieses Versäumnis und erklärte ihr, sie habe genau eine Stunde Zeit, die Briefe per Fax zu übersenden, da diese Beweismittel seien. Für den Fall, dass diese Faxe nicht alsbald eintreffen würden, drohte ich an, die zuständige Behörde durchsuchen zu lassen. Kurze Zeit später hielt ich die Briefe in den Händen. Die vorher unsichere Beweislage verfestigte sich, der angeklagte Vater wurde in Haft genommen, das Haus der Eltern durchsucht. Man fand selbst gefertigte Pornos und untersuchte diese. Auf einem Band konnte schließlich die Stimme von Manuela nachgewiesen werden, was bewies, dass sie diesen Film hatte drehen müssen. Der Vater wurde dann nach zehntägiger Verhandlung zu einer langjährigen Haftstrafe verurteilt.

Das größte Drama jedoch spielte sich einige Jahre später ab. Manuela, durch das erlittene Trauma psychisch schwerstens geschädigt, konnte die erlittene Schande niemals wirklich verarbeiten. Vier Jahre, nachdem ihr Vater verurteilt worden und mittlerweile wieder aus dem Gefängnis entlassen worden war, wurde der Druck zu groß. Die junge Frau, die mittlerweile in einer Einrichtung für betreutes Wohnen lebte, konnte sich aus dem Teufelskreis von Angst und Scham nicht mehr befreien und wählte den Freitod, indem sie von einer Brücke sprang.

Auch Manuelas Bruder Harald, zum Zeitpunkt der Missbrauchsszenarien gerade mal sechzehn Jahre alt, hatte unter den Wutausbrüchen seines Vaters zu leiden gehabt, wurde geschlagen und stand immer unter dem tiefen Eindruck der freud- und lieblosen Atmosphäre in dieser Familie. Erst lange Jahre nach dem eigentlichen Geschehen kam ans Licht, dass er selbst jedoch nicht nur Opfer, sondern auch Täter gewesen war. Manuelas Schwester hatte nach deren Suizid Anzeige gegen ihren Halbbruder erstattet. Da Harald zum Tatzeitpunkt jedoch erst sechzehn Jahre alt war, wurden auch diese Fälle vor dem Jugendgericht verhandelt.

Während der Verhandlung gegen Harald, in der es zunächst nur um den Missbrauch an Manuelas Schwester ging, musste ich erneut die gesamte Familie hören. Ich ermittelte und erfuhr nun, dass Manuela sich neunzehnjährig auf diese äußerst schreckliche Art das Leben genommen hatte. Ich zog die Ermittlungsakten bezüglich des Freitodes bei, die den Abschiedsbrief von Manuela enthielten. Um Manuela wenigstens einen Funken nachträgliche Gerechtigkeit zu gewähren und weil er ein Beweismittel war, zwang ich mich und die Anwesenden, Kenntnis von diesem Brief zu nehmen. Ich las den Brief in der Verhandlung laut vor. Während und nach der Verlesung herrschte Totenstille im Gerichtssaal, Tränen flossen.

Es war das einzige Mal während meines Richterlebens, dass ich während der Verhandlung anfing zu weinen und deswegen unterbrechen musste. Auch fühlte ich mich als Teil der staatlichen Zuständigkeit mitschuldig.

Nachdem ich den Brief verlesen hatte, erschien der als Zeuge geladene Vater, der mittlerweile wieder auf freiem Fuß war, da er seine Haftstrafe verbüßt hatte. Er machte von seinem Aussageverweigerungsrecht Gebrauch, half also auch hier nicht seiner Tochter. Das war zwar sein Recht, ich konnte es allerdings kaum ertragen. Schließlich schaffte er es, das Fass zum Überlaufen zu bringen: Nachdem er den Saal bereits verlassen hatte, kam er zurück und wollte sein Fahrgeld ersetzt bekommen, so wie es jeder Zeuge dem Gesetz nach beanspruchen kann. Ich war nicht mehr in der Lage, professionell zu reagieren, und schrie ihn an: »Sie bekommen kein Fahrgeld!« Ich stand kurz davor, über den Richtertisch zu springen. Dies hätte zwingend und zu Recht dazu führen müssen, dass ich entlassen worden wäre. Ich habe es nur dem seinerzeit anwesenden Staatsanwalt zu verdanken, dass nichts weiter passiert ist. Dieser schaffte es nämlich, mich wieder zur Ruhe zu bringen und mich an die gebotene Professionalität zu erinnern.

Wie gesagt: Richter bekommen bei ihrer Tätigkeit eine Menge Leid aus dem menschlichen Leben zu sehen. Doch was ich hier hatte lesen müssen, war überaus heftig. Damals erkannte ich noch nicht, dass Manuela letztendlich auch Opfer der mangelnden Vernetzung der beteiligten staatlichen Stellen geworden war. Bereits zu dem Zeitpunkt, als ich erstmals ihren Bruder im Gericht hatte, hätte ich viel besser arbeiten können, wenn ich als Erziehungsrichter für die ganze Familie zuständig gewesen wäre. Ich hätte mehr Informationen gehabt und hätte, so glaube ich heute, Manuela ein wenig weiteres Leid ersparen können. Ob ich ihren Tod hätte verhindern können, weiß ich nicht. Ich hätte allerdings früher Einfluss nehmen können. So zogen Jugendgericht, Familiengericht und das Jugendamt nicht an einem Strang. Sozialgeheimnis und Datenschutz gingen vor Opfer- und Kinderschutz, und das ist leider auch heute noch oftmals der Fall.

Manuela war aus dem Leben gegangen, nicht ohne vorher in ihrem Abschiedsbrief reinen Tisch zu machen. Sie nahm kein Blatt vor den Mund, schrieb über ihren Vater, über die fortgesetzten Missbräuche und die anderen Abscheulichkeiten. Erschüttert entnahm ich diesem Brief auch, dass Harald nicht nur die eine Schwester, sondern auch Manuela sexuell missbraucht hatte. Obwohl Harald zum Zeitpunkt der Tat noch so jung gewesen war und in seinem Elternhaus selbst nichts anderes als Gewalt kennengelernt hatte, musste er für diese Taten dennoch bestraft werden. Das Gericht verurteilte ihn zu einer Jugendstrafe, allerdings auf Bewährung.

Dieser Fall zeigte mir einmal mehr, wie insbesondere in der Kindheit und Jugend durch Missbrauch und Schläge erlittene Traumata das Leben bestimmen und letztendlich sogar beenden können. Zwar war auch dies eigentlich »nur« ein Fall von vielen, trotzdem ging er mir auch nach Jahren noch nicht aus dem Kopf. Ganze Passagen von Manuelas Abschiedsbrief haben sich in meine Erinnerung gebrannt und ich denke noch heute regelmäßig an diesen Fall, wenn ich an den Tatorten vorbeifahre.

In Manuelas Abschiedsbrief hieß es, dass sie möchte, dass Millionen von Menschen von ihrem Schicksal erfahren. Ich habe das immer als Vermächtnis dieses Mädchens gesehen, das vom Leben nie eine reelle Chance bekommen hatte. Und ich möchte diesem Vermächtnis an dieser Stelle endlich gerecht werden, da dieser Fall so deutlich zeigt, was Kindern in diesem Land passieren kann, ohne dass sie jemand wirkungsvoll schützt.

Manuela hatte zwar in ihrem neuen Leben Anschluss an liebe Menschen gefunden, doch es ging für sie trotzdem nicht mehr weiter. Allein die Tatsache, dass ich dem Vermächtnis von Manuela, ihrem Wunsch nach Öffentlichkeit für ihr Leid, im Rahmen dieses Buches Rechnung tragen kann, rechtfertigt bereits die Zeit und den Aufwand, die ich investiert habe. Manuelas Fall zeigt überaus deutlich, was Missbrauch und das Dasein als Opfer bedeuten.

Warnschussarrest
Missverständnisse, konservative Sozialromantik und halbe Sachen

Viele Themen haben mein Leben als Jugendrichter begleitet und bestimmt, und dieses Buch legt Zeugnis davon ab. Ein Dauerbrenner unter diesen Themen ist der sogenannte Warnschussarrest. Ich weiß nicht, wer auf diesen Begriff gekommen ist, aber ich habe bisweilen die Vermutung, dass alleine das leicht martialische Wort dafür sorgt, dass die Emotionen in der Diskussion um dieses wichtige Mittel jugendrichterlicher Arbeit so hochkochen. Dabei wäre es, wie immer bei juristischen Fragen, gut, die Dinge mit Vernunft und Augenmaß zu betrachten, anstatt mit Ideologie und Emotion.

Die Diskussion um den Warnschussarrest ist nicht neu. Jahrelang befanden wir Richter uns auf diesem Gebiet rein rechtlich in einer Art Grauzone, dieses Mittel war nicht gesetzlich geregelt. Einzelne Gerichte haben es jedoch im Rahmen der Rechtsauslegung angewendet.

Worum es dabei geht, ist im Grunde schnell erklärt. Der Warnschussarrest hat nichts mit dem normalen Arrest, den jeder Jugendrichter mit einer Länge von bis zu vier Wochen verhängen kann, zu tun. Dieser normale Arrest kann nur dann verhängt werden, wenn keine Jugendstrafe angeordnet wurde. Derzeit werden in Deutschland – genaue Zahlen gibt es nicht – jährlich etwa 10.000 Jugendarreste in den 33 deutschen Jugendarrestanstalten verbüßt. Diese Jugendarrestanstalten sind nicht mit den Jugendgefängnissen identisch, sondern besitzen eine besondere pädagogische Ausrichtung.

Der Warnschussarrest kommt ausschließlich nach der Verhängung einer Jugendstrafe auf Bewährung in Frage. Allein dieser Umstand schließt übrigens schon die bisweilen von Gegnern befürchtete Inflation solcher Arreste aus, denn erstens gibt es ohnehin nicht so schnell eine tatsächliche Jugendstrafe, und zweitens eignet sich der Warnschussarrest auch nicht für jeden Fall.

Das Mittel der Wahl ist er immer dann, wenn die Gerichte zwar nach Lage der Dinge zu einer Bewährungsstrafe verurteilen, aber trotzdem das sichere Gefühl besteht, dass es aus erzieherischer Sicht sinnvoll wäre, wenn der Angeklagte für eine relativ kurze Zeit trotz der Bewährung die Mauern einer Anstalt von innen sähe. Manch einer nennt den Warnschussarrest auch Schnupperarrest, was zwar statt zu martialisch eigentlich zu niedlich klingt, aber trotzdem den Kern der Sache berührt. Die Luft hinter den Mauern »riecht« anders als die Luft in Freiheit. Für viele Täter, die mit einer Bewährungsstrafe davonkommen, ist das überhaupt nicht klar. Sie empfinden die verhängte Jugendstrafe eigentlich gar nicht als Strafe, denn sie gehen ja freien Fußes aus dem Gerichtssaal heraus und können sich im Wesentlichen bewegen wie vorher auch.

Der Warnschussarrest setzt hier, um im Bild des Schnupperarrestes zu bleiben, eine »Duftmarke«. Ich habe ihn bereits ab dem Jahr 2000 verhängt, als seine Anwendung noch eine Auslegungssache war. Damals hatte ich Angeklagte vor mir stehen, die man nach heutigem Verständnis mit Fug und Recht als Intensivtäter bezeichnen würde. Sie waren immer wieder aufgefallen, erzieherische Maßnahmen waren ohne Wirkung geblieben, und nun waren sie aufgrund von Begründungen wie »Schädliche Neigungen« oder »Schwere der Schuld« nach Paragraf 17 JGG endgültig fällig für eine Jugendstrafe, die ich dann auch verhängte.

Die Möglichkeit einer Arrestverhängung war mit der Entscheidung für eine Jugendstrafe eigentlich nicht mehr gegeben. Ich jedoch wandte ein Mittel an, das Bestandteil der richterlichen Unabhängigkeit ist: Ich argumentierte mit einer Auslegung des Gesamtgesetzes, das mir schließlich erzieherische Wirkung meiner Maßnahmen nahelegte. Und diese erzieherische Wirkung beabsichtigte ich nun mal mit der Verhängung eines Warnschussarrestes zu erreichen. Schön für mich zu sehen war dabei, dass ich nicht der einzige Richter war, der diesen Weg ging. Auch an anderen Gerichten, darunter sogar das Amtsgericht meiner Heimatstadt Meppen, fanden sich Richter, die dieser Auslegung des Gesetzes folgten.

Meine Urteile in dieser Hinsicht wurden tatsächlich rechtskräftig, die Jungs gingen für zwei Wochen in den Arrest. Die Kollegen hingegen hatten nicht so viel Glück: Findige Anwälte waren der Ansicht, dass es sich hier doch wohl um eine Sache handle, die man so nicht machen könne. Die ganze Angelegenheit wurde schließlich dem Bundesverfassungsgericht vorgelegt. Das BVG hatte keinerlei grundsätzliche Einwände gegen die Verhängung des Warnschussarrestes, es mahnte lediglich eine eindeutige gesetzliche Regelung an.

Mit dieser Mahnung hatten wir den Startschuss für eine groß angelegte Debatte, in der die politisch-ideologische Sozialromantik von beiden Seiten auf die Vernunftargumente vieler Richter traf. Die linken Sozialromantiker im Dunstkreis der DVJJ heulten auf, die Möglichkeit einer Arrestverhängung gebe es schließlich bereits, die Anstalten seien schon viel zu voll, und überhaupt beweise die Rückfallrate, dass von diesem Mittel keinerlei Wirkung zu erwarten sei. Professor Pfeiffer, der vor allem die Haltung der SPD wesentlich beeinflusste, argumentierte stets mit jener von ihm gefertigten Studie, die die Untauglichkeit von Arresten bewiesen habe. Diese Studie basierte jedoch auf Untersuchungen aus den Siebzigerjahren. Dass die Täterschaft gut dreißig Jahre später nicht mehr mit der aus den Siebzigern und Achtzigern zu vergleichen war, insbesondere mit Blick auf die Intensivtäterthematik, ließ er dabei außen vor.

Sowohl Pfeiffer als auch ich wurden zu Diskussionen geladen, ich plädierte für die Einführung, er dagegen, und letztlich war zu dem Zeitpunkt sein politischer Einfluss einfach größer, so dass sich meine Vernunftargumente nicht so richtig durchzusetzen vermochten.

Nicht einfacher wurde die Diskussion indes auch dadurch, dass die politischen Befürworter des Warnschussarrestes von genauso falschen Voraussetzungen ausgingen (und noch heute ausgehen) wie die Gegner. Das ist eben das, was ich unter konservativer Sozialromantik verstehe: Die Hoffnung und der Glaube war, wie damals mehrfach vor allem von Politikern aus den Unionsparteien geäußert, dass sich mit einer Einführung dieses Mittels die Jugendkriminalität um ein Vielfaches reduzieren ließe.

Dem ist nicht so. Ich persönlich schätze die Zahl der Fälle, in denen der Warnschussarrest wirklich helfen kann, auf vielleicht fünf Prozent. Ich halte aber auch fünf Prozent verhinderte neue Intensivtäter und wesentlich mehr Prozent an verhinderten Straftaten für ein durchaus erstrebenswertes Ziel, während es den linken Sozialromantikern offensichtlich auf das eine oder andere Opfer mehr oder weniger nicht ankommt. Hauptsache, Täter werden ambulant »behandelt«.

Immerhin: Die jahrelange Diskussion führte irgendwann dahin, dass tatsächlich eine offizielle gesetzliche Regelung geschaffen wurde. Im Sommer 2012 beschloss der Bundestag, den Warnschussarrest mit Wirkung zum 7. März 2013 zu ermöglichen. Allerdings ist spürbar, dass die verantwortliche

Bundesjustizministerin Sabine Leutheusser-Schnarrenberger, Angehörige der FDP, die den Warnschussarrest tendenziell eher ablehnt, nicht voll und ganz hinter der Entscheidung steht. Geschaffen wurde quasi ein Warnschussarrest »light«, der beispielsweise in der Regel nicht verhängt werden kann, wenn ein Angeklagter bereits einmal eine Arreststrafe zu verbüßen gehabt hat. Nur in absoluten Ausnahmefällen soll der Warnschussarrest auch hier verhängt werden können. Das zeigt mal wieder die Gängelung der Jugendrichter. Warum soll es nicht möglich sein, auch zweimal hintereinander Arrest zu verhängen, wenn dies erzieherischen Erfolg versprechen könnte? Wenn zum Beispiel zunächst lediglich eine Woche Arrest verhängt wurde, könnte man in einem zweiten Schritt mit vier Wochen reagieren. Sinnvoll könnte ein zweiter Warnschussarrest aber auch bei jenen Fällen sein, in denen der letzte Arrest bereits Jahre zurückliegt. Wichtiger, als diese Einschränkungen zu schaffen, wäre es meiner Meinung nach gewesen, sich zunächst einmal um vernünftige Arrestvollzugsgesetze zu kümmern.

Generell aber geht es erst einmal darum, überhaupt die Möglichkeit zu besitzen, als Jugendrichter dieses zusätzliche Erziehungsmittel anzuwenden, wenn es sinnvoll erscheint. Die deutschen Jugendrichter sind mit Sicherheit verantwortungsvoll und weitsichtig genug, dass nun nicht plötzlich inflationär Warnschussarreste verhängt werden. Aber es gibt eben eindeutig Fälle, bei denen man als Richter sicher ist, dass eine Stippvisite in der Arrestanstalt der verhängten Bewährungsstrafe mehr Anschaulichkeit und Nachdruck verleihen würde. Sicher nicht bei den »schweren Jungs«, aber durchaus bei denen, wo anzunehmen ist, dass die erstmalige Verhängung einer Jugendstrafe sie durchaus beeindruckt, wenn sie verstehen, dass damit auch tatsächlich ein Freiheitsentzug näherrückt.

Diese Möglichkeit hat der Gesetzgeber nun geschaffen. Bleibt zu hoffen, dass die neue Regelung zum Warnschussarrest lange Bestand hat und die Vertreter der linken Sozialromantik nicht dafür sorgen, dass sie wieder auf den Prüfstand kommt.

Wie unsinnig es ist, uns Jugendrichtern dieses Mittel nicht an die Hand zu geben, machte mir einmal die Mutter (!) eines Angeklagten, den ich zu einer Jugendstrafe auf Bewährung verurteilen musste, deutlich. Sie kam nach der Verhandlung zu mir und fragte mich entgeistert, warum ich ihren Sohn nicht wenigstens für kurze Zeit wegsperren würde, der könne das durchaus brauchen und würde dann vielleicht endlich den Ernst der Lage wirklich begreifen. Leider musste ich dieser Mutter damals sagen, dass ich das gerne getan hätte, mir aber die Hände gebunden seien.

Eine andere Möglichkeit, sich die Absurdität der bisherigen Regelung klar zu machen, ist es, sich einmal folgende Situation vorzustellen: Zwei jugendliche Angeklagte stehen vor Gericht und sind unterschiedlich schwer in eine Straftat verwickelt. Derjenige, der sich weniger hat zuschulden kommen lassen, wird zu einer normalen Arreststrafe von ein paar Wochen verdonnert, während sein Kumpel, der mehr auf dem Kerbholz hat, die dem Gesetz nach höhere Jugendstrafe erhält, ausgesetzt allerdings zur Bewährung. Jetzt fragen Sie sich zwei Sachen: Wer von beiden verlässt als freier Mann den Gerichtssaal? Und wer wird sich wohl härter bestraft vorkommen? Man sieht leicht, dass das Rechtssystem hier so seine Tücken hat. Die Interpretation einer Bewährungsstrafe als »gefühlter Freispruch« kommt vor, und der Warnschussarrest wäre zumindest in einigen Fällen geeignet, diesem Gefühl gleich ein Ende zu bereiten.

Dass der Warnschussarrest von den Praktikern angenommen wird und auch erzieherisch genutzt werden kann, dürfte klar geworden sein. Seit der neuen gesetzlichen Regelung wurde der Warnschussarrest durch mehrere Gerichte, entgegen der Dogmen der sozialromantischen Theoretiker, verhängt. Einer der ersten Jugendrichter Deutschlands, der ihn verhängte, war wohl der Kollege Axel Müller – ich freute mich über diese Müllerei. Der Kollege vom Amtsgericht Tettnang aus Baden-Württemberg sprach eine Jugendstrafe auf Bewährung wegen harten Drogenbesitzes aus und verhängte am 15.06.2013 zugleich einen zweiwöchigen Warnschussarrest. Die *Rheinische Post* veröffentlichte am 23. Juli 2013 in einem Artikel das Ergebnis einer Umfrage der Zeitung unter allen Landesjustizministerien: Demnach habe es in den ersten viereinhalb Monaten seit Einführung des Warnschussarrestes bundesweit knapp 70 Verurteilungen gegeben, davon allein 28 in Bayern. Dass der Warnschussarrest in Bayern bereits zum gegenwärtigen Zeitpunkt wesentlich häufiger verhängt wurde als in allen anderen Bundesländern, liegt vor allem daran, dass Bayern über gut ausgestattete Polizei- und Justizstrukturen verfügt und auch hinsichtlich der Verfahrenslaufzeiten zu den führenden Bundesländern gehört. So braucht man, um den Warnschussarrest verhängen zu können, nämlich Taten, die nach dem 7. März 2013 begangen wurden. Ich selbst hatte leider, jedenfalls bis Ende Juli 2013, noch keinen Fall, in dem es mir gesetzlich möglich gewesen wäre, diesen zu verhängen.

Intensivtäter

Warum der Staat an ihrer Entstehung
eine Mitschuld trägt

Wenn ich gefragt würde, welches der häufigste Tatort für heftige jugendliche Gewalttaten ist, würde ich vermutlich auf S- und U-Bahnen tippen. Ich weiß nicht, ob sich das statistisch erhärten lässt, aber ich habe eine ganze Menge Fälle verhandelt, die an diesen Orten stattfanden, so dass »S-Bahn-Fälle« bei mir schon eine eigene Gattung geworden sind. Wenn man zusätzlich die spektakulärsten Fälle der letzten Jahre aus ganz Deutschland Revue passieren lässt, sind auch darunter so einige Beispiele für diese These, man denke nur an Dominik Brunner, der in München auf dem Bahnsteig zusammengeschlagen wurde und starb, weil er anderen hatte helfen wollen. Auch an anderen öffentlichen Orten haben sich Fälle zugetragen, die dasselbe Tatmuster aufweisen. Dazu gehört etwa auch der Tod von Jonny K. am Alexanderplatz in Berlin, oder der Fall der sogenannten 20-Cent-Schläger von Hamburg, wo ein 44-Jähriger zu Tode geprügelt wurde, nur weil er sich geweigert hatte, den Tätern 20 Cent zu geben.

Was diese Fälle eint, ist die Tatsache, dass die Täter in der Regel keine Unbekannten für die Polizei und uns Richter sind. Spätestens im Laufe des letzten Jahrzehnts ist langsam, aber sicher eine Diskussion in Gang gekommen, die noch viel mehr Aufmerksamkeit verdient und mit großer Ernsthaftigkeit geführt werden sollte. Das ist die Diskussion über die sogenannte Intensivtäterthematik.

Eine allgemein gültige Definition dieses Begriffes gibt es im Grunde nicht, man hat sich aber angewöhnt, ab zehn aufgedeckter Straftaten innerhalb eines Jahres von einem Intensivtäter zu sprechen. Das bedeutet natürlich auch, dass es eine Dunkelziffer gibt, die bei dieser Berechnung noch gar nicht zum Tragen kommt. Bei etwas weniger Taten, aber nicht minder auffälligen Jugendlichen kommt der Begriff »Schwellentäter« zum Einsatz, diese tauchen jedoch in den Intensivtäterstatistiken, so es sie denn gibt, nicht auf und verfälschen damit auf gewisse Weise auch das Bild, das wir uns von der Jugendgewalt machen.

Je nach Bundesland und auch innerhalb der Bundesländer, bei der Polizei einerseits und der Justiz andererseits, gibt es unterschiedliche Definitionen des Intensivtäterbegriffs und keinerlei Einheitlichkeit. Das führt dazu, dass man je nach Definition seine Statistik hoch oder niedrig »fälschen« kann. Außerdem sollte man wissen, dass es lange Jahre keine einzige Statistik auf Länder- oder Bundesebene gab, die Datenmaterial zu den von Intensivtätern insgesamt begangenen Straftaten enthalten hätte. Das war kaum nachvollziehbar, und ich hielt es immer für einen Skandal. Die Statistiker erfassten alles Mögliche, nur eine für die innere Sicherheit so wichtige Zahl nicht.

In der »Polizeilichen Kriminalstatistik« (PKS) des Bundes von 2012 wurden zwar erstmals Zahlen zur Intensivtäterthematik publiziert, jedoch weigert man sich, den Begriff des Intensivtäters zu verwenden und findet dafür die Umschreibung des »Mehrfachtatverdächtigen«. Und trotz der neuen Zahlen in der PKS gibt es noch immer keine Statistik, die genau aufweisen würde, wie viele der ingesamt in Deutschland von Jugendlichen und Heranwachsenden begangenen Straftaten auf das Konto von solchen Tätern gehen, denen pro Jahr zehn oder mehr Vergehen vorgeworfen wurden. Meiner Meinung nach liegt das daran, dass man bei klaren Zahlen öffentlich machen müsste, wie wenige Personen für über fünfzig bis sechzig Prozent aller Taten verantwortlich sind. Das hätte zur Folge, dass dann auch der Letzte verstehen würde, wie ineffektiv unsere Strafrechtspflege ist. Würde man die Zahlen tatsächlich offenlegen, würde es sicher einen Aufschrei in der Bevölkerung geben. An dieser Erkenntnis haben jedoch gewisse Kreise kein Interesse.

Der Laie könnte sich beim Begriff des Intensivtäters durchaus fragen: »Wie kann es sein, dass jemand zehn oder mehr Taten innerhalb eines Jahres begeht, ohne dafür in den Knast zu wandern?« Die Antwort auf diese sehr berechtigte Frage ergibt sich aus einer Mischung von rechtlichen Voraussetzungen, mangelnder Vernetzung sowie mangelndem Engagement einiger Beteiligter. Der Staat ist vielfach zu langsam, und der zuständige Richter wird viel zu spät eingeschaltet. Die Antwort hat aber manchmal auch damit zu tun, dass dieser Staat es sich (und das heißt in der Regel: uns Richtern) selbst schwer macht, die eigenen Vorgaben zu verwirklichen. Was das bedeutet, will ich an mehreren Fällen darstellen, die zu den unbefriedigendsten in meiner Richterkarriere gehören. Leider habe ich solche Fälle bis heute regelmäßig immer wieder und werde sie weiter haben, wenn nicht etwas passiert.

Jürgen und Peter

Jürgen und Peter begingen mit 14 Jahren erste kleinere Ladendiebstähle. Da sie noch so jung waren, wurden die ersten Verfahren im Rahmen der Diversion ohne Einschaltung des Gerichts nach Monaten eingestellt. Die Jungs machten jedoch weiter, klauten, gingen dann auch zu Einbrüchen in Autos über und stahlen diese schließlich, um mit ihnen Spritztouren zu unternehmen. Von all dem bekam die Staatsanwaltschaft keinerlei Kenntnis. Ich schätze, dass sie innerhalb eines Jahres etwa 100.000 Euro materiellen Schaden verursacht hatten, dazu kamen kleinere Körperverletzungsdelikte.

In meinen Zuständigkeitsbereich gerieten sie allerdings erst, als die beiden schon 15 beziehungsweise 16 Jahre alt waren. Die zur Debatte stehenden Vorwürfe waren im Grunde geringfügig. Etliche Ermittlungsverfahren lagen derweil noch auf den Schreibtischen einer unterbesetzten Polizei und bei der Staatsanwaltschaft, obwohl die Beweislagen einfach waren. Nachdem ich bereits vorher von Sozialarbeitern, wie es übrigens öfter geschieht, über diese unsägliche Entwicklung informiert worden war, konnte ich endlich eingreifen. Ich setzte auf Bitten eben dieser Sozialarbeiter den nächstmöglichen Termin an. Jürgen und Peter sahen sich erstmals einem Richter und einem Staatsanwalt gegenüber.

In der Verhandlung wurde dann bekannt, dass sie noch wenige Tage zuvor mehr als zehn Autos und einige Gartenlauben aufgebrochen hatten. Ich unterbrach die Verhandlung für drei Wochen und ermittelte erst einmal, wie viele Verfahren noch irgendwo herumlagen. Eine Reaktion war zu diesem Zeitpunkt noch nicht möglich, und weil die Jungs auch von mir am ersten Verhandlungstag in Ruhe gelassen worden waren, fühlten sie sich möglicherweise dazu veranlasst, während der Sitzungspause erneut einen Autodiebstahl zu begehen. Hierbei wurden sie auf frischer Tat gestellt und der zuständige Polizeibeamte, der mittlerweile sensibilisiert war, unterrichtete mich. Nun musste und konnte ich reagieren. Die Staatsanwaltschaft beantragte Haftbefehle wegen Wiederholungsgefahr. Ich gab den Anträgen statt und schickte Peter, den Älteren, in Untersuchungshaft und den jüngeren Jürgen in ein Haftvermeidungsheim. Peter verschonte ich dann nach drei Wochen von der weiteren Haft und ließ ihn unter strengsten Auflagen raus. Er durfte abends nicht mehr auf die Straße, keinen Alkohol trinken und musste regelmäßig zur Schule gehen, was ich auch kontrollierte. Jürgen verblieb bis zum Ende des Verfahrens, das sich noch einige Zeit verzögerte, im Heim. Beide hatten endlich eine staatliche Reaktion erfahren. Sie hielten sich an alle Weisungen und wurden schließlich zu einer Jugendstrafe auf Bewährung verurteilt.

In der Urteilsbegründung schrieb ich, dass die lange fehlende Reaktion des Staates letztlich die Intensivtäterkarrieren der beiden mit verursacht hatte. Dieser Umstand wurde als strafmildernd gewertet. Wären sie früher mit dem Jugendgericht in Kontakt gekommen, hätte ihre kriminelle Karriere viel schneller gestoppt werden können, da bin ich mir sicher. Das gilt übrigens für die meisten Intensivtäter, und es wäre zum Vorteil der Täter *und* auch zum Vorteil der Gesellschaft, wenn wir konsequenter gegen solche Täter vorgehen würden. Beide Jungs entwickelten sich nach diesem Warnschuss gut, ich sah sie nicht wieder.

Der Staat ist meist mitschuldig

Sascha, Stefan, Igor, Wladimir, Mohammed und Khan nannte ich »meine Multi-Kulti-Truppe«. Leider tanzten und rappten sie nicht gemeinsam, sondern hatten sich als Bad Boys in ihrem Kiez etabliert. Sie beschäftigten sich in ihrer Freizeit mit illegalem Graffiti, sonstigen Sachbeschädigungen und prügelten hier und da auch auf andere Menschen ein. Jeder für sich hatte, bevor ich mich erstmals mit ihnen befasste, bereits einiges an Ermittlungsverfahren angesammelt. Bei mir kamen sie wieder einmal nur nach und nach an. Wie immer hatte ich dadurch zu wenig Wissen und zu wenige Vorwürfe. So musste mal wieder gewartet werden, bis die Sachen beim Jugendschöffengericht eingingen und die Jungs dann allesamt nacheinander zu Jugendstrafen auf Bewährung verurteilt werden konnten. Danach blieben sie im Wesentlichen unauffällig; auch hier hatte die Erfahrung des Prozesses Ergebnisse gebracht. Wären die Verfahren schneller ermittelt worden und gebündelt zu mir gekommen, hätte man sicherlich auch hier die Hälfte der von den Jungen in der Zwischenzeit begangenen Straftaten frühzeitig verhindern können.

Ich könnte noch etliche weitere Fälle auflisten, wo der Staat nicht aufgepasst hat und letztendlich durch Langsamkeit und nicht vorhandene Vernetzung der Institutionen Mitschuld an der Entstehung von Intensivtäterkarrieren gehabt hat. Am schlimmsten sind allerdings die Fälle, die mit Gewalttaten einhergehen, wie bei Hendrik.

Hendrik fällt in die Kategorie der S-Bahn-Täter. Gemeinsam mit Freunden konnte er eine Spur der Gewalt und Zerstörung durch Berlin und das angrenzende Gebiet ziehen, weil jede dieser Taten mit einem gewissen zeitlichen Abstand erfolgte. Auch hier erreichten mich die Anklagen immer nur stückchenweise und reichten in den Einzelfällen nicht für eine härtere Verurteilung aus. Hendrik wurde mal ermahnt, erhielt mal Auflagen, die er meist nur zögerlich erfüllte, und wurde zuletzt zu Arrest, der letzten Vorstufe zu einer »echten« Jugendstrafe, verurteilt. Nichts davon fruchtete. Schlimmer noch: Noch kurz bevor der Arrest gegen ihn verhängt wurde, hatte Hendrik weitere, teils heftige Straftaten begangen, wovon das Gericht aber nichts wusste. Hätte das Gericht es gewusst, wäre es bereits früher zu einer härteren Strafe gekommen. Auch nach seiner letzten Verurteilung beging Hendrik weiterhin Straftaten.

Erst nach über einem Jahr mit einem solchen Hin und Her war das Jugendgericht Bernau dann in der Lage, Hendrik für knapp zwei Jahre ins Gefängnis zu schicken. Dieses Mal allerdings ohne Bewährung, weil er einige Wochen vor der Verhandlung auf einen Polizisten eingeschlagen hatte. Auch davon hatte das Gericht bis zur Verhandlung selbst keine Kenntnis gehabt. Erst die Aussage eines Zeugen von der Polizei, der diesen weiteren Vorfall nebenbei erwähnte und sich wohl auch gefragt hatte, warum Hendrik noch frei herumlief, änderte das. Erst durch diese Aussage war es möglich, einen Haftbefehl wegen Wiederholungsgefahr zu erlassen. Vorher waren dem Gericht die Hände gebunden gewesen, weil man sich bei den Ermittlungen nicht genügend auf die Person Hendriks und seine drohende Entwicklung zum Intensivtäter konzentriert hatte. Seinem letzten Opfer wird diese Erklärung freilich wenig Trost spenden.

Mangelnde Aufmerksamkeit für das Thema Intensivtäter

Ich habe als Jugendrichter in Bernau einen Vorteil. Ich kann nämlich rüber schauen ins nahe Berlin, wo es nach meiner Kenntnis Deutschlands einzige Intensivtäterabteilung bei der Staatsanwaltschaft gibt. Es ist eigentlich kaum zu glauben: In keiner deutschen Großstadt außer Berlin scheint man sich im Rahmen der staatsanwaltschaftlichen Tätigkeit bisher Gedanken darüber gemacht zu haben, dass sich die Struktur der Straftäter in Deutschland wesentlich verändert hat. Auch in Berlin war dies lange Zeit nicht der Fall, wie sich der Oberstaatsanwalt Roman Reusch erinnert, wenn er an die Diskussion um die Einführung einer Intensivtäterabteilung denkt: »Eine Bereitschaft zur Schaffung von neuen Sonderzuständigkeiten bestand jedoch seitens der Staatsanwaltschaft schon wegen des ohnehin akuten Personalmangels nicht.«[1] Und das ist heute leider auf vielen Ebenen immer noch so. Ver-

---

[1] Reusch, Roman: Intensivtäterbekämpfung in Berlin – Konzept und bisherige Erfahrungen bei der Staatsanwaltschaft. In: der kriminalist, 5/2006.

änderung ist auch immer mit Einarbeitungszeit verbunden, und das schreckt viele ab.

Erst die öffentliche Aufmerksamkeit für zwei besonders harte Fälle im Jahr 2003 brachte die Berliner dann doch zum Umdenken. Oberstaatsanwalt Reusch begründete mit viel Engagement die erste Intensivtäterabteilung Deutschlands. Man bündelte Verfahren, arbeitete gut mit der Polizei zusammen und versuchte die Intensivtäter durch Erlangung von Haftbefehlen in den Griff zu bekommen. Diese erließen die Richter auch angesichts der Informationen, die sie nun bekamen.

Diese Spezialabteilung gibt es noch immer, und ich hoffe, es wird auch so bleiben. Mittlerweile sind zwei Drittel aller in Berlin registrierten Intensivtäter in Haft oder haben ihre Haft bereits hinter sich. Ein Intensivtäter, der frühzeitig eingesperrt wird, kann während seiner Inhaftierung zumindest keine Straftaten mehr begehen, womit sich im Übrigen auch der statistische Rückgang der Jugendkriminalität in Berlin erklären lassen würde. Das hat durchaus etwas mit schnellem und bisweilen auch hartem Vorgehen zu tun. Gezielte Härte kann, wie zu beweisen war, eben doch helfen. Zwar nicht unbedingt immer dem Täter, allerdings sehr wohl der Gesellschaft.

Anmerken muss ich an dieser Stelle noch, dass Oberstaatsanwalt Reusch, der die Intensivtäterabteilung aufbaute und sich damit große Verdienste erworben hat, diesen Posten im Jahr 2008 verlor. Direkter Anlass dafür mögen umstrittene Interviews gewesen sein, in denen er sich über jugendliche Intensivtäter äußerte, aber ich denke, dass ein wesentlicher Grund für seine Versetzung gewesen sein dürfte, dass Reusch das Thema Intensivtäter nach Ansicht der damaligen Justizsenatorin insgesamt zu stark in die Öffentlichkeit getragen hatte. Ich finde es gut, dass er es gemacht hat.

Die guten Erfahrungen, die in Berlin gemacht wurden, scheinen leider nicht bundesweit abgefärbt zu haben, was vor allem deshalb schade ist, weil die Staatsanwaltschaft gewissermaßen eine Scharnierfunktion zwischen der Polizei und den Gerichten hat. So manches bleibt auf dem Weg zum Gericht hängen, weil dieses Scharnier nicht optimal justiert ist.

Nach wie vor haben viele Bundesländer bei der Staatsanwaltschaft noch nicht einmal das Wohnortsprinzip im Jugendstrafrecht eingeführt. Bei einer fehlenden Intensivtäterabteilung könnte zumindest dieses Prinzip zu Teilerfolgen führen. In Brandenburg schaffte es der Generalstaatsanwalt Rautenberg bereits 1999 federführend, dass in aller Regel immer der gleiche Jugendstaatsanwalt für einen bestimmten Bezirk und die gleichen Jugendlichen zuständig ist. Dies ist bei den Gerichten gesetzlich geregelt, indem für Jugendliche und Heranwachsende immer derselbe Jugendrichter des für den Wohnort des Angeklagten verantwortlichen Gerichts zuständig ist. Das ist gut und auch richtig, da der Jugendrichter so besser agieren kann und auch mitbekommt oder mitbekommen sollte, wo in seinem Kiez Probleme entstehen, wer mit wem unterwegs ist und bei wem schnell gehandelt werden muss. Bei der Staatsanwaltschaft dagegen ist dies in der Regel nicht vorgesehen und kann nur durch die interne Organisation herbeigeführt werden. Während die Länder Brandenburg, Bayern, Baden-Württemberg, Bremen und NRW das Ortsprinzip eingeführt haben, wird es – wohl wegen des organisatorischen Aufwands – bei vielen Staatsanwaltschaften, übrigens auch in den Intensivtäterschwerpunkten Berlin und Hamburg, nicht durchgesetzt. Und das, obwohl damit der einzelne Straftäter mit allen ihm gemachten Vorwürfen schneller und effektiver vor Gericht gebracht werden könnte und somit letztlich auch die Jugendkriminalität reduziert würde. Meiner Ansicht nach müsste man die restlichen Staatsanwaltschaften, wenn nicht doch irgendwann der Verstand die Oberhand gewinnt, gegebenenfalls gesetzlich zwingen, eine solche Umstrukturierung vorzunehmen.

Bei der Polizei selbst sieht es nur leicht anders aus. Eine Anfrage ergab, dass immerhin in Hamburg zentrale Ermittlungskommissariate ausschließlich für Intensivtäter zuständig sind und man in Baden-Württemberg bereits 1999 ein sogenanntes »Initiativprogramm Jugendliche Intensivtäter« (JUGIT) aufgelegt hat, um sich des Phänomens anzunehmen.

Macht man sich klar, dass mittlerweile kaum noch jemand bestreitet, dass eine Vielzahl von Taten – meine Recherchen ergaben einen Wert von etwa fünfzig Prozent – von einer relativ kleinen Gruppe von Tätern begangen wird, ist es vollkommen unverständlich, warum dieser Umstand nicht längst auf breiter Basis für Diskussionsergebnisse und deren Umsetzung sowohl bei der Polizei als auch bei der Staatsanwaltschaft in ganz Deutschland gesorgt hat. Stattdessen kommen die Anklagen für jugendliche Wiederholungstäter immer noch nur kleckerweise bei den Jugendgerichten an, so dass diese oftmals nicht die Möglichkeit haben, Zusammenhänge zu erkennen und bei den Prozessen zu berücksichtigen.

Der Fall Hendrik zeigt die Intensivtäterproblematik gut auf. Man hätte ihn sowohl bei der Polizei als auch bei der Staatsanwaltschaft längst als Wiederholungstäter auf dem Schirm haben und entsprechend reagieren müssen. Auf diese Weise wären Opfer zu verhindern gewesen und Hendrik selbst hätte frühzeitig die Gelegenheit gehabt, im Gefängnis an sich zu arbeiten.

Die Fälle mit Intensivtätern ähneln sich letztlich oft. Immer wieder muss festgestellt werden, dass diese ständig durchs Netz schlüpfen können, weil es nicht eng genug geknüpft ist.

Immer wieder andere Bearbeiter haben bei Polizei und Staatsanwaltschaft mit immer wieder den gleichen Tätern zu tun, und bis mal jemand merkt, dass da einer für ganz viele Dinge verantwortlich ist, vergeht viel zu viel Zeit. Hier herrscht bundesweit immer noch dringender Veränderungsbedarf.

Richter der Kiffer?

Wieso die Legalisierung von Cannabis kein Drama, sondern eine Wohltat für diesen Staat wäre

Drogen haben mein Leben wesentlich geprägt. Von Kindheit an bekam ich den Alkoholkonsum meines Vaters aus der Nähe mit, zeitgleich rutschte mein Bruder über die Jahre immer tiefer in die Drogenszene ab, bis schließlich ein »echter Krimineller« und dann ein Junkie aus ihm gemacht worden war.

In Wahrheit war mein Bruder natürlich kein Krimineller, er fiel lediglich, wie Millionen andere Menschen bis heute auch, einer Drogenpolitik ohne Sinn und Verstand, oder besser gesagt ohne tiefere Kenntnis der Materie, zum Opfer. Kriminelle – das habe ich in einem langen Richterleben gelernt – sind Menschen, die andere Menschen ohne Grund zusammenschlagen und dabei oftmals sogar deren Tod in Kauf nehmen. Kriminell sind die Säufer, die ihre Ehefrauen und Kinder schlagen. Kriminell sind Räuber, Vergewaltiger und Bürger, die Millionen von Steuern hinterziehen. Nicht jedoch jene Menschen, die eine im Verhältnis zu Alkohol viel weichere Droge nachfragen. Ich kenne weltweit keinen einzigen Fall, in dem ein Mensch als direkte Folge von Cannabis-Konsum gestorben ist. Ich habe als Richter auch keinen Fall gehabt, bei dem es infolge des Genusses von Cannabis zu Schlägereien gekommen wäre.

Auch mein Bruder hatte seinen Drogenkonsum mit Cannabis begonnen. Damals wie heute ist Cannabis diejenige Droge, an der sich die Geister scheiden. Als mein Bruder mit dem Konsum begann, war in Deutschland gerade eine Art »Zero-Tolerance-Strategie« gegenüber dieser »Einstiegsdroge«

angesagt. Ziel war eine totale Kriminalisierung aller Beteiligten, ob nun Händler, Konsument oder Pflanzenzüchter. Das war auch das Pech meines Bruders. Cannabis war der Grund, warum er von der Schule flog und im Heim untergebracht wurde, und es war auch der Grund für seine langjährigen Knast-Erfahrungen, die ihn letztlich kaputt gemacht haben. Ich fand das damals ungerecht, und ich finde es noch heute ungerecht.

Damals waren die Knäste überfüllt von Menschen, die Straftaten im Zusammenhang mit Cannabiskriminalität begangen hatten. Menschen, die nicht, wie in der Generation meines Vaters üblich, soffen, sondern lieber kiffen wollten. Dennoch konnte eine Ausbreitung der Droge nicht verhindert werden. Dafür müsste die Gesellschaft sich schämen. Ich bin der festen Überzeugung, dass ein liberalerer Umgang mit dem Thema nicht nur meiner Familie nach dem Tod meines Vaters den zweiten schweren Schlag erspart hätte. Mein Bruder hätte es auch geschafft, nicht abzurutschen, wenn er, statt als Schwerkrimineller behandelt zu werden, vernünftige Angebote in Beratung und Therapie bekommen hätte und wenn Cannabis bereits frühzeitig entkriminalisiert worden wäre.

Bis heute ist der Umgang mit dem Thema Cannabis fester Bestandteil der konservativen Sozialromantik. CDU-Politiker forderten schon mal gerne meinen Kopf, weil ich ihren Vorstellungen einer harten Vorgehensweise der Justiz gegen Cannabis-Konsumenten so gar nicht entsprechen wollte, sogar generell die Legalisierung von Cannabis forderte und noch heute fordere. Doch dazu später mehr.

Die konservative Sozialromantik stilisiert Cannabis zur Einstiegsdroge, die bei fehlender Strafbewehrung gewissermaßen automatisch dazu führe, dass im weiteren Verlauf auf harte Drogen wie Heroin umgestiegen wird. Diese Argumentation ist mir, vorrangig von Unionspolitikern, aber auch von vermeintlich aufgeklärten Sozialdemokraten und sogar von Bundesdrogenbeauftragten wieder und wieder erklärt worden. Sie wird davon, dass sie gebetsmühlenartig wiederholt wird, allerdings nicht richtiger. Sie ist nicht richtig. Sie ist schlicht und ergreifend falsch.

Das Thema Cannabis hat im deutschen Recht zwei Hauptaspekte. Der eine ist die generelle Frage nach der Legalität der Droge, der zweite ist der Punkt der zulässigen, nicht juristisch verfolgten Mengen. Die für Millionen von Konsumenten wichtige Frage, wann sie wegen des Besitzes von Cannabis vor den Richter gezerrt werden, ist bundesweit immer noch uneinheitlich geregelt. Weil der Bundesgesetzgeber, also der Bundestag, offensichtlich nicht in der Lage ist, Einheitlichkeit herbeizuführen, bestimmen die Länder, je nach politischer Farbe und Verstand, eigene Richtlinien eben auf Bundesländerebene. Dies ärgerte mich früher, und es ärgert mich leider Gottes auch noch heute.

Ich hatte in Bernau um 2000 herum nicht so viele Cannabis-Fälle, der Schwerpunkt jener Zeit lag eindeutig auf »meinen« Rechtsradikalen. Was an Hasch-Geschichten kam, konnte ich in der Regel einstellen.

Allerdings gab es da einen Zusammenhang zwischen beiden Sphären. Die Kiffer nämlich waren neben Ausländern und Obdachlosen zum dritten großen Feindbild der Neonazis aufgestiegen und wurden von diesen regelmäßig zusammengeschlagen. Cannabis galt damals unter den Rechten im Gegensatz zu Alkohol als No-Go. Anders gesagt: Der gute Deutsche säuft, der schlechte Deutsche kifft. Wobei man dazu sagen muss: Immerhin wird dieser Gedanke ja durch das Gesetz unterstützt.

Als ich Anfang 2002 einen Fall auf den Tisch bekam, bei dem ein Brandenburger mit 3,4 Gramm Haschisch erwischt worden war, ging mir innerlich wie bei den meisten dieser Verfahren von Beginn an die Hutschnur hoch. Die Landesrichtlinien sprachen von »drei Verbrauchseinheiten«, wobei mir niemand jemals zweifelsfrei erklären konnte, was das in Gramm umgerechnet bedeuten sollte. Man ging jedoch wohl der Einfachheit halber von drei Gramm aus. Demzufolge sollte der Angeklagte nach dem Willen der Staatsanwaltschaft zu 30 Tagessätzen verurteilt werden. Ich jedoch strebte eine Einstellung des Verfahrens an, so wie es in den meisten anderen Bundesländern bei dieser geringen Menge ohnehin gelaufen wäre. Der Staatsanwalt jedoch spielte nicht mit. Das Angebot der Staatsanwaltschaft, das Verfahren gegen eine Zahlung von 500 Euro einzustellen, lehnte der Angeklagte ab.

Damit war für mich der Zeitpunkt einer grundsätzlichen Klärung der Angelegenheit gekommen. Ich hatte mich vorher bereits intensiv mit der Thematik auseinandergesetzt, unter anderem mit einer großen Studie, die zu dem Ergebnis kam, dass die geltenden Regelungen die Faktenlage hinsichtlich der Gefährlichkeit von Cannabis nicht mehr abbildeten.[2] Seltsamerweise, so stellte ich fest, war diese Studie nie in einer der offiziellen juristischen Schriftenreihen des Bundesministeriums für Gesundheit erschienen, obwohl sie von diesem in Auftrag gegeben worden war.

Ich setzte also die Verhandlung neu an, stellte vorher eine Anfrage ans Gesundheitsministerium hinsichtlich der aktuellen Beurteilung der Cannabis-Thematik und lud Sachverstän-

---

[2] Vgl. Kleiber, Dieter / Kovor, Karl-Artur: Auswirkungen des Cannabiskonsums. Eine Expertise zu pharmakologischen und psychosozialen Konsequenzen. Stuttgart 1998.

dige. Nicht irgendwelche Sachverständigen allerdings, sondern die Crème de la Crème: Professor Kleiber von der FU Berlin, einer der Autoren der erwähnten Studie, Dr. Cohen von der Universität Amsterdam, Suchtexperte der niederländischen Regierung, und Professor Uchternhagen vom Institut für Suchtforschung in Zürich. Alle drei waren zu jener Zeit ausgewiesene Cannabis-Experten, wissenschaftlich über jeden Zweifel erhaben. Darüber hinaus waren sie Väter und hatten sich beruflich genau wie ich dem Kinder- und Jugendschutz verschrieben.

Ich spielte also »kleines Bundesverfassungsgericht« und nahm die gängige Praxis ins Visier. Zeitgleich zur Verhandlung und den Vorträgen der Sachverständigen sprach ich mit Richter Neskovic aus Lübeck, der bereits 1994 dem Bundesverfassungsgericht eine Cannabis-Entscheidung vorgelegt hatte, mit dem Ziel, eine Legalisierung der Droge zu erreichen. Neskovic war damals mit seinem Versuch zwar gescheitert, das BVG hatte aber in der Folge eine Grundsatzentscheidung getroffen, die fortan maßgebend sein sollte. Diese beinhaltete unter anderem die Aufforderung an den Gesetzgeber, die Grenzsätze bundesweit anzugleichen, damit nicht in einem Bundesland verfolgt würde, was im Nachbarland straffrei war. Diese Angleichung jedoch fand de facto niemals statt, noch heute stehen wir vor der Problematik der unterschiedlichen Grenzen.

Die Ergebnisse der Sachverständigen-Befragung waren eindrucksvoll. Ich sah die Grundlage für Entscheidungen, die auf einer Annahme der Gefährlichkeit von Cannabis als Einstiegsdroge beruhten, als nicht mehr gegeben an und begann umgehend, eine Vorlage an das Bundesverfassungsgericht zu erarbeiten. Man sollte an dieser Stelle vielleicht dazu sagen, dass ein Richter so eine Entscheidung nicht einfach so trifft, wenn er Lust dazu hat. Jeder deutsche Richter ist verpflichtet, dem BVG Gesetze, die er in Zweifel zieht, zur Prüfung vorzulegen. Dass dies häufig nicht gemacht wird, weil es mit unglaublich viel Arbeit verbunden ist, die einem niemand vergütet, weiß jeder. Hin und wieder kommen Richter dieser Verpflichtung jedoch nach, und in diesem Fall war es mir eine echte Herzensangelegenheit, hier endlich eine sinnvolle und faire Gesetzgebung zu erreichen. Also lautete meine Entscheidung: »Das Verfahren wird ausgesetzt und gemäß Artikel 100, Abs. 1 GG dem Bundesverfassungsgericht zur Entscheidung vorgelegt.«

Ich scheute also den Aufwand nicht und arbeitete rund um die Uhr an der Vorlage, die schließlich 76 Seiten umfasste und detailliert darlegte, weswegen die Ungleichbehandlung auf Länderebene ungerecht und mit der vormaligen Aufforderung des BVG nicht in Einklang zu bringen war.

So sicher ich meiner Sache an sich auch war, so unsicher war ich ob der zu erwartenden Reaktionen. Eine gewisse Angst vor heftigen Angriffen, vor allem von Seiten konservativer Sozialromantiker oder bestimmter Medien, konnte ich nicht leugnen. Doch außer einer überraschend ausgewogenen Berichterstattung passierte nichts. Na ja, fast nichts. Einer reagierte sehr wohl, nämlich ein höherer Verwaltungschef eines Gerichts. Dieser warf mir anonym in einer Berliner Zeitung Verschwendung von Steuergeldern vor. Das sei mal wieder typisch für den Querkopf Müller, der immer wieder sein eigenes Ding machen müsse. Ich hätte ihm gerne vorgerechnet, wie viele Verfahren alleine an seinem Gericht jährlich eingespart werden könnten, wenn wir nicht jeden kleinen Kiffer strafrechtlich verfolgen müssten. Das fragliche Verfahren hatte den Staat, so schätze ich heute, um die 3000 Euro gekostet, so viel, wie für manche Verfahren gegen kleine Haschischhändler, die der deutschen Sprache nicht mächtig sind, oftmals allein an Übersetzungskosten entstehen.

Fast genauso absurd wie die Rechenkünste dieses Verwaltungschefs war der hektische Versuch des Landes Brandenburg, die Übersendung der Vorlage nach Karlsruhe zu verhindern. Innerhalb kürzester Zeit änderte man plötzlich die Grenze für die Straffreiheit von den ominösen drei Verbrauchseinheiten auf sechs Gramm. In der Folge bot die Staatsanwaltschaft nun die Einstellung des Verfahrens an. Doch man hatte die Rechnung ohne den Angeklagten gemacht, der dieser Einstellung ebenfalls zustimmen musste. Seine Verteidigerin wies das Ansinnen zurück, immerhin war keine wirklich schlimme Strafe zu befürchten, und ihr Mandant stand, zu Recht wie ich fand, auf dem Standpunkt, sich nicht strafbar gemacht zu haben. Ich schlug morgens die Zeitung auf und las zu meiner Befriedigung in der *Bild*-Zeitung die Schlagzeile: »Punktsieg für Richter Müller«. Allerdings wusste ich auch, dass ich nun wochenlange intensive Arbeit an der Vorlage vor mir hatte. Nebenbei bemerkt brachte allein die Erhöhung der Grenze auf sechs Gramm für das Land Brandenburg wohl eine Kostenersparnis von Millionen über die Jahre gerechnet, selbst wenn dadurch nur ein einziger Richter eingespart worden ist. Einsparungen bei Staatsanwaltschaft und sonstigem Personal sind dabei noch gar nicht mitgerechnet.

In dieser Zeit stieg ich plötzlich zum Experten für Cannabis-Konsum auf. Eltern fragten mich, was sie machen sollten, weil sie mitbekommen hatten, dass ihre Kinder einen Joint geraucht hatten. Ich fragte dann: »Geht dein Kind in die Schule?« Antwort: »Ja, klar.« »Wie sind die Noten?« »Die Noten sind gut.« »Und worüber machst du dir Sorgen?« So in etwa liefen viele Gespräche ab. Ich erzähle das hier, um klar zu machen, was ebenfalls ein guter Grund für die notwendige Legalisierung von Cannabis war und ist: Durch die Tabuisierung und Kriminalisierung wird die Kommunikation zwischen Eltern und Kindern über dieses Thema getötet. Auch der Jugendrichter, der ja gleichfalls erziehen soll und insbesondere schauen müsste, ob problematischer Konsum vorliegt, erhält nicht die notwendigen Informationen. Übermäßiger Alkoholkonsum wird meist mit einem Augenzwinkern und dem Verweis auf eigene Saufgelage in der Jugend hingenommen, aber über ein oder zwei Joints darf nicht gesprochen werden? Das kann nicht sein.

Ich räumte in meiner Vorlage mit allen Mythen zum Thema auf. So etwa mit der Behauptung, Cannabis sei Einstiegsdroge für härtere Sachen, vor allem für Heroin. Diesen Zusammenhang hatte das BVG bereits 1994 nicht mehr gesehen und festgestellt, dass nach allen wissenschaftlichen Erkenntnissen erwiesen sei, dass Cannabis eben keine Einstiegsdroge sei. Auch ich hatte das bei meinen intensiven Recherchen herausgefunden, jede Expertenmeinung, jede Statistik sprach dagegen. Etwa 30 Prozent der Jugendlichen, die irgendwann mal gekifft hatten, standen verschwindend wenige Heroin-Konsumenten gegenüber, Tendenz durch gute Präventionsarbeit sinkend. Soweit also Politiker immer noch von der Einstiegsdroge fabulieren, argumentieren sie entweder populistisch, oder sie kennen sich mit dem Thema einfach nicht wirklich aus.

In meine Vorlage nahm ich auch kaum beachtete Themen auf, über die es sich aber lohnte, nachzudenken. So war ein Freund von mir an Aids erkrankt und dem Tod geweiht. Er erzählte mir, dass Cannabis bei ihm das dringend benötigte Hungergefühl auslöse, durch das er es schaffe, die für ihn notwendigen Portionen zu essen. Dieser Mann musste Cannabis illegal besorgen und lief noch Gefahr, vor Gericht zu landen. Gleiches galt und gilt für Schmerzpatienten, Krebspatienten, Menschen mit Parkinson und Multipler Sklerose, für Rheumatiker und sogar für Depressionspatienten. Die medizinischen Wirkungen von Cannabis sind erwiesen, trotzdem sind bis heute vor dem Gesetz alle, die es sich beschaffen, einfach nur kleinkriminelle Kiffer. Aus meiner Sicht ist das ein Skandal.

Die Möglichkeiten für kranke Menschen, gemeint sind hier keine Jugendlichen, sondern Erwachsene, zu medizinischen Zwecken Cannabis zu erhalten, sind in Deutschland absurd gering. Nach Angaben der »Arbeitsgemeinschaft Cannabis als Medizin« (ACM) können schwerstkranke Patienten zwar seit zwölf Jahren den Hauptwirkstoff der Cannabispflanze, Tetrahydrocannabinol (THC), erhalten, allerdings nur in Form von künstlich durch die Chemieindustrie hergestellten Stoffen, etwa Dronabinol und Nabilon. Die Krankenkassen lehnen die Kostenübernahme hierfür in den meisten Fällen ab, was zur Konsequenz hat, dass, wenn überhaupt, nur die Menschen, die es sich leisten können, den Ersatzstoff nutzen können. Ausnahmegenehmigungen, beispielsweise für Cannabiszigaretten oder den Konsum von Cannabisblüten, erteilte die zuständige Bundesopiumstelle bisher nur in lächerlich wenigen, nämlich insgesamt 148 Fällen. Schauen wir uns dagegen andere Länder dieser Welt an: In 18 der 51 Bundesstaaten der USA, in Kanada, Israel und vielen weiteren Staaten gibt es zumindest die Möglichkeit, Cannabis zu medizinischen Zwecken zu nutzen. In Deutschland hingegen steht dies nicht einmal ernsthaft zur Debatte. Zeitgleich werden etwa 700.000 Kinder und Jugendliche durch Ärzte und eine Chemieindustrie, die daran Milliarden verdient, unter den Augen des Staates mit der massenhaft gestellten Diagnose »ADHS« oder

»ADS« frühzeitig mit Drogen versorgt. Die Abgabe von *Ritalin*, *Concerta*, *Medikinet* oder wie sie alle heißen dient eben der psychischen Gesundheit.

Nachdem ich also die Vorlage nach Karlsruhe geschickt hatte, passierte eine ganze Zeit lang überhaupt nichts. Ich wartete und wartete. Als ich 2004 ein neues Verfahren auf den Tisch bekam, bei dem es um die Vermittlung von etwa 450 Gramm Cannabis ging, nutzte ich die Gelegenheit, um eine Sachstandsanfrage an das BVG zu schicken. Ich wollte doch gerne mal wissen, wie denn nun die Lage sei. An der ausbleibenden Reaktion des BVG merkte ich, dass man sich nicht mit der Thematik beschäftigen wollte.

Der Anwalt des Angeklagten mit den 450 Gramm beantragte vor dem Jugendschöffengericht, dessen Vorsitz ich hatte, die Anhörung von Gutachtern. Das Jugendschöffengericht ist, nach dem Jugendgericht, das nächst höherrangige Gericht und der Anwalt des Angeklagten beabsichtigte, eine weitere Vorlage durch eben dieses höherrangige Gericht beim BVG zu erreichen. Bei der zur Debatte stehenden Menge eine kluge Entscheidung, denn hier drohte durchaus eine Haftstrafe. Dem Antrag wurde entsprochen und erneut wurden Sachverständige verschiedener Disziplinen gehört, allerdings andere als beim ersten Versuch.

Wieder stieg die Aufmerksamkeit für das Thema, dieses Mal jedoch bekam ich richtig auf den Hut. Der *Spiegel* berichtete, noch während das Verfahren lief, in einer Titelstory zum Thema »Gefährlichkeit von Cannabis«. Meine Vorlage wurde mit keinem Wort erwähnt, Statistiken, die auswiesen, dass ein Großteil der Bevölkerung für die Legalisierung war und die meisten Strafrechtsprofessoren die Kriminalisierung für verfassungswidrig hielten, wurden kaum erwähnt. Es war zu spüren, dass nun die Lobby der Cannabis-Kriminali-

sierer auf den Plan trat und zum großen Gegenschlag aus-
holte.

Volle Breitseite der konservativen Sozialromantiker also.
All die falschen alten Behauptungen wurden nun wieder und
wieder hervorgezerrt: Dass die Kriminalisierung die Verbrei-
tung der Droge an sich einschränken würde. Dass man mit
der Kriminalisierung die Menschen schützen würde. Dass es
sich um eine Einstiegsdroge handeln würde. Auch hatte man
endlich noch ein weiteres Argument gefunden, behauptet
wurde nämlich, der Wirkstoffgehalt von Cannabis habe sich
»dramatisch« erhöht. Darüber hinaus seien viele Menschen
süchtig.

Die Wahrheit ist: Ein offener und ehrlicher Umgang mit
der Droge schützt die Menschen vor Missbrauch und Sucht.
Natürlich kann tatsächlich eine Sucht entstehen, im Verhältnis
zu Alkohol ist die Gefahr jedoch wesentlich geringer. Was das
Argument der Wirkstoffgehalte angeht, kann ich nur sagen,
dass es bereits in den Siebzigerjahren geringe und hohe Wirkstoffgehalte gab. Es gab leichtes, mittleres und auch schweres
Haschisch. Das war also nichts Neues.

Meine Forderung nach einem ehrlichen Umgang mit
Cannabis-Konsum bezieht sich vorrangig auf die Kommunikation zwischen Eltern und Kindern, aber natürlich auch zwischen Lehrern und Schülern. Nur hier kann aufgeklärt, geholfen und rechtzeitig gewarnt werden. Die Wahrheit ist übrigens
auch: Eine Legalisierung würde den gesamten illegalen Markt
zusammenbrechen lassen und der Beschaffungskriminalität
einen empfindlichen Schlag verpassen. Clans, die diesen
Markt beherrschen, würden einen Großteil ihrer Einkünfte
verlieren. Das Geld, das zusätzlich zu den Ersparnissen durch
die Entkriminalisierung durch Steuereinnahmen in die Kassen
kommen würde, könnte zielgerichtet in eine vernünftige Prä-

ventionsarbeit gesteckt werden. Bezogen nicht nur auf Cannabis, sondern auf alle Drogen, auch Alkohol. Wir müssen unseren Kindern und Jugendlichen beibringen, dass jedes Genussmittel, im Übermaß konsumiert, schädliche Wirkungen hat.

Für mich als Jugendrichter besteht zusätzlich das Problem, dass ich von den Angeklagten selten zu hören bekomme, ob sie ein Problem im Umgang mit Cannabis haben oder nicht. Alkoholmissbrauch gibt jeder zu, »ich weiß, dass ich zu viel saufe« geht leicht über die Lippen. Frage ich nach Cannabis, geht die Klappe runter. Auch das ist eine Folge der Kriminalisierung.

Wie oft habe ich Jugendliche während der Verhandlung in mein Büro gebeten, um mit ihnen frei, ohne Anwesenheit der Eltern und ohne Vertreter der Staatsanwaltschaft, die ja gegebenenfalls ermitteln müsste, zu reden. Einzig und allein um herauszufinden, ob ein problematisches Konsumverhalten vorliegt. Dass es dieses gibt, leugnet schließlich niemand, auch ich nicht.

Nicht nur die Medien schwenkten zu diesem Zeitpunkt auf Konfrontationskurs um, auch aus der Politik kam keinerlei Unterstützung. Hatte ich das aus Reihen der CDU auch gar nicht erwartet, so machte mich das Verhalten der SPD richtig sauer. All die ehemaligen Jusos, die zu ihrer Jugendzeit lautstark für die Legalisierung getrommelt hatten, von denen wohl nicht wenige in ihrer Jugend selbst mal gekifft haben dürften und die heute in den Parlamenten an vorderer Front agieren, hielten jetzt den Mund. Vermutlich aus purem Opportunismus und der Angst, am nächsten Tag mit ungünstigen Schlagzeilen in der Boulevard-Presse aufzutauchen.

Richtig heikel wurde es für mich, als ich noch während des Verfahrens einen Anruf einer Journalistin bekam, die mir mitteilte, zwei hochrangige Brandenburger CDU-Politiker forderten meinen Kopf und ob ich mich dazu äußern wolle. Einer warf mir sinngemäß vor, mich der Rechtsbeugung schuldig gemacht zu haben, ein anderer erklärte unter anderem, ich sei eine Gefahr für unsere Kinder. Natürlich folgte die Forderung nach meiner Amtsenthebung auf dem Fuße. Immerhin bekam ich Unterstützung von allen Richtervereinigungen mit dem eindeutigen Statement, dass man die unabhängige Justiz nicht auf diese Weise beschädigen könne. Mein Dienstherr und auch ich erstatteten Strafanzeige gegen die Herren. Im Februar 2005 endete die Angelegenheit mit einem Vergleich. Die Anzeigen wurden zurückgenommen, die beiden aufrechten Cannabis-Bekämpfer unterschrieben Unterlassungserklärungen und zahlten »freiwillig« je 600 Euro an ein Kinderheim. Das Schönste jedoch war: Sie hatten, so glaube ich, verstanden, dass wir in einem Rechtsstaat leben, in dem Gewaltenteilung herrscht und die Unabhängigkeit der Richter ein hohes Gut ist.

Es kommt noch dicker

Während des laufenden Verfahrens und nachdem die Gutachter bereits gehört worden waren, teilte man mir vorab aus Karlsruhe mit, dass das BVG eine Entscheidung über die erste Vorlage getroffen habe. Ich hatte mich nicht durchsetzen können. Die Vorlage wurde für unzulässig erklärt, da es keine neuen Erkenntnisse gebe. Immerhin umfasste die Begründung für die Ablehnung 16 Seiten, während vergleichbare Vorlagen in der Regel mit sehr viel weniger Seiten bedacht werden. Leider schien es so zu sein, dass man angesichts der kritischen Stimmungslage im Land keine Lust hatte, sich inhaltlich zu positionieren. Nicht einmal die einheitliche Regulierung der Grenzen für den Besitz von Cannabis, die das BVG 1994 selbst angemahnt hatte, wurde noch einmal thematisiert.

Für meinen Prozess bedeutete das, dass ich sofort die Schöffen einberief, um zu beraten. Schließlich entschied das Gericht gegen die eigene Überzeugung, aber eben nach geltender Rechtslage, den Angeklagten schuldig zu sprechen und verurteilte ihn zur geringstmöglichen Strafe. Nach Jugendstrafrecht hieß das: 100 Euro Geldbuße. Das Urteil wurde schließlich rechtskräftig.

Obwohl ich mit meinem Anliegen nicht erfolgreich war, bin ich bis heute überzeugt, dass das Schlimmste an der Cannabis-Kriminalisierung die Kriminalisierung selbst ist. Ich verurteile Menschen, obwohl ich das Gesetz, das ich als Richter anzuwenden habe, als falsch empfinde und es am liebsten auf den Müll werfen würde. Notwendig wären Aufklärung und ein ehrlicher Umgang mit der Droge.

Schaut man auf das Modell Niederlande, wäre für jeden zu sehen, dass dieses Land mit einer jahrzehntelangen Legalisierungsgeschichte weder in der Nordsee untergegangen ist, noch einen bemerkenswerten Anteil an schwer Drogenabhängigen hat. Die Niederländer können, anders als unsere Politiker, eine Kosten-Nutzen-Berechnung aufstellen. Und, das sollten unsere Politiker wie in der Schule immer wieder aufschreiben, damit sie es verstehen: In den Niederlanden wird, durch statistisches Material deutlich untermauert, im Vergleich zur Bundesrepublik Deutschland und zu den meisten europäischen Staaten weniger gekifft. Wer also, wie unsere konservativen Sozialromantiker, meint, er wolle Jugendliche und Kinder schützen, sollte endlich Schluss machen mit der Kriminalisierung. Ziel muss eine dem Kinder- und Jugendschutz wirklich nützende neue Politik sein. Derzeit werden jährlich in Deutschland nach wie vor weit über 100.000 Ermittlungsverfahren wegen Cannabisdelikten geführt. Im Jahr 2011 wurden etwa 55.000 Strafverfahren mit einer Verurteilung durch Gerichte abgeschlossen. Allein die Verfolgung der Konsumenten dürfte den Staat also in den vergangenen Jahrzehnten Milliarden gekostet haben, ohne dass die deutschen Statistiken auch nur in die Nähe der holländischen Zahlen gekommen wären. Darüber hinaus könnte man, analog zu Alkohol und Tabak, Steuern auf Cannabis erheben und somit weitere Milliarden einnehmen. Dieses gesparte bzw. eingenommene Geld könnte wiederum zur Aufklärung und Prävention eingesetzt werden. Wie man eine Aufhebung des strikten Cannabis-Verbots konkret umsetzen könnte, kann im Moment dahingestellt bleiben. Der Verkauf von Cannabis über Apotheken oder staatliche Stellen wäre beispielsweise eine Möglichkeit, wobei Aspekte des Kinder- und Jugendschutzes natürlich ausreichend berücksichtigt werden müssten. Entscheidend wäre aber zunächst einmal, dass man es überhaupt versuchen will.

Heute dümpelt die Diskussion über die Freigabe vor sich hin, auch die Grenzen des straflosen Besitzes haben sich immer noch nicht angeglichen. Noch während der Arbeit an diesem Buch debattierte die Innenministerkonferenz im Mai 2013, obwohl eigentlich gar nicht sie, sondern die Justizministerkonferenz zuständig ist, über eine einheitliche Regelung zum Besitz von Cannabis. Wohl gemerkt: Immerhin fast 20 Jahre nach der Aufforderung durch das BVG und zehn Jahre nach meinen Bemühungen. Die Innenminister fordern nun die Justizminister zum Handeln auf. An dieser Stelle, weil ich es einfach nicht lassen kann, vielleicht ein Tipp an die Innenministerkonferenz: Wenn nun schon endlich einheitliche Richtlinien für alle Bundesländer festgeschrieben werden sollen (was erst mal zu begrüßen wäre), dann wäre es doch sinnvoller, einfach das Betäubungsmittelgesetz auf Bundesebene dahin gehend zu verändern, dass der Besitz von sechs Gramm, wie wohl angedacht, generell nicht strafbar ist. Auch sollte geklärt werden, dass zumindest chronisch kranke Menschen einige Hanfpflanzen zu Hause haben dürfen. Dann nämlich brauchte die Polizei gar nicht erst kleine Konsumenten verfolgen und ermitteln, also für den Papierkorb arbeiten, und auch die Staatsanwälte müssten sich nicht mit der Sache beschäftigen. Die frei werdende Arbeitskraft könnte zur Bekämpfung von Gewaltstraftaten, Intensivtätern und zum Opferschutz eingesetzt werden. Hätte unser Staat die gleichen Anstrengungen im Bereich der Gewaltkriminalität an den Tag gelegt, wie er sie beim untauglichen Versuch, die Pflanze Cannabis zu bekämpfen, zeigt: Wie viele wirkliche Opfer hätte er vermeiden können!

Der Öffentlichkeitsarbeiter

Warum es wichtig ist, auch als Richter den Mund aufzumachen

Über die Arbeit der Justiz und insbesondere über das, was wir Richter so machen, existieren in der Öffentlichkeit zum Teil kuriose Vorstellungen. Das ist allerdings auch kein Wunder, denn auch ich persönlich empfinde selbst nach zwanzigjähriger Richtertätigkeit immer noch oft genug Diskrepanzen zwischen dem, was ich nach Gesetzeslage als Richter entscheide, und dem, was ich als Mensch bei der Betrachtung eines Falles und seiner Beteiligten empfinde.

Der berühmt-berüchtigte »gesunde Menschenverstand« würde viele Urteile anders fällen, als es in der juristischen Praxis der Fall ist. Daraus folgt grundsätzlich erst einmal zweierlei: Es ist gut, dass es eine unabhängige Justiz gibt, die Urteile sachlich und möglichst emotionslos nach Faktenlage fällt und sich dabei nicht von persönlichen Gefühlslagen und Motiven leiten lässt. Es ist aber auch wichtig, dass ein Richter darüber nachdenkt, wie die Sachlage eines Falles nach außen hin wirkt. Welche Emotionen löst ein Verbrechen bei den Menschen aus? Welche Ängste entstehen, und welche Hoffnung setzen die Menschen in die Arbeit des Richters?

Gerade aufgrund meiner bisweilen ungewöhnlichen autobiografischen Erfahrungen weiß ich, wie der »normale« Mensch außerhalb des Gerichtssaals denkt und fühlt, und ich sehe es als meine Aufgabe an, diesen normalen Menschen nicht aus dem Blick zu verlieren.

Zu Beginn meiner Richtertätigkeit habe ich allerdings über die Frage der Öffentlichkeitswirksamkeit meiner Tätigkeit noch nicht nachgedacht. Ich wollte meine Arbeit vernünftig machen, hatte bestimmte Vorstellungen davon, was dieses »vernünftig« für mich bedeutete, eckte allerdings schon damit bisweilen an. Bereits auf meinen Vor-Bernauer Stationen in Frankfurt/Oder und Strausberg machte ich meine ersten Erfahrungen mit der Öffentlichkeit.

Welche Rolle die öffentliche Meinung spielt und unter welchen Druck ein Richter geraten kann, wenn er bei jeder Verhandlung durch diverse Kameras und Journalisten beobachtet wird, führte mir das Dolgenbrodt-Verfahren vor Augen, über das ich zu Beginn ausführlich erzählt habe.

Es war mein erstes wirklich großes Verfahren als Proberichter, ich hatte also noch keinerlei echte Routine und eine gewisse Grundnervosität, weil ich mich fragte, ob ich meine Arbeit auch richtig gut mache. In dieser Situation sah ich mich großer öffentlicher Aufmerksamkeit gegenüber. Sogar Fernsehteams aus dem Ausland waren zugegen, da zu jener Zeit die Diskussion um ausländerfeindliche Tendenzen in Deutschland weltweit hochkochte. Ein paar stramm rechtsradikale Idioten und eine ganze Menge Mitläufer hatten es geschafft, das Land in unangenehmer Weise in den Mittelpunkt der Aufmerksamkeit zu rücken. Und ich war plötzlich irgendwie mittendrin.

Das war im ersten Moment nicht unbedingt angenehm, weil ich mich sehr unter Beobachtung fühlte und jede kleine Entscheidung mit einem enormen Druck verbunden war. Darüber hinaus lernte ich jedoch, dass wir Richter nie wirklich unter Ausschluss der Öffentlichkeit agieren können. Es gibt zwar öffentliche und nicht-öffentliche Verhandlungen, das Wirken des Richters ist jedoch immer von Interesse für die Menschen außerhalb des Gerichtes, und nicht selten gilt das für die Arbeit des Jugendrichters in besonderem Maße. Denn

Jugendliche, die straffällig werden, erscheinen der Gesellschaft als besondere Bedrohung ihrer Zukunft. Wer so früh schon mit dem Gesetz in Konflikt kommt, so die Vermutung, wird als Erwachsener erst recht eine Gefahr darstellen.

Bis zum ersten Signalurteil in Bernau und meiner Kampfansage an die rechte Szene war ich immer nur passives Objekt der Berichterstattung. Es wurde zwar über meine Verfahren geschrieben, nicht jedoch über mein Denken, mein Wirken als Richter und meine Intention, Sachen anders zu machen. Als ich Anfang des Jahrtausends meine Hauptzeit mit vielen Fällen rechtsradikalen Hintergrunds hatte, änderte sich das plötzlich.

Nachdem meine Signalurteile gegen die rechte Szene und mein Springerstiefelverbot bekannt wurden, meldete sich der *Stern*, der über mich berichten wollte. Ich überlegte intensiv, ob ich mich darauf einlassen sollte, und willigte schließlich ein, nachdem ich mir eine Genehmigung beim Präsidenten des Landgerichts geholt hatte.

Ich hatte riesige Angst, möglicherweise falsch dargestellt zu werden. Andererseits war meine Überlegung, dass Richter als Teil der sogenannten »Dritten Gewalt« eben auch Verantwortung für das Sozialwesen aufgetragen bekommen haben. Die Väter des Grundgesetzes haben den Gerichten im Artikel 100 aufgegeben, Gesetze jederzeit zu prüfen und so Sorge dafür zu tragen, dass die Menschenrechte und Errungenschaften des Grundgesetzes immer geschützt werden. Für mich persönlich interpretiere ich das bis heute so, dass ich auf Missstände, die ich im Rahmen meiner Tätigkeit wahrnehme, auch öffentlich aufmerksam zu machen habe.

Zu diesem Zeitpunkt gab es wenige Richter, die sich in die Öffentlichkeit trauten und über ihre Tätigkeit oder die zum Teil gravierenden psychischen Belastungen durch die Unzulänglichkeiten in der Justiz berichten wollten. Ein Grund mehr für mich, zu der Überzeugung zu gelangen, wie wichtig es ist, dass auch Richter ihre tägliche Arbeit und damit verbundene Probleme der Öffentlichkeit nahebringen.

So kam es, wie es kommen musste: Der *Stern* berichtete, doch es blieb nicht dabei. Als Nächstes folgte das Magazin *Kontraste* und schließlich konnte ich mich vor Presseanfragen kaum retten, versuchte aber nach Kräften, alles einigermaßen zu bearbeiten. Ich hatte nun eine öffentlich wahrnehmbare Stimme, was ich als sehr wichtig empfand.

Ab und zu gab es auch spürbare Erfolge, zum Beispiel wenn sich nach einem Interview auch auf höherer Ebene etwas bewegte. Ich denke da etwa an zwei vom Jugendschöffengericht des Amtsgerichts Bernau 2002 verkündete Urteile zurück. Es gab zeitgleich zwei Verfahren wegen sexuellen Missbrauchs von Kindern, in welchen der Sitzungsvertreter der Staatsanwaltschaft Bewährungsstrafen für die Angeklagten gefordert hatte und das Gericht dennoch Freiheitsstrafen ohne Bewährung verhängte. Journalisten bekamen dies mit und stellten der Leitung der Staatsanwaltschaft die Frage, wie es überhaupt hatte passieren können, dass der zuständige Staatsanwalt so niedrige Strafen gefordert hatte. Der als Sitzungsvertreter entsandte Staatsanwalt wurde schließlich von seinen eigenen Leuten, vollkommen zu Unrecht, angegriffen. Er konnte nichts für seine Antragstellung, da er entsendet worden war, obwohl er sich auf dem Gebiet des sexuellen Missbrauchs überhaupt nicht auskannte. Es gab zu diesem Zeitpunkt keine Spezialabteilung für Missbrauchsfälle in meinem Bezirk, was dazu führte, dass auch diesem Gebiet nicht die notwendige Aufmerksamkeit seitens des Staates geschenkt wurde. Eine Lokalzeitung bat mich zum Interview, in dem ich unter anderem erklärte, dass für solche extrem schwierigen

Fälle Spezialabteilungen eingerichtet werden müssten, was nur wenige Tage später tatsächlich bereits geschah. Seitdem habe ich es mit spezialisierten Staatsanwälten im Bereich des sexuellen Missbrauchs zu tun. Diese Episode zeigte mir, dass bisweilen auch Richter die Strukturen verändern können.

Gleichwohl musste ich feststellen, dass viele meiner Kollegen den Sinn meiner Pressearbeit nicht sahen. Konsens war im Großen und Ganzen, dass Richter sich nicht öffentlich äußern sollten. Dieser Konsens besteht heute zum Glück nicht mehr in gleichem Maße. Wie oft habe ich hören müssen, ich sei ein reiner Selbstdarsteller und ich solle doch beachten, dass ich Richter sei und kein Politiker. Diese Worte bekam auch Kirsten Heisig zu hören. Zum Glück waren außer ihr auch einige weitere Kollegen frühzeitig soweit, dass sie sehr wohl verstanden, wie wichtig es auch für die Justiz ist, die Öffentlichkeit zu suchen.

Auch die Justiz trägt Verantwortung für die Arbeit an gesellschaftlichen Problematiken. Viele Richter in unserem Land haben durch weit über ihre Pflichten hinausgehende Arbeit und Vorlagen zum Bundesverfassungsgericht dafür Sorge getragen, dass verfassungswidrige Gesetze kassiert wurden. Zusätzlich haben viele von ihnen ebenfalls durch Öffentlichkeitsarbeit auf Missstände in der Justiz und Gesetzgebung hingewiesen. Als Menschen, die an der Front sitzen, sehen sie in aller Regel die Probleme zuerst, lange vor Politikern und Theoretikern. Alle diese Richter haben Lob verdient. Unabhängig davon, ob man ihre Meinung teilt oder nicht.

Ich hatte mir mit der Zeit eine Art »Enfant-terrible«-Position in der brandenburgischen Justiz verdient. Pressearbeit war für mich ein wichtiger Bestandteil meines Berufs, um insbesondere auf Opferschutz und notwendige Veränderungen im Jugendrecht hinzuweisen. Gleichwohl wurde die Präsenz in den Medien auch zu einer zeitlichen und bisweilen psychischen Belastung. Richter haben ein Zurückhaltungsgebot und dementsprechend musste ich ganz genau abwägen, was ich sagen durfte und was nicht. Ich machte mir durch die Öffentlichkeitsarbeit nicht nur Freunde. Auch heute noch bin ich mir sicher, dass viele Leute, auch oder gerade in der Justiz, darauf warten, dass ich Fehler mache. Gleichwohl äußerte ich mich lange Zeit mit unveränderter Intensität und war im Grunde genommen froh, als Kirsten Heisig mich durch ihre Pressearbeit entlastete.

Nach ihrem Tod wurde ich wieder mehr angefragt, so dass ich mir eines Tages doch schwor, dass ich diese Belastung nicht mehr länger ertragen wollte. Es kam jedoch anders. Nach einem der prominenten S-Bahn-Fälle der letzten Jahre entbrannte in der Presse erneut eine Diskussion um das deutsche Jugendrecht. Obwohl ich von vielen Medienvertretern angerufen und um eine Stellungnahme gebeten wurde, erklärte ich allen, dass ich nicht mehr zur Verfügung stünde. Abends war ich richtig stolz und ich hielt diese neue Linie so lange durch, bis mich schließlich eine Journalistin anrief und mich an meinem empfindlichen Punkt traf. Wenn ich mich nicht äußern könne, sagte sie, sei das kein Problem, dann werde sie eben Professor Pfeiffer um ein Interview bitten. Schon mehrfach hatte Christian Pfeiffer sich in der Debatte zu Wort gemeldet und an diesem Punkt änderte ich meine Meinung: Ich konnte es einfach nicht hinnehmen, dass die Mehrzahl der Stellungsnahmen von Wissenschaftlern stammte, also von Theoretikern, nicht jedoch von den Richtern, die doch eigentlich viel näher an dem Problem dran waren. So wurde ich also doch wieder aktiv und gab Interview um Interview.

Und warum mache ich es trotz all der Arbeit, der Widerstände und Frustrationen dennoch bis heute? Stelle ich mich den Journalisten für Interviews oder Dokumentationen zur Verfügung und gebe in Talkshows Auskunft, geht es mir dabei nie um mich und eine irgendwie geartete Sucht nach Aufmerksamkeit, wenngleich mir diese Arbeit auch manchmal Freude bereitet. Mein wichtigstes Anliegen ist es jedoch, auf Missstände im Jugendrecht hinzuweisen und Interesse zu erregen für die Folgen von Gewaltkriminalität bei Jugendlichen. Ich versuche, den Blick für die Opfer zu schärfen, um der Konzentration auf die Täter, die die öffentliche Diskussion dank der Vertreter der deutschen Sozialromantik bis heute bestimmt, etwas entgegenzusetzen. Dass ich dabei bisweilen das sogenannte Volksempfinden genau zu treffen scheine, ist keine Polemik, sondern ein Zeichen dafür, wie weltfremd manche Experten agieren.

Auch das einte mich mit Kirsten Heisig: Missstände müssen angesprochen werden, am besten öffentlich, damit nicht in den Hinterzimmern der Macht ausgehandelt werden kann, wie diese Missstände sich am besten kaschieren lassen. Und wenn unbequeme Wahrheiten ausgesprochen werden, wie Kirsten es damals in Bezug auf einige ihrer jugendlichen Straftäter mit Migrationshintergrund tat, sollten diese nicht gleich mit dem Argument abgetan werden, dass sie politisch unkorrekt seien. Jugendgewalt ist, vor allem für die Opfer, zunächst einmal einfach nur eins: Jugendgewalt. Den Menschen mit gebrochenen Knochen und vielleicht lebensgefährlichen Verletzungen interessiert mit vollem Recht zunächst nicht, welchen sozialen, ethnischen oder ideologischen Hintergrund der Täter hat. Er weiß nur, dass es nicht in Ordnung ist, was ihm widerfahren ist, und möchte, dass der Täter eine angemessene Strafe erhält. Oft jedoch muss er sehen, dass nicht nur die Angemessenheit der Strafe ein Problem ist, sondern häufig sogar fraglich ist, ob es überhaupt eine Strafe gibt oder ob der Täter ungestraft davonkommt.

Die Erwartungshaltung der rechten Szene bei den Verfahren, die ich auch hier im Buch beschreibe, war im Grunde immer die gleiche: Es würde vergleichsweise milde Strafen geben, von außen würde kaum jemand mitbekommen, dass überhaupt etwas passiert ist und man könnte in aller Ruhe weitermachen. Oder deutlicher gesagt: in aller Ruhe weiter Ausländer, Kiffer und Obdachlose verprügeln und sich als selbst ernannte deutsche Polizei aufführen.

Diese Erwartungshaltung galt es aus meiner Sicht zu sprengen. Die Öffentlichkeit sollte mitbekommen, was da vor sich ging, und sie sollte auch mitbekommen, dass die Justiz durchaus handlungsfähig war, sowohl im Hinblick auf die Schnelligkeit der Verfahren, als auch bezogen auf die Härte der Urteile. Aus diesem Grund freute ich mich sogar immer, dass genug Presse im Saal war, wenn ein Urteil verkündet wurde. Das galt insbesondere bei den Urteilen, die Signalwirkung haben sollten, also vor allem auch bei den generalpräventiven Entscheidungen. Gerade hier war es wichtig, Außenwirkung zu erzielen, denn nur so konnte die Entscheidung des Gerichts wirklich bis tief in die Szene hinein wirken. Wenn überall zu lesen und zu hören war, dass junge Menschen für eine Sachbeschädigung mit rechtsradikalem Hintergrund durchaus hinter Gittern landen konnte, so meine Überlegung, würden die Kumpels doppelt und dreifach überlegen, was sie sich künftig noch leisten wollten.

Wie wichtig es ist, Opfer und Hinterbliebene auch öffentlich ernst zu nehmen, habe ich in all den Jahren immer wieder neu lernen müssen. Natürlich gibt es Schamgrenzen und selbst bei einem Menschen wie mir, der sich immer gerne der Öffentlichkeit gestellt hat, auch Hemmungen, gewisse Dinge zu tun. Eine Sache, bei der ich extreme Hemmungen verspürt habe, ist der sogenannte »Witwentalk«. So bezeichnet man Presseauftritte, vor allem auch Fernsehsendungen, in denen direkte Hinterbliebene von zu Tode gekommenen Gewaltopfern öffentlich auftreten und über ihr Schicksal und ihre Gefühle sprechen. Ich war mir nie ganz sicher, ob es gut ist, diese Menschen in die Öffentlichkeit zu lassen, hatte jedoch in der jüngeren Vergangenheit zwei Gelegenheiten zu sehen, dass dies in manchen Fällen sehr wohl nicht nur gut, sondern sogar notwendig für das Seelenheil dieser Hinterbliebenen sein kann.

Die Opfer bekommen eine Stimme, was dazu führt, dass viele Menschen doch kapieren, was sie mit einer Schlägerei anrichten können. Insoweit ist die Präsenz der Hinterbliebenen immer auch Präventionsarbeit und hilft, weitere Straftaten und Opfer zu vermeiden. Jeder, der sich nach dem von Schlägern herbeigeführten Tod eines geliebten Menschen der Öffentlichkeit stellt, hat meiner Ansicht nach große Anerkennung verdient.

Beim ersten Fall ging es um eine Mutter, deren Sohn von jungen Schlägern angegriffen und fahrlässig in den Tod getrieben worden war und die unmittelbar danach in einer bekannten deutschen Talkshow auftreten wollte. Die Redaktion, die mich bereits zu einem anderen Thema in die Sendung eingeladen hatte, fragte bei mir an, ob ich mich mit in die Runde setzen wolle, um das Geschehen aus meiner Sicht als Jugendrichter zu kommentieren. Das war im Grunde nichts anderes als das, was ich vorher schon so häufig gemacht hatte, in diesem Fall jedoch war ich fest entschlossen, mich der Anfrage zu verweigern. Ich fand es zunächst falsch, dass diese Frau zugestimmt hatte, ihr Leid vor Millionen TV-Zuschauer zu tragen, und wollte nicht aktiv an diesem »Schauspiel« teilnehmen. Zuletzt ließ ich mich jedoch zumindest überreden, gewissermaßen zufällig im Publikum zu sitzen und von dort aus, wenn es sich anbot, ein Statement abzugeben. So musste ich immerhin nicht offiziell mit in der Talkrunde sitzen.

Was ich dann jedoch im Laufe der Sendung spürte, veränderte meine Wahrnehmung dieser Talks. Für die Mutter war es eine Befreiung und eine Wohltat, ihr Herz ausschütten zu können und einer breiten Öffentlichkeit klarzumachen, wie sehr sie litt, was die Täter nicht nur ihrem Sohn, sondern auch ihr und der ganzen Familie angetan hatten. Ich gab, wie abgesprochen, als Zaungast im Publikum einen Kommentar ab und lernte in dieser Sendung sehr viel. Schließlich fuhr ich tief beeindruckt und mit vielen Gedanken im Kopf nach Hause.

Beim zweiten Fall handelte es sich um die Schwester des Opfers. Der Fall von Jonny K. ist wohl jedem bekannt, der junge Mann starb bei einer handgreiflichen Auseinandersetzung auf dem Berliner Alexanderplatz. Dieser Fall hat auch in den Wochen nach der Tat viele Emotionen hervorgerufen, die auch wieder hochkochten, als der Prozess begann. So verlor sogar ein Schöffe gegenüber einem der Zeugen die Contenance, was dazu führte, dass das Verfahren nochmals von vorne beginnen musste.

Auch Jonny K. hinterließ eine trauernde Familie, und es war vor allem seine Schwester Tina, die in der Folgezeit dafür sorgte, dass die Öffentlichkeit von dieser tiefen Trauer erfuhr. Mit Tina saß ich in einer Talkshow, und wieder spürte ich, wie richtig dieser Auftritt war. Tina hat danach immer wieder öffentlich über die Tat und den Schmerz der Familie geredet, und ich selbst habe meine Vorbehalte gegenüber dieser Form von Öffentlichkeit bei Straftaten verloren. Sie kann dazu beitragen, den Opfern Erleichterung zu verschaffen und – was genauso wichtig ist – weitere Opfer zu verhindern, da durch diese Auftritte überaus deutlich wird, welche Folgen Gewalt haben kann. Dies der Öffentlichkeit immer wieder ins Bewusstsein zu rufen, war auch für mich in all den Jahren Grund genug, die Auseinandersetzung mit den Medien zu suchen. Was für ein Spiel mit dem Feuer richterliche Öffentlichkeitsarbeit auch sein kann, lernte ich hingegen durch meine unorthodoxen Bemühungen beim Thema Cannabis. War ich vorher der »harte Müller« gewesen, der bei den rechten Schlägern keine Nachsicht zeigte und dafür viel gelobt wurde, mutierte ich nun plötzlich zum »Richter der Kiffer«, wie eine Zeitung titelte, und machte mir mächtige Feinde bei den konservativen Sozialromantikern, die glauben, mit einem Verbot von Cannabis die Drogenprobleme des Landes lösen zu können.

Natürlich wollte ich gezielte Aufmerksamkeit und Öffentlichkeit für das Cannabis-Thema. Ich hatte (und habe) schließlich auch aufklärerische Gedanken im Kopf und möchte der Öffentlichkeit, vor allem auch den Eltern, deutlich machen, wie unsinnig die Kriminalisierung dieser leichten Droge ist und dass es, wie bei Alkohol auch, nicht auf Verbote, sondern auf Aufklärung und einen ehrlichen Umgang miteinander ankommt.

Die Stimmung wendete sich gegen mich, mir blies zunehmend ein sehr kalter Wind ins Gesicht und ich lernte die negativen Auswirkungen großer Aufmerksamkeit intensiv kennen. Wieder etwas, das mich mit Kirsten Heisig verbindet. Auch ihr hat man Steine in den Weg gelegt – aber nichts daran ändern können, dass sie, nicht zuletzt durch ihr Buch, nicht müde wurde, in der Öffentlichkeit für eine gute Sache einzutreten. Ihr großer Einsatz verdient noch immer großen Respekt.

Eine Art von Seelenverwandtschaft

Warum ich mich dem Erbe Kirsten Heisigs
verpflichtet fühle

Wenn der Mensch ganz alleine ist, kann er nicht überleben. Deshalb braucht er die Liebe anderer Menschen, er braucht Zuneigung und Nähe, die nicht an Bedingungen geknüpft ist. Daneben braucht er aber auch Verbündete. Sie sind es, die uns immer wieder zeigen, dass unsere Gedanken und Ansichten vielleicht doch nicht so absurd sind, wie uns unsere Gegner glauben machen wollen. Unsere Verbündeten sind es, die uns auch offensiv und bisweilen öffentlich den Rücken stärken, wenn der Gegenwind mal wieder droht, uns umzuwerfen.

Kirsten Heisig war für mich eine solche Verbündete. Und ich war es für sie, ohne verhindern zu können, dass der Gegenwind, der zum Schluss ein veritabler Sturm war, sie umwarf und nicht wieder aufstehen ließ.

Kirsten Heisig und ich kannten uns seit 2001, wir trafen uns auf einer Richtertagung zum Thema »Sexueller Missbrauch, Verwahrlosung und Drogenabhängigkeit«. Während sich am Abend des Anreisetags die meisten Teilnehmer mit einem schnellen Kaffee oder Tee begnügten, holte ich mir ein Bier und beobachtete die Kollegen. Als Kirsten den Raum betrat, fiel sie mir durch ihre enorme Präsenz trotz ihres schmalen Körperbaus sofort auf. Ich erinnere mich, dass sie mich mit meinem Bier dort sitzen sah, lächelte, ebenfalls ein Bier holte und sich zu mir setzte.

Natürlich war das Zufall, aber es war ein Zufall, der mein Leben als Mensch und als Richter bis heute geprägt hat. Das Bier brachte uns ins Gespräch, wir tauschten uns über unsere

Ansichten aus und merkten recht schnell, dass es da so manche Überschneidung im Denken gab. Gerade auch in Bezug auf die Handlungsmöglichkeiten als Richter.

Während der gesamten Tagung waren wir regelmäßig zusammen und verbrachten gemeinsam mit anderen Kollegen auch die freien Stunden. Es entstand eine freundschaftliche und zugleich kollegiale Beziehung. Nach der Rückkehr telefonierten wir regelmäßig, schafften es aber, obwohl wir beide in Berlin wohnten, seltsamerweise nicht, uns noch einmal zu treffen. Wir waren wohl einfach beide bis an die Grenze des Möglichen mit Arbeit belastet und stellten alles andere hinten an.

Kirsten hatte meine ersten harten Urteile gegen Rechtsradikale zur Kenntnis genommen und signalisierte mir, dass sie die dahinterstehende Motivation sehr gut nachvollziehen könne. Sie sollte wenig später auch die Erste sein, die außerhalb meines Wirkungsbereichs in Bernau das von mir initiierte Springerstiefelverbot bei ihren Angeklagten durchsetzte. Zu dieser Zeit war sie noch nicht für Neukölln, sondern für Weißensee, einen ehemaligen Ostberliner Bezirk, der an meinen angrenzte, zuständig. Dort hatte sie zum Teil mit der gleichen Klientel aus dem rechtsradikalen Milieu zu tun wie ich.

Wir verloren uns also nicht aus den Augen, hatten aber auch keinen sehr engen Kontakt. Ich verfolgte natürlich, was die Medien über Kirsten schrieben, nachdem sie die Zuständigkeit für Neukölln erhalten hatte und auch zunehmend in die Öffentlichkeit ging. Ich nahm ihren Einsatz im Kampf gegen Jugendgewalt und Intensivtäter zur Kenntnis und zog auch für meine eigene Arbeit das eine oder andere aus der Beobachtung der Kollegin in diesem nahen und doch auch wieder fernen Berliner Problembezirk. Bisweilen spielte ich sogar mit dem Gedanken, zum Amtsgericht Berlin-Tiergarten zu wechseln, um sie in ihrer Arbeit zu unterstützen. Doch mir war klar, dass es darauf gar keine Chance gab, da die Berliner Justiz schon mit Kirstens Querkopf überfordert war und sich sicher nicht noch einen zweiten freiwillig ins Haus geholt hätte.

Es war ein äußerer Anlass, ähnlich wie beim ersten Treffen auf der Richtertagung, der uns Mitte 2007 wieder zusammenführte. Kirsten war vom Landesverband der DVJJ zu einer Podiumsdiskussion zum Thema Jugendgewalt eingeladen worden und bat mich, da ich ebenfalls als Hardliner galt, um Teilnahme. Sie befürchtete schwer angegangen zu werden und hoffte auf meine Unterstützung.

Ich erinnere mich, dass ich Kirsten bei dieser Diskussion noch keine große Hilfe gewesen bin, zu sehr war ich selbst noch zu jenem Zeitpunkt linken sozialromantischen Positionen verbunden. Auch bei mir bestand eben noch die Illusion, den vielen Intensivtätern mit Migrationshintergrund, mit denen Kirsten vorrangig zu tun hatte, mit soften Mitteln beikommen zu können. Ich selbst hatte kurz zuvor noch in einer jugendrichterlichen Entscheidung die Integrationspolitik unter anderem für das Entstehen bestimmter Jugendbanden verantwortlich gemacht und durchschaute noch nicht so richtig, was für einen schwierigen Kampf Kirsten und ihre Kollegen in Berlin führen mussten. Dementsprechend zurückhaltend trat ich bei der Diskussion auf, bei der Kirsten bereits ordentlich Gegenwind aufgrund ihrer Arbeit in Neukölln und ihrer scheinbar unnachsichtigen Haltung gegenüber den dort »tätigen« Jugendbanden erhielt.

Nach dem Ende der Podiumsdiskussion lud sie mich und weitere Getreue noch zu einem Umtrunk ein. Wir unterhielten uns lange über die Probleme im Jugendrecht und insbesondere über die Möglichkeiten, die unsäglichen Verfahrenslaufzeiten zu reduzieren. Ich schilderte ihr, wie ich ein Jahr zuvor erfolglos versucht hatte, im Rahmen der bereits bestehenden Möglichkeiten des Jugendrechts mit Hilfe der Paragrafen 76 ff JGG eine Beschleunigung hinzubekommen.

Etwa zur gleichen Zeit muss Kirsten bereits intensiv an ihrem Neuköllner Modell gearbeitet haben, denn bereits ab 1. Januar 2008 wurden die ersten Fälle unter ihrer Zuständigkeit nach eben jenem Modell verhandelt. Im Gegensatz zu mir, der die Hoffnung in diesem Bereich fast schon aufgegeben hatte, machte sie unter Einsatz ihrer ganzen Kraft Nägel mit Köpfen und setzte ihr Vorhaben in die Tat um. Sie suchte Verbündete, fand sie auch und machte schließlich das, was im Grunde nicht Aufgabe des Richters ist, sondern die der Politik. Sie ging den Weg von unten nach oben, klopfte bei den Polizeidienststellen an und versuchte, zu erreichen, dass die jugendrichterlichen Verfahren schneller auf unseren Schreibtischen landen. Die Politik unterstützte sie dabei nicht im Geringsten.

Das Neuköllner Modell

Die Aufgabe der Jugendgerichte ist eine erzieherische. Sie sollen mit den Mitteln des Jugendgerichtsgesetzes auf junge Menschen reagieren und das Versagen der bisherigen Erziehung durch Elternhäuser, Kindergärten und Schulen korrigieren. Das bedeutet im Klartext: Nachdem alle anderen Institutionen versagt haben, soll der Jugendrichter es schaffen, erneuten Straftaten eines Jugendlichen oder Heranwachsenden entgegenzuwirken.

»Um dieses Ziel zu erreichen [...], ist das Verfahren vorrangig am Erziehungsgedanken auszurichten.« So hat es der Gesetzgeber 2007 noch einmal deutlich in Paragraf 2 des Jugendgerichtsgesetzes reingeschrieben, vermutlich, damit es auch der Letzte kapiert. Darüber hinaus gilt das Beschleunigungsprinzip.

Nun ist es allerdings keine neue Erkenntnis, dass auch Gesetzestexte oftmals das Papier, auf dem sie geschrieben wurden, nicht wert sind. Vielfach hat man das Gefühl, sie dienen lediglich der Gewissensberuhigung der Politiker, die diese Gesetze beschlossen haben. An der Realität ändert das beschriebene Papier oftmals nichts.

In dieser Realität sieht es nach wie vor im Jugendstrafrecht (und noch viel schlimmer im Erwachsenenstrafrecht) so aus, dass zwischen Tatbegehung und Erstentscheidung eines Gerichts durchschnittlich immer noch neun bis zwölf Monate vergehen können. Ich kann diese Zahlen indes nur schätzen, da es hierzu erstaunlicherweise kein statistisches Material gibt. Meinen Erfahrungen und Recherchen nach dürfte es aber so sein, dass diese Zeiten in den vergangenen Jahren minimal, um ehrlich zu sein geradezu lächerlich wenig, reduziert werden konnten und aktuell wieder ansteigen. Für Letzteres dürften auch Einsparungen bei der Polizei und in der Justiz verantwortlich sein.

Um das Ganze zu verstehen, ein Beispiel: In einer Talkshow Anfang des Jahres 2008 – debattiert wurde mal wieder über die Verschärfung des Jugendstrafrechts – erklärte der damalige Ministerpräsident des Landes Hessen, Roland Koch, dass man an den Verfahrenslaufzeiten arbeite. Ihm wurde vorgehalten, dass sich sein Bundesland mit etwa vier Monaten im bundesweiten Durchschnitt lediglich im mittleren Bereich befände. Geredet wurde in dieser Show viel, doch keiner der anwesenden Experten erklärte das wirkliche Problem. Kirsten und ich regten uns maßlos auf.

Worüber geredet wurde, waren lediglich die Verfahrenslaufzeiten in der ersten richterlichen Instanz, also vor dem Jugend- und Jugendschöffengericht. Was alle Experten unterschlugen und die Journalisten somit auch nicht wussten, war, dass ein Strafverfahren am Tag der Tat beginnt. Es wurde also nicht danach gefragt, wie die Gesamtlaufzeit der Verfahren ist. Ob die Unterschlagung dieser Wahrheit aus Unwissenheit oder aus politischem Willen heraus geschah, kann dahingestellt bleiben, jedenfalls wurde das eigentliche Problem nicht erkannt und wird bis heute nicht genügend berücksichtigt.

»Es passiert ja sowieso nichts!«

Um noch mal deutlich zu machen, wo das Grundproblem liegt: Die Straftat wird erst von der Polizei bearbeitet, die dafür, je nachdem, wie sie gerade personell ausgestattet ist, im Durchschnitt auch heute noch etwa vier Monate braucht. Danach ist die Staatsanwaltschaft an der Reihe, die im Durchschnitt (derzeit ist es etwas weniger) gleichfalls vier Monate benötigt. Erst dann kommt die Sache vor Gericht, und es vergehen wieder einige Monate.

Insgesamt also, so ist es bis heute, kann bis zu einem Jahr oder noch länger ins Land gehen, bis für eine Straftat ein Urteil überhaupt am Horizont aufscheint. Sollte Berufung eingelegt werden, vergeht nochmals durchschnittlich ein halbes Jahr. Das ist die bittere Realität! Bei jungen Menschen, die nur ein oder zwei Mal in Erscheinung treten, ist das nicht so schlimm. Die können warten. Aber für die, die sich langsam, aber sicher zu Schwellentätern oder Intensivtätern entwickeln, sind diese Laufzeiten geradezu eine Aufforderung, weiterzumachen. Wie oft habe ich Täter gehabt, die einfach immer weitergemacht haben, weil die staatlichen Institutionen nicht funktioniert haben, weil sie einfach gemerkt haben, wie schwach dieser Staat ist. Frei nach dem Motto: »Es passiert ja sowieso nichts!«

Leider ist das noch heute so, wenn es mich auch ein wenig beruhigt, dass viele Menschen es mittlerweile begriffen haben dürften: Schnelligkeit im Strafverfahren ist der beste Opferschutz! Und auch für die Täter kann Schnelligkeit Schutz bedeuten, meist vor sich selbst, weil der Staat eingreifen kann, bevor sie durch Schlimmeres ihr Leben ganz ruinieren.

Hier setzte Kirsten Heisigs Vorhaben an. Sie wollte durch ihr Neuköllner Modell Täter davor bewahren, zu Intensivtätern zu werden. Sie wollte Straftaten verhindern und damit letztendlich Opferschutz betreiben. Ein wesentlicher Punkt war für Kirsten, dass die erzieherische Ausrichtung der Jugendgerichte nur dann wirklich umgesetzt werden konnte, wenn eine schnelle Reaktion des Gerichts ermöglicht wurde. Jeder Papa, jede Mama, jeder Opa und jede Oma weiß, dass Erziehung oftmals bedeutet, auf das Fehlverhalten von Kindern und Jugendlichen unverzüglich zu reagieren. Nur der Staat hat es bis heute nicht begriffen, oder er schreibt es eben nur folgenlos auf Papier, das bekanntlich geduldig ist.

Diese Geduld hatte Kirsten nicht mehr. Deswegen wollte sie mit ihrem Modell und ihrem Buch *Das Ende der Geduld* dringend notwendige Veränderungen einleiten.

Wie funktioniert das Neuköllner Modell?

Das Neuköllner Modell ist im Grunde die strukturelle und noch schnellere Umsetzung einer seit Jahrzehnten im Jugendgerichtsgesetz festgeschriebenen Regelung. In den Paragrafen 76 ff JGG steht zusammengefasst, dass die Staatsanwaltschaft schriftlich oder sogar mündlich das vereinfachte Jugendverfahren beantragen kann. Voraussetzung dafür ist, dass keine Jugendstrafe zu verhängen ist, es also nicht ans Eingemachte geht, und nur erzieherische Weisungen, Arbeitsauflagen, Geldauflagen oder Arrest bis zu vier Wochen als Sanktion in Betracht kommen. Das Gericht bestimmt dann umgehend einen Termin zur mündlichen Verhandlung und darf dabei sogar zur weiteren Beschleunigung von bestimmten Verfahrensvorschriften abweichen.

Die Staatsanwaltschaft kann an der Verhandlung teilnehmen, muss es aber nicht. Der Angeklagte, der ordnungsgemäß geladen wurde, aber nicht erscheint, kann polizeilich vorgeführt werden. Nach meinen Recherchen sowie aus eigener Erfahrung wird das normale Antragsverfahren in allen Bundesländern, Bayern und Baden-Württemberg sind führend, durchgeführt. Und auch hier sind Verfahrenslaufzeiten von drei bis sechs Monaten nicht unüblich. De facto allerdings könnte dieses Verfahren, sofern man nur Konsequenz walten lassen würde, nach meiner Schätzung in bis zu 80 Prozent aller Jugendverfahren angewendet werden und insoweit nicht nur Personal bei der Staatsanwaltschaft einsparen, sondern auch zu insgesamt kürzeren Verfahrenslaufzeiten führen. Genutzt wird es aber trotzdem nur in einer verschwindend geringen Anzahl aller jugendrichterlichen Verfahren, nämlich etwa fünf Prozent. Entweder, weil die Zuständigen es scheinbar immer noch nicht begriffen haben oder aber, weil sie leider tatsächlich erst gesetzlich gezwungen werden müssen, entsprechend dem Beschleunigungsgebot im Jugendrecht zu verfahren. Kirsten Heisig wollte es noch schneller haben.

Konkret und einfach zusammengefasst läuft das Neuköllner Modell also wie folgt: Der ermittelnde Polizeibeamte bekommt ein Verfahren gegen einen Jugendlichen auf den Tisch. Der Jugendliche ist geständig oder die Sachlage ist einfach. Der Beamte informiert den zuständigen Staatsanwalt, der seinerseits Antrag auf ein beschleunigtes Verfahren nach dem Neuköllner Modell stellt. Bereits nach einigen Wochen steht der Täter dann vor der unabhängigen Erziehungsinstanz Jugendrichter und versteht, dass er es nun mit der staatlichen Macht zu tun hat, dort registriert ist und bei weiterem strafrechtlichen Verhalten eben auch unter der Aufsicht des Jugendrichters steht. De facto könnte es auch so rasant wie in meinem schnellsten Fall gehen.

Weißes Pulver ist nicht lustig. Und die Justiz manchmal blitzschnell

Nach den Terroranschlägen vom 11. September gab es eine Zeit lang eine Art »Mode«, um Angst und Schrecken zu verbreiten. Weltweit war im Zusammenhang mit der Diskussion um Biowaffen die Furcht vor sogenannten Anthrax-Briefen gestiegen, Briefe also, die in Form eines weißen Pulvers Milzbrand-Erreger enthalten und den Empfänger bei Berührung mit dieser oft tödlichen Krankheit infizieren.

In den USA hatte es einige echte Anthrax-Briefe gegeben, und in Deutschland sahen einige Menschen, dass sich hier eine Gelegenheit bot, mit der Angst anderer zu spielen. Das waren Menschen wie der siebzehnjährige Stefan, der bei mir zum Rekord-Angeklagten werden sollte. Nicht wegen der Menge der Straftaten, sondern wegen der Schnelligkeit des Verfahrens.

Stefan war ein typischer Trittbrettfahrer, der ohne großartig nachzudenken auf der Anthrax-Welle reiten wollte. Er verschickte also mehrere Briefe, in die er ein harmloses weißes Pulver füllte, um ein paar Leute das Fürchten zu lehren. Wie das bei »ungeübten« Tätern häufig so ist, beging Stefan Fehler, so dass die Briefe zu ihm zurückverfolgt werden konnten und die Polizei ihn als Urheber dingfest machte.

Von da an ging alles blitzschnell. Der Staatsanwalt rief mich an und schilderte mir den Fall. Ich erkannte sofort, dass ich hier die perfekten Voraussetzungen für ein Antragsverfahren vor mir hatte (das »echte« Neuköllner Modell gab es ja noch nicht) und war Feuer und Flamme, das exemplarisch umzusetzen.

Sofort nach dem Telefonat mit dem Staatsanwalt schickte mir dieser den entsprechenden Antrag und ich handelte unverzüglich. Gerade mal einen Tag nach seiner Ergreifung stand der junge Mann, der zuvor wegen zweier Diebstähle bereits aufgefallen war, vor mir im Gerichtssaal. Die Beweislage war klar, der Angeklagte geständig, mein Urteil lautete zwei Wochen Jugendarrest. Nachdem er diese zwei Wochen aufgrund seines vermeintlichen »Dumme-Jungen-Streiches« erleben durfte, hörte ich nie wieder von Stefan.

Es ist nicht schwer zu erkennen, dass es sich hier um ein exemplarisches Verfahren handelt, bei dem man auch die besonderen Umstände nicht vergessen darf. Nach den Anschlägen vom 11. September waren auch in Deutschland Polizei und Justiz alarmiert, und das mag mit dazu beigetragen haben, dass in diesem Fall ein besonders schnelles Vorgehen möglich war. Im Normalfall funktioniert das Antragsverfahren häufig eben nicht so reibungslos, und genau deshalb war es so richtig und wichtig, dass Kirsten Heisig ihr Neuköllner Modell entwickelte. Trotzdem kann anhand Stefans Fall der Sinn der Anwendung des Neuköllner Modells perfekt verdeutlicht werden: Die Schnelligkeit stellt den Bezug zur Tat sicher, es geht nicht um eine so schwere Tat, dass eine Gefängnisstrafe droht, und es ist mit einem kurzen Verfahren zu rechnen, weil der Angeklagte geständig oder die Beweislage einfach ist.

Kirstens Idee hinter diesem Modell und die akribische Umsetzung desselben sind die beste derzeit denkbare Reaktionsweise der Justiz auf entsprechende Taten. Es ist ein Skandal sondergleichen, dass das Neuköllner Modell deutschlandweit kaum genutzt wird, ja oft selbst bei hochrangigen Justizpolitikern so gut wie unbekannt ist.

Das zentrale Problem bei Kirstens Arbeit war die Herkunft der Jugendlichen, mit denen Kirsten hauptsächlich zu tun hatte. Hatten mich alle gelobt und bewundert, weil ich mit harten und schnellen Urteilen und konsequentem Vorgehen den rechtsradikalen Schlägern Einhalt gebot, so erfuhr Kirsten für eine ganz ähnliche Handlungsweise und die gleichen Grundgedanken massive Kritik, weil sie es mit Jugendlichen aus Migrantenfamilien zu tun hatte und somit nicht »politisch korrekt« handelte.

Es war immer Kirstens größte Angst, in eine fremdenfeindliche Ecke abgeschoben zu werden, und es hat unzählige Versuche von verschiedenster Seite gegeben, dieses Bild von ihr zu etablieren. Dabei war vielleicht in ganz Neukölln niemand so fremdenfreundlich und so sehr den Problemen der türkischen und arabischen Familien zugewandt, hat sich niemand so intensiv mit deren Lage beschäftigt wie Kirsten Heisig. Ihre Arbeit zielte letztlich darauf ab, noch mehr Ausländerfeindlichkeit zu verhindern. Unsere Ziele waren im Grunde identisch: Sie wollte nicht hinnehmen, dass einige Wenige aus einer Kultur die anderen, rechtschaffenen Mitglieder dieser Kultur in Misskredit bringen. Genauso wollte ich nicht hinnehmen, dass einige wenige rechtsradikale deutsche Schläger das Bild von der Bundesrepublik Deutschland hätten verzerren können.

Kirsten hatte einen analytischen Blick, der von ganz viel Menschenfreundlichkeit geprägt war, und diesem Blick entgingen die Probleme der Einwandererfamilien genauso wenig, wie die spezifische Art und Weise eines Teils dieser Familien, mit den Problemen umzugehen. Sie wusste sehr wohl um die speziellen Hintergründe, die zu den Gewalttaten libanesischer und türkischer Jugendlicher führten, sie sah aber auch die Opfer, sie sah das Leid und die Angst, die durch die erhebliche Gewaltbereitschaft sowie das Macho- und Imponiergehabe dieser Jugendlichen entstanden. Und ihr war immer klar, dass beide Tatsachen von ihr als Richterin zu berücksichtigen waren. Es konnte nicht im Sinne der Opfer sein, Milde walten zu lassen und Täter allein aufgrund ihrer Herkunft zu schonen. Ein türkischstämmiger Jugendlicher, der seinem Opfer mehrere Knochen bricht, muss dafür genauso geradestehen und die Konsequenzen bis hin zu einer Haftstrafe tragen, wie es »meine« Skinheads in Bernau mussten. Das Jugendrecht bietet genug Möglichkeiten, den individuellen Hintergrund des Täters auszuleuchten und bei der Beurteilung der Tat in Anrechnung zu bringen.

Ich habe diese Punkte oft mit Kirsten diskutiert und auch in der Folge der erwähnten Podiumsdiskussion gemerkt, dass sie jemanden brauchte, der ihr den Rücken stärkte. Natürlich war ich nicht der Einzige, der sie auf ihrem Weg positiv begleitete, doch mindestens genauso stark war der Widerstand.

Kirsten wird zum »Star« ohne Allüren und tut alles für die Menschen in Neukölln

2008 und 2009 waren Jahre intensiver Arbeit, in denen Kirsten Heisig langsam immer bekannter wurde. Bemerkenswert war beispielsweise ihr erster Auftritt vor einem Millionenpublikum im politischen Magazin *Kontraste*. Dieser stand im Zusammenhang mit der von Roland Koch initiierten Jugendrechtsdebatte. Das Magazin, das mich erstmals im Jahr 2000 portraitiert hatte und dem ich einen guten Teil meiner Bekanntheit verdankte, hatte zeitgleich für die Sendung am 17.1.2008 Kirsten und mich interviewt. Da Kirstens Neuköllner Modell bereits angelaufen war, fiel mein Interview der

Kürzung zum Opfer und der Beitrag über Kirsten und ihr Modell wurde gesendet.

Kirsten hatte mich damit in der Aufmerksamkeit überholt und war nunmehr Person des öffentlichen Lebens, was für mich eine Entlastung war, für sie jedoch weitere Belastung schuf. Sie bekam Anfragen der Presse, wurde in Talkshows eingeladen und erregte immer größeres Aufsehen mit ihrem konsequenten Vorgehen. Dass dabei in der Öffentlichkeit meist nur die Spitze des Eisbergs zu sehen war und die Diskussion auf ihr hartes Vorgehen gerade gegen libanesische Jugendbanden eingeschränkt wurde, liegt in der Natur der Sache. Differenzierte Betrachtungsweisen sind in den Massenmedien schwierig und oft auch gar nicht gewünscht.

So blieb der Einsatz, den Kirsten neben ihrer ganz normalen Arbeit meist in ihrer privaten Zeit zeigte, fast unsichtbar. Wie sie türkische und libanesische Familien besuchte, mit ihnen über die Probleme ihrer Kinder sprach. Wie sie Veranstaltungen organisierte, auf denen sie den Familien ins Gewissen redete und versuchte, sie für das zu sensibilisieren, was wir heute oft unter dem verallgemeinernden Stichwort »Integration« zusammenfassen.

Kirsten Heisigs Arbeitstag, denn auch die Aufklärung der Öffentlichkeit ist Arbeit, dürfte selten weniger als 16 Stunden gehabt haben. Nimmt man die Wochenenden, an denen sie auch selten ruhte, mit dazu, dürfte so manche 100-Stunden-Woche dabei gewesen sein. Dazu kam noch die Belastung durch das Schreiben ihres Buches – ein Umstand, den ich erst beim Schreiben dieses Buches wirklich verstehen gelernt habe. Ihre eigene Familie litt sicherlich unter diesem überdimensionierten Arbeitseifer. Sie war dennoch eine gute Mutter, die trotz der Trennung von ihrem Mann Kinder und Familie im Blick behielt. Leider ist es schlicht unmöglich, einen derart hohen Einsatz im Job mit einer ausreichenden Aufmerksamkeit für die eigenen Lieben in Einklang zu bringen. Kirsten wusste das und konnte doch nicht anders handeln, weil sie davon beseelt war, Dinge zu verändern, die Gesellschaft ein kleines Stück besser zu machen, gegen alle Widerstände. Sie war in diesen Dingen wie ich.

Immerhin: Sie erregte Aufmerksamkeit mit dem, was sie tat, durchaus auch viel positive Zuwendung, und manch ein Richterkollege mag vielleicht durch Kirstens Aufklärungsarbeit und ihr größtmögliches Engagement erst den Mut und den Antrieb gefunden haben, auch in seinem eigenen Wirkungskreis langsam auf Veränderungen hinzuwirken. Sie entwickelte sich jedenfalls zur Jeanne d'Arc des gesunden Rechtsempfindens, und ihre Urteile konnten sicherlich zu Recht »im Namen des Volkes« gesprochen werden.

Ich managte Kirsten zeitweise in ihrer Öffentlichkeitsarbeit, gab Tipps, wie sie sich in Talkshows verhalten sollte, was im Umgang mit Journalisten zu beachten sei. Ich selbst hatte durch meine »Medienkarriere« einiges an Erfahrung gesammelt und eine gewisse Routine entwickelt, die ich nun sinnvoll weitergeben konnte. Kirsten nahm das gerne an, wurde mit der Zeit selbst immer sicherer und begann schließlich, ihre Buchveröffentlichung zu planen, um ihre Gedanken und ihr Bild vom guten Jugendrichter endlich einmal konzentriert publizieren zu können.

Kurze Zeit spielten wir mit dem Gedanken, dieses Buch gemeinsam zu veröffentlichen, erkannten jedoch, dass es gewichtige Gründe gab, die für eine Einzelautorschaft von Kirsten Heisig sprachen. So assistierte ich Kirsten lediglich, diskutierte einzelne Abschnitte mit ihr, gab Hinweise und trug ein paar meiner spektakuläreren Fälle bei, die sie in einem kurzen Abschnitt im Buch aufgriff und damit immerhin signalisieren konnte, dass es da ja diesen Richter Müller in Bernau gab, der auf einer Linie mit ihrem richterlichen Denken und Handeln lag und der in seinem Kiez eine ganz ähnliche Linie fuhr, wie sie es in Neukölln tat.

Kirsten arbeitete lange an dem Buch, verbesserte es ständig, auch dieses Vorhaben ging sie mit dem ihr eigenen Perfektionismus an. Sie wollte mit der Publikation genauso die Welt verändern und besser machen wie mit ihrer täglichen richterlichen Arbeit.

Wir hatten uns durch die nunmehr kontinuierliche Zusammenarbeit und häufigeren Treffen längst besser kennen- und schätzen gelernt. Man konnte mittlerweile durchaus von einer gewachsenen Freundschaft sprechen, die sowohl durch die gemeinsame berufliche Perspektive als auch durch persönliche Zuneigung getragen wurde. Hinzu kam, dass wir beide in Trennung waren und Töchter hatten, die mit dem jeweils anderen Elternteil wechselseitig von uns betreut wurden. Zudem merkte ich schnell, dass Kirsten genau wie ich die dunklen Seiten des Seelenlebens sehr gut kannte. Sie kämpfte mit Depressionen, und es mag auch ein Grund für ihren unfassbaren Arbeitseifer gewesen sein, dass sie einfach keine Zeit und Gelegenheit haben wollte, sich zu sehr düsteren und destruktiven Gedanken hinzugeben.

Depressionen, Suizid und kein Grund für Verschwörungstheorien

Ich selbst konnte diese Seite der Persönlichkeit Kirsten Heisigs gut nachvollziehen, kannte ich sie doch nur zu gut. Das Suizidale in der Persönlichkeitsstruktur ist bisweilen da, oder es ist nicht da. Bei Kirsten war es eindeutig vorhanden, das wusste ich. Bei mir selbst existierte es ebenfalls, konnte allerdings später durch meinen Klinikaufenthalt und eine hervorragende

weitere Psychotherapie auf null gebracht werden. Für den Alltag spielte das indes keine tragende Rolle. Kirsten trieb neben
dem Job ihr Buch voran, und je umfangreicher das Manuskript wurde, desto deutlicher konnte man erkennen, dass ihr
ein großer Wurf gelingen würde. Für mich war der große Erfolg, den das Buch dann ja auch haben sollte, lange vorherseh-
bar. Es gelang ihr gut, ihr Anliegen zu formulieren, nicht mit
Kritik zu sparen und trotzdem konstruktive Vorschläge für die
Verbesserung des deutschen Jugendrechtes zu machen.

Kirsten schloss das Manuskript am Tag ihres Todes ab
und sandte es an den Verlag. Dass es ihr seelisch bereits immer schlechter ging, hatte niemand wirklich bemerkt. Das ist
das Tragische: Man will es nicht merken, man will es nicht
wahrhaben, dass es einem Menschen, der einem nahesteht,
nicht gut geht. Man verdrängt und versucht, das Positive
ans Licht zu zerren, während der andere doch längst dabei
ist, im Dunkel zu versinken. Im Nachhinein erinnere ich
mich heute an einige Situationen, in denen ich vielleicht hätte reagieren müssen, die mich hätten warnen und zum Handeln animieren müssen. Gerade mit dem Wissen, das ich mir
nach Kirstens Tod insbesondere durch meinen Klinikaufenthalt und die nachfolgende Therapie aneignete, hätte ich
Kirstens Abgleiten vielleicht verhindern können. Leider jedoch hatte ich dieses Wissen zum damaligen Zeitpunkt
noch nicht.

Ich wusste, dass Kirsten suizidal war und auch unter Depressionen litt. Ich wusste, dass sie bereits einen Selbstmord-
versuch hinter sich hatte. Ich wusste, dass sie sich extrem
leicht gekränkt fühlte. Was ich aber zum damaligen Zeitpunkt
nicht wusste: Wie eine für normale Menschen nicht vorstell-
bare krankhafte Spirale der Depression sich im Kopf entwickeln kann und welche Auswirkungen das hat.

197

Aus der unmittelbaren Zeit vor ihrem Tode sind mir zwei Treffen ganz besonders in Erinnerung geblieben, die aus heutiger Sicht bei mir hätten Alarm auslösen müssen.

Es war Mitte Mai 2010. Kirsten, ihr bester Freund und bis heute ihr größter Unterstützer, Jugendrichter Stephan Kuperion, und ich trafen uns am Berliner Hauptbahnhof. Kirsten wollte ein Foto von uns dreien: sie selbst in der Mitte und die Jugendrichter Kuperion und Müller flankierend rechts und links. Sie erklärte uns, dass sie dieses Foto für die Presse brauchte. Zum Termin kam sie zu spät, ans Handy ging sie nicht. Ich machte mir sofort Sorgen, rief sogar meine Freundin an, damit sie über Festnetz versuchen sollte, Kirsten zu erreichen.

Sie kam dann doch, hatte lediglich am falschen Eingang gewartet. Wir machten das Foto und tranken noch ein Bier mit Stephan Kuperion. Nachdem dieser sich verabschiedet hatte, machten Kirsten und ich noch eine Kneipentour durch den Wedding und landeten schließlich »Beim Dicken«, einer Eckkneipe für Menschen mit wenig Geld. Wir redeten unter anderem darüber, dass ich mir ernste Sorgen gemacht hatte, und kamen in diesem Zusammenhang eben auch auf das Thema Selbstmordversuche. Ich kann mich noch genau daran erinnern, wie sie mir genau darlegte, wie sie es beim nächsten Mal machen würde: Erst Tabletten einnehmen und dann zur absoluten Sicherheit eine weitere Tötungsmethode. »Außerdem«, so sagte sie, »würde ich sicherstellen, dass ich so schnell nicht gefunden würde«. Beim ersten Versuch hatte sie nämlich nur Tabletten genommen und war noch rechtzeitig entdeckt worden. Sie schilderte dies mit glänzenden Augen, aus heutiger Sicht muss ich leidvoll sagen: mit einer fast greifbaren Vorfreude. Schon damals hätte ich sie quasi sofort an den Haaren zu einem Fachpsychologen schleifen müssen.

Auch unser letztes Treffen bleibt mir immer in Erinnerung. Es war während der Fußball-Weltmeisterschaft 2010. Kirsten war Fußball-Fan wie ich auch, wir hatten uns spontan verabredet, das Spiel der deutschen Nationalmannschaft gegen Ghana auf der Berliner Fanmeile anzuschauen, und trafen uns bereits Stunden vor dem Spiel, um in Ruhe ein Bier zu trinken, Currywurst zu essen und auch über ihr Buch zu reden. Kirsten, die an diesem Tag ihre letzte Sitzung absolviert hatte, hatte sich sogar schwarz-rot-golden geschminkt. Wir schauten uns dann das Spiel an und fieberten mit. Als Mesut Özil auch noch das entscheidende 1:0 schoss, war die Stimmung auf dem Höhepunkt. Wir beide freuten uns besonders darüber, dass es ausgerechnet ein Deutscher türkischer Abstammung war, der Deutschland ins Achtelfinale schoss, weil wir eben wussten, dass auch solche Fakten gegen Fremdenfeindlichkeit helfen. Nach dem Spiel und dem Sieg der deutschen Mannschaft tanzten wir auf der Fanmeile, feierten einfach mit all den anderen freudetrunkenen Menschen und saßen danach noch zwei Stunden in einer türkischen Imbissstube. Trotz des Umstandes, dass es insgesamt eine tolle Atmosphäre war, erschien mir Kirsten im Verhältnis zu allen anderen Treffen bereits irgendwie verändert. An das Schreckliche, das die nächsten Tage bestimmen sollte, war trotzdem nicht zu denken.

Und doch gab es gerade an jenem Tag den letzten Hinweis von Kirsten auf ihre zu diesem Zeitpunkt wohl bereits getroffene Entscheidung, aus dem Leben zu gehen. Wir sprachen über die bevorstehende Veröffentlichung ihres Buches und über die anstehenden Pressetermine, Interviews und Talkshows. Da ich selbst gerade versuchte, meine erhebliche Belastung irgendwie unter Kontrolle zu bekommen und auch keine Lust mehr hatte, die Presse zu bedienen, sagte ich Kirsten auf dem Weg zur Fanmeile, dass ich sie zwar unterstützen würde, aber nicht über die Maßen viel machen wolle. Immerhin war sie meiner Ansicht nach zu diesem Zeitpunkt bereits selbst Medienprofi genug, um mit dem Ansturm der Journalisten fertig zu werden, so dachte ich.

Kirsten schaute mich damals mit einem undefinierbaren Gesichtsausdruck an und sagte zu mir: »Andreas, du wirst wesentlich mehr machen müssen, als du dir im Moment vorstellen kannst. Und andere auch.«

In jenem Moment überhörte ich diesen Satz, nahm ihn nicht ernst, wie man vieles nicht ernst nimmt, was so dahergesagt klingt. Bereits einige Tage später musste ich brutal erkennen, wie bitter ernst dieser Satz gemeint war.

Einen Tag nach dem Spiel hatte sie mich noch kurz angerufen, weil ich meine Sonnenbrille in ihrer Handtasche vergessen hatte. Da ich in die Sitzung musste, hatten wir allerdings nur wenig Zeit für das Gespräch. Wir verabredeten uns noch für eines der nächsten Spiele. Heute glaube ich, dass sie mich nur beruhigen und keine Gedanken hinsichtlich eines möglichen Selbstmordes bei mir aufkommen lassen wollte.

Am 29.06.2010, fünf Tage nach unserem letzten Zusammentreffen, erschien Kirsten nicht zur Arbeit, und natürlich erregte diese scheinbare Pflichtverletzung eines der pflichtbewusstesten Menschen überhaupt sofort Besorgnis. Stephan Kuperion und ihr Ehemann meldeten sie als vermisst und eine Fahndung wurde eingeleitet. Man suchte, fand jedoch zunächst nichts und niemanden. Ich selbst ahnte das Schlimmste, versuchte, diese Gedanken zu verdrängen und mich mit den mir möglichen Mitteln an der Suche zu beteiligen. Doch Kirsten blieb zunächst unauffindbar, nur ihren Pkw fand man. Ich wurde von der Kripo vernommen und hoffte zunächst fast noch, dass sie entführt worden sei. Als man mich nach besonderen Aussagen von Kirsten fragte, wusste ich allerdings intuitiv, dass sie in den Tod gegangen war, auch wenn ich es, wie so viele, nicht wahrhaben wollte.

Am 3. Juli, dem Tag des Argentinien-Spiels, wurde schließlich aus Ahnung und Befürchtung schreckliche Gewissheit. Ich war mittlerweile, weil ich es in Berlin nicht mehr aushielt und auch nichts tun konnte, mit meiner Freundin nach Meppen gefahren. Noch während des Spiels erreichte mich ein erster Anruf des Redaktionsleiters von *Kontraste*. Man habe eine Frauenleiche gefunden, unweit von Kirstens Auto. Noch sei nichts klar, aber ich solle mich auf das Schlimmste gefasst machen. Das hatte ich längst, doch in diesem Moment – mir war innerlich völlig klar, dass es nur Kirsten sein konnte – brach ich zusammen. Zwanzig Minuten später war es durch eine Nachricht von Stephan Kuperion absolute Sicherheit.

Ich weinte.

Als ich in Meppen damit beschäftigt war, meine Tränen der Trauer und der Wut zu trocknen, organisierte die damalige Berliner Justizsenatorin Gisela von der Aue noch während des Fußballspiels eine Pressekonferenz und gab, derweil draußen die Freudenraketen wegen des Sieges der Nationalmannschaft in die Luft gingen, offiziell die Nachricht vom Selbstmord Kirsten Heisigs bekannt. Ungeschickter hätte man es nicht machen können. Dennoch glaube ich, dass Kirsten im Himmel über diese unsägliche Pressekonferenz nur gelacht haben wird, zeigte sie doch wieder einmal plastisch die »Sensibilität« der Berliner Justizverwaltung. Immerhin: Hier handelte sie ausnahmsweise mal schnell, allerdings ohne an die Folgen zu denken. Denn es war so: Da zu diesem Zeitpunkt die sterblichen Überreste von Kirsten nicht obduziert waren und die Polizei sich auch danach nicht zu den Umständen ihres Todes erklärte, sondern erst auf gerichtlichen Beschluss Informationen an die Presse weiterreichte, gab es nun Futter für diverse Verschwörungstheoretiker. Ich schreibe dies in aller Deutlichkeit, um ein für allemal klarzustellen, dass ein Fremdverschulden nicht vorlag. Niemand hatte Schuld an ihrem Tod, auch Kirsten selbst nicht. Sie war einfach krank.

Was danach geschah, nahm ich nur mechanisch wahr. Der Verlag zog den Erscheinungstermin ihres Buches vor, das sofort zu genau dem Riesenerfolg wurde, den Kirsten erhofft und den wir alle ihr prophezeit und gegönnt hatten. Kirstens Thesen waren in der Mitte der Gesellschaft angekommen, die Menschen diskutierten über Konsequenz und Laisser-faire im Umgang mit Jugendgewalt, und auch wenn unvermeidbare schiefe Töne in der Diskussion vorkamen, so war doch feststellbar, dass sie mit diesem Buch ein starkes Vermächtnis geschaffen hatte, dem auch ich mit diesem Buch Rechnung trage.

Ich selbst versuchte weiterzuleben, zu arbeiten, in der Spur zu bleiben. Bis nichts mehr ging. Um Weihnachten 2010 herum schaffte ich es nicht mehr, den Schmerz und die Wut, die Kirstens Tod im Zusammenhang mit meinen gleichfalls aus dem Leben und den Strukturen erwachsenen Depressionen in mir ausgelöst hatten, zu verdrängen. Ich brach, ein knappes halbes Jahr nach ihrem Tod, endgültig zusammen und wusste: Ich schaff das nicht alleine.

Was folgte, war der Aufenthalt in der Helios-Klinik in Bad Grönenbach, mit dem ich dieses Buch eingeleitet habe. Dort fand ich mit Hilfe der dortigen Psychologen wieder zu mir und hatte auch Gelegenheit, noch einmal über alles nachzudenken, was geschehen war. Unter anderem auch darüber, was nach Kirstens Tod passiert war und was das für mich bedeutete.

Hierbei hatte ich immer die Inschrift auf Kirstens Grabstein, nämlich »*Carpe Diem*«, also »Nutze den Tag«, im Kopf. Kirsten hatte sich diese Inschrift selbst ausgesucht, und ich betrachtete sie auch als Vermächtnis an mich.

Christian Pfeiffer, die DVJJ und die Deutungshoheit im Justizwesen

Im Reich der linken Sozialromantik

Es geschah gerade mal drei Monate nach Kirsten Heisigs Tod, und es war eine Unverfrorenheit allererster Güte. In der September-Ausgabe 2010 der Zeitschrift *Cicero*, einem Blatt, das sich auf die Fahnen geschrieben hat, ein »Magazin für politische Kultur« zu sein, erschien ein mehrseitiger Beitrag unter dem Titel »Nicht alle Buben sind so böse«, auf dem Titel der Ausgabe angekündigt unter der Schlagzeile »Warum sich Kirsten Heisig irrte«.

Autor des Beitrags: Kein geringerer als Christian Pfeiffer, Guru der deutschen Kriminologen, ehemaliger Justizminister in Niedersachsen, Direktor des kriminologischen Instituts in Hannover. Pfeiffer ist ein gern gesehener Talkshowgast, wenn es darum geht, zu erklären, warum das mit der Jugendkriminalität alles gar nicht so schlimm ist und Gefängnisstrafen für Jugendliche im Grunde genommen immer und überall die Sache nur noch schlimmer machen.

Nun ist es natürlich nicht verboten, sich kritisch mit den Thesen anderer Menschen auseinanderzusetzen, die sich im gleichen Fachgebiet bewegen. Auch dann nicht, wenn es sich dabei um Verstorbene handelt. Pfeiffer jedoch versuchte unverhohlen, der physischen Beerdigung Kirsten Heisigs eine weitere folgen zu lassen. Ihre Thesen zum Jugendrecht sollten ein für alle Mal aus der Welt geschafft werden, diskreditiert von oben herab mit Oberlehrerattitüde und unhaltbaren persönlichen Unterstellungen. So lässt sich Pfeiffer dazu hinreißen, Kirsten ohne jeden ersichtlichen Grund zu unterstellen, ihre Thesen seien lediglich aus persönlichem Frust entstanden: »Möglicherweise war sie von einem Phänomen betroffen, das ich auch schon bei manchem ihrer Berufskollegen beobachtet habe. Ohne sich dessen richtig bewusst zu sein, leiden sie darunter, dass sie im Gerichtssaal vor allem mit den Misserfolgen ihrer Arbeit konfrontiert werden.« Ich hoffe, dass ich mich niemals diesem absurden Vorwurf aussetzen muss. Ich leide jedenfalls weder unter Erfolgen noch unter Misserfolgen im Gerichtssaal, sondern unter den Strukturen und der gesetzlichen Gängelung der Jugendgerichte.

An der zitierten Formulierung merkt man, worum es Professor Pfeiffer eigentlich ging. Kirsten Heisigs Arbeit hatte scheinbar genauso wie meine bis zum heutigen Tage einen empfindlichen Nerv derjenigen getroffen, die im deutschen Jugendgerichtswesen die Meinungshoheit für sich beanspruchen. Außerdem hatte Kirsten es in ihrem Buch gewagt, das Kriminologische Forschungsinstitut Niedersachsen und damit zugleich auch Professor Pfeiffer höchstpersönlich zu kritisieren. Das musste zwangsläufig als eine Art Majestätsbeleidigung aufgefasst werden.

Das Zentralkomitee der linken Sozialromantik ist die DVJJ, die Deutsche Vereinigung für Jugendgerichte und Jugendgerichtshilfe e.V. Sie besteht aus etwa 1650 Mitgliedern, darunter etwa 130 ehemalige oder amtierende Richter. Der Einfluss der DVJJ ist auch deswegen erheblich, weil dieser Verein regelmäßig Gesetzgebungsorgane in Fragen des Jugendrechts berät.

Die DVJJ – Bastion der linken Sozialromantik

Ich war lange Jahre selbst Mitglied in der DVJJ, und ich glaube selbst heute noch, dass dieser Verein im Grunde durchaus seine Berechtigung hat. Wer sich für die Belange des Jugendrechtes einsetzen und auch politische Wirkung erzielen will, braucht eine starke Stimme und ein geschlossenes Auftreten. Dies schafft und schaffte die DVJJ oft genug. Das Schlimme ist nur, dass ihrer Arbeit eben auch ein Denken zugrunde liegt, das aus längst vergangenen Zeiten stammt und die Kraft damit aus meiner Sicht zumindest zum Teil auf die falschen Dinge verwendet wird. Daher verschließt sich der Verein der notwendigen Umstrukturierung des Jugendgerichtsgesetzes und hält lieber an überkommenen Vorstellungen fest. Darüber hinaus hat sich die DVJJ über die Jahre zu einem geschlossenen Zirkel entwickelt, der jeden Juristen mit einer abweichenden Meinung zur Persona non grata erklärt und an den Rand der »feinen« Gesellschaft drängt.

Man muss wissen, dass Christian Pfeiffer eine der Galionsfiguren der DVJJ ist. Elf Jahre lang, von 1986 bis 1997, agierte er als ihr Vorsitzender und prägte in dieser Zeit die Arbeit des Vereins nachhaltig. Noch heute ist zu beobachten, dass viele Funktionäre der DVJJ aus dem Pfeiffer'schen Sympathiesantenkreis kommen und somit die Ansichten des wohl bekanntesten deutschen Kriminologen weiter zum Dogma der DVJJ-Haltung machen. Da kann es auch nicht verwundern, dass das eigentlich unabhängige Kriminologische Forschungsinstitut Niedersachsen (KFN), dessen Direktor Christian Pfeiffer ist, zumindest von der DVJJ doch nicht so ganz unabhängig ist. Eigentlich soll vor allem auch die Finanzierung des KFN, zum einen aus Mitteln des Ministeriums für Wissenschaft und Kultur in Höhe von jährlich 1.531.440 Euro und zum anderen durch die Generierung von Drittmitteln über Forschungsprojekte für beispielsweise die Deutsche Forschungsgemeinschaft (DFG), die Stiftung Deutsche Jugendmarke e.V., die Volkswagen-Stiftung sowie verschiedene Landes- und Bundesministerien – immerhin rund 13,4 Millionen

Euro seit 1990 –, dessen Unabhängigkeit garantieren. So weit, so gut. Tatsächlich arbeiten KFN und DVJJ viel enger als erwartet zusammen: nicht nur unter der gleichen Adresse, sondern in direkter Bürogemeinschaft kann von einer unabhängigen Forschungsarbeit wohl kaum noch die Rede sein.

»Härte hilft» vs. »Härte ist sinnlose Gewalt«

Die DVJJ jedenfalls nutzte einen Zeitungsartikel, um den Versuch zu starten, gleich zwei Fliegen mit einer Klappe zu schlagen und neben Kirsten auch mir ordentlich eins auszuwischen. Zum Jahresende 2010, ein halbes Jahr nach Kirstens Tod, war in der *WELT* ein Text erschienen, in dem die Journalistin wohlwollend über das Neuköllner Modell und eine neue Generation von Jugendrichtern schrieb, die für ein konsequentes Vorgehen gegen Straftäter plädierten. Sie hängte den Artikel neben Kirsten vor allem an meiner Person auf, beschrieb meine Vorgehensweise und ließ mich über meine Ansichten zur Sache zu Wort kommen. Die Überschrift dieses Artikels lautete: »Härte hilft«.

Das war offensichtlich für die Führungsriege der DVJJ zu viel, sie konnte es nicht ertragen, dass jemand der Sozialromantik öffentlich in die Parade fährt und die Wahrheit ausspricht.

Nur eine Woche dauerte es, trotz Jahreswechsels und Feiertagen, bis die DVJJ eine Pressemitteilung herausgab, die sich gewaschen hatte. Dort hieß es unter der Überschrift »Härte als Leitprinzip ist sinnlose Gewalt«[3]:

---

[3] Diese Pressemittelung kann (Stand 26.07.2013) an anderer Stelle im Internet noch immer nachgelesen werden: http://www.dvjj-nordrhein. uni-koeln.de/wp-content/uploads/2011/01/Pressemitteilung-Härte-als-Leitprinzip.pdf

»Mit ›Härte hilft‹ bzw. ›Schluss mit der Kuschelpädagogik‹ waren zwei Beiträge überschrieben, die zum Jahresende in der Zeitung Die Welt bzw. web.de verbreitet wurden. In beiden Beiträgen wurden die Vorstellungen des Bernauer Jugendrichters Andreas Müller vorgestellt, der sich offenbar nach dem Tod von Kirsten Heisig als Verteidiger ihres Erbes versteht. Die medial gut zu verkaufende Botschaft ist einfach: ›Kuschelpädagogik‹ bzw. ›Extraportion Pädagogik‹ werden mit Häme überschüttet, schnell muss Strafe sein und hart, ›Kampf‹ gegen Kriminalität ist angesagt, den man gewinnen muss. Man könnte hierzu sehr viel sagen, nur drei Punkte seien betont.«

Nach dieser Einleitung, der man die Wut, mit der sie geschrieben ist, bereits anmerkt, werden, wie angekündigt, drei Punkte ausgeführt. Darin zum einen wundervolle Sätze, wie aus der Bibel der Sozialromantik, etwa, wenn es über das Neuköllner Modell heißt:

»Dies [gemeint ist allgemein die Beschleunigung der Verfahren] darf allerdings nicht auf Kosten der Rechtsstaatlichkeit gehen und die Möglichkeit verschließen, einen pädagogischen Zugang zu denjenigen zu gewinnen, die nicht nur massive Schwierigkeiten machen, sondern ebenso massive Schwierigkeiten haben. Hier braucht es Flexibilität und manchmal auch einen langen Atem.«

Damit hätte ich leben können, weil ich damit seit jeher lebte. Aus Sätzen wie diesen sprach das sozialromantische Dogma des Zuwartens, der Milde. Solange, bis die, die »massive Schwierigkeiten haben« eben weiterhin anderen »massive Schwierigkeiten machen«. Und bloß nicht an die Opfer denken, die es gegeben hat, weil stationäre Maßnahmen, sprich Arrest oder Knast, als Teufelswerk angesehen werden.

Womit ich nicht leben konnte, war der Versuch, Kirsten

Heisig und auch mich persönlich zu denunzieren. Nicht anders aber konnte ich den zweiten Abschnitt der Pressemitteilung interpretieren. Dort heißt es:

> »Einzelne Akteure des Systems sollten sich keinen Allmachtsfantasien hingeben. […] Den strafenden Richter in das Zentrum des Jugendstrafverfahrens zu stellen, widerspricht dem Gesetz und der Vernunft. Aus gutem Grund ist das Gesetz auf Zusammenarbeit zwischen Jugendhilfe und Justiz angelegt, auf den Vorrang informeller Erledigungsformen, auf, ja auch auf Geduld, um den Titel des Buches von Frau Heisig »Das Ende der Geduld« aufzugreifen. Wer am Ende seiner Geduld ist mit jungen Menschen, ist in einem Beruf, der ihn mit schwierigen jungen Menschen konfrontiert, am falschen Platz.«

Interessanterweise habe ich die Bemerkung über Allmachtsfantasien in Bezug auf meine Person vor gar nicht so langer Zeit noch einmal zu hören bekommen, und zwar aus dem Munde eines bekannten SPD-Justizpolitikers. Schlimmer noch als der Vorwurf der Allmachtsfantasien und die Unterstellung, ich würde sinnlose Gewalt ausüben – beides sollte wohl vor allem mich treffen –, wog der posthume Angriff auf Kirsten Heisig. Wer sonst hätte gemeint sein können als Kirsten, wenn hier von Menschen die Rede war, die in ihrem Beruf »am falschen Platz« seien? Es ging eindeutig nicht mehr um kritische Auseinandersetzung zu verschiedenen Punkten des Jugendrechtes, sondern nur noch darum, die Deutungshoheit im Jugendrecht zu behaupten. Die DVJJ hatte sich mit dieser Pressemitteilung endgültig auf ein Niveau begeben, das ich kaum für möglich gehalten hätte.

Natürlich traf mich diese Nachricht zur Unzeit. Ich war mit den Nerven am Ende und vollauf damit beschäftigt, diese Nerven unter anderem in Bad Grönenbach wieder in den Griff zu bekommen. Ich war also psychisch nicht in der Lage, unmittelbar auf diesen Frontalangriff zu reagieren.

Womit die DVJJ jedoch nicht gerechnet hatte, war eine Aktion von Berliner Jugendrichtern, die sich in selten gekannter Einigkeit und Geschwindigkeit zusammengeschlossen hatten und einen offenen Brief an den Vorstand der DVJJ sandten, in dem sie diese Pressemitteilung scharf verurteilten und den Urhebern die Leviten lasen. Kirsten Heisig hätte ihre helle Freude gehabt. Unterschrieben war der Brief von 21 Jugendrichtern des Amtsgerichtes Tiergarten. Es hieß darin:

»Ohne inhaltlich auf die von Ihnen und Ihrer Organisation vertretene Meinung zur ›Härte als Leitprinzip‹ eingehen zu wollen, finden wir die Art des Umgangs mit unserer verstorbenen Kollegin Kirsten Heisig unerträglich. [...] Frau Heisig hat aufgrund ihres allseits anerkannten Engagements eine sachliche und fundierte Auseinandersetzung mit ihren Ansichten verdient. [...] Das Leitmotiv von Frau Heisig war nicht Härte, sondern konsequentes Handeln. Dies gleichzusetzen zeigt, dass Sie sich weder mit der Person von Frau Heisig noch mit ihrer Arbeit intensiv auseinandergesetzt haben.«

Neben der Kritik an der Schändung des Andenkens an Kirsten Heisig gingen die Kollegen auch dezidiert auf die »Arbeit« der DVJJ ein:

»Man muss sich die Frage stellen, welchen Zweck Ihr Verein hat. Soll er ein Forum für offene fachliche Diskussion sein, ist es unverständlich, dass – und wie – anders als offenbar die Verantwortlichen des Vereins denkende Kolleginnen und Kollegen und sogar langjährige Mitglieder wie der Kollege Müller aus Bernau in einer öffentlichen Pressemitteilung angegriffen werden. Oder vertritt Ihr Verein stets eine bestimmte Meinung? Dann sollten sich Andersdenkende nicht mehr an Ihren Diskussionsveranstaltungen und Fachtagungen beteiligen, um nicht ebenfalls wegen ihrer Meinung in der hier gezeigten Art öffentlich angegangen und als fehlplatziert bezeichnet zu werden.«

Dieser Brief wurde Ende März 2011, kurz vor der Jahrestagung der DVJJ, an die Vorsitzende des Vereins, Frau Prof. Dr. Höynck, übersandt. Ich war mittlerweile aus der Klinik zurück, hatte wieder zu Kräften gefunden und war bereit, meine und Kirstens Positionen zu verteidigen. Als Abgesandter der Landesgruppe Brandenburg (ich war zu diesem Zeitpunkt ja selbst noch Mitglied der DVJJ) fuhr ich nach Hannover zur Tagung des Geschäftsführenden Ausschusses, die unmittelbar nach Eingang des Briefes stattfand. Ich hatte vorher Rederecht beantragt, um verlangen zu können, dass sowohl die Pressemitteilung sofort gelöscht als auch die Verdienste Kirsten Heisigs gewürdigt würden.

In Hannover angekommen sprach ich vor den dort versammelten Mitgliedern, bemüht, ruhig und sachlich zu bleiben, denn innerlich kochte ich angesichts der Unverfrorenheit dieses Vereins. Nach der Sitzung kochte ich noch mehr. Mein Antrag wurde bei einer Gegenstimme, nämlich der des Landesverbandes Brandenburg, rundheraus abgelehnt.

Es war gespenstisch. Zwar konnte ich ein gewisses Bedauern und die Möglichkeit der Fehlinterpretation bei einigen Teilnehmern erkennen, jedoch machte der überwiegende Teil des Auditoriums klar, dass man sich im Grunde genommen nichts vorzuwerfen habe.

Niemand auf dieser Sitzung schien wirklich spürbaren Anstoß am Umgang mit Kirsten zu nehmen. Alle waren sich offenbar einig in der Ansicht, in ihr, mir und sicherlich auch einigen anderen Kollegen Quertreiber zu sehen, die das Jugendgerichtswesen in Deutschland beschädigen wollten. Und das ausgerechnet aufseiten derjenigen, die ihrerseits seit Jahrzehnten unter den gestrengen Augen von Professor Pfeiffer unsere Arbeit immer wieder unterminieren und schwieriger sowie ineffizienter machen, als sie sein müsste.

Zwei Wochen nach dieser denkwürdigen Tagung verschwand die Presseerklärung mehr oder weniger stillschweigend von der Website der DVJJ. Bis kurz vor Ende der Arbeit an diesem Buch war dort noch folgende Anmerkung zu lesen: »Es war bei einigen Lesern in Bezug auf eine Passage der Eindruck entstanden, es solle die verstorbene Jugendrichterin am Amtsgericht Tiergarten persönlich angegriffen werden. Dies war nicht intendiert, soweit dennoch der entsprechende Eindruck erweckt wurde, bedauern wir das«. Auch diese Mitteilung jedoch ist inzwischen verschwunden, wobei die zeitliche Parallele zu den Recherchen zu diesem Buch überaus auffällig ist.

Zeitgleich zu der Löschung der ursprünglichen Presseerklärung der Website der DVJJ erhielten sowohl die Berliner Jugendrichter als auch ich ein Schreiben der Vorsitzenden, das noch einmal feststellte, man habe sich vielleicht im Ton vergriffen, teile aber letztendlich nicht die Ansicht, dass teilweise auch mit Härte reagiert werden müsse.

Immerhin – das will ich nicht unerwähnt lassen – wurde die Pressemitteilung, die ich in diesem Buch nach fast drei Jahren noch mal aufgreifen muss, gelöscht. Dies war letztendlich nicht meiner Person, sondern dem Engagement der Berliner Jugendrichter geschuldet. Mein Verhältnis zur DVJJ war nach diesen Vorkommnissen endgültig zerrüttet. In den Medien hatte das Schreiben bemerkenswerterweise keine Resonanz gefunden, war wirkungslos verpufft, so dass die Löschung vermutlich nicht schwer fiel.

Kurze Zeit später entschied ich mich endgültig, der DVJJ den Rücken zu kehren, und erklärte in einem Schreiben meinen Austritt. »Die Denke des Vereins ist nicht mehr die meinige«, schrieb ich an den Verein. »Ich bewerte den Verein mittlerweile als eine Art ›Strafvereitelungsverein‹, der lediglich dazu dient, die Interessen der Täter zu vertreten, nicht jedoch die der Opfer. Ich kann die ›Pfeiffer'sche Denke‹, die den Verein meiner Meinung nach prägt, insbesondere zu Haft, Arrest und Generalprävention, nicht mehr ertragen. Auch die Ansicht, der Warnschussarrest sei keine Hilfe, kann ich, wie Sie wissen, nicht teilen.«

Ich hatte also mit einem weiteren Teil meiner eigenen sozialromantischen Veranlagung gebrochen. Die DVJJ ist für mich bis heute der »Strafvereitelungsverein« geblieben, den ich damals verlassen habe, und er wird es bleiben, solange er dem Einfluss von Christian Pfeiffer ausgesetzt ist bzw. sich diesem nicht entzieht. Fatal ist zudem, dass Professor Pfeiffer massiven Einfluss auf die politischen Entscheidungsträger hatte und hat, nicht zuletzt war er selbst von 2000 bis 2003 für die SPD Justizminister in Niedersachsen. Vermutlich auch deshalb propagieren viele Mitglieder dieser Partei bis heute sozialromantische Vorstellungen. Alles in dem Glauben, mit dem Motto »Noch 'ne Chance, noch 'ne Chance und noch 'ne Chance« werde man der Gewaltkriminalität und der Intensivtäterproblematik Herr. Wer dem widerspricht, wird dann von Mitgliedern der SPD als Mensch mit »Allmachtsfantasien« bezeichnet.

Ich bin heute noch, auch als Nicht-Mitglied, der Ansicht, dass die DVJJ wichtig ist, und ich weiß auch, dass Professor Pfeiffer Verdienste um die kriminologische Forschung hat, die nicht geschmälert werden sollten. Trotzdem muss dieser Verein als Vorreiter der linken Sozialromantik in diesem Land endlich selbstkritisch auf seine Positionen blicken, und auch von außen müsste genau hingeschaut werden, für was dort Jahr für Jahr Steuergelder in nennenswerter Höhe investiert werden. Eine »Strategie des Zuwartens« ist bei einem Kleinkriminellen, der drei Mal irgendwo geklaut hat, angebracht. Hier zahlt sich Milde aus, sind ambulante pädagogische Maßnahmen sinnvoll und werden in der Regel Wirkung zeigen. Bei jemandem, der zehn oder zwanzig Mal zugeschlagen hat, schafft jedes Zuwarten und jede übertriebene Milde neue Opfer. Hier brauchen wir die Mittel, die die DVJJ und damit auch große Teile der Politik so vehement ablehnen. Ich werde im letzten Kapitel noch genauer ausführen, welche Mittel helfen können, wie ich die Position des »Erziehungsrichters« im Einzelnen sehe und dass ich keine Verschärfung, sondern eine Verbesserung des Jugendrechtes anstrebe. Dabei leiten mich indes keine »Allmachtsfantasien«, sondern nur der Wunsch, dass aus den Lehren der Vergangenheit neue Wege für die Zukunft entstehen.

Was zu tun ist
Modernes Jugendrecht

1986 erschien Rio Reisers legendärer Song »König von Deutschland«, in dem der ehemalige »Ton Steine Scherben«-Frontmann sich ausmalt, was er machen würde, wenn er alles alleine entscheiden dürfte. Was würde sich ändern in der eigentlich guten und brauchbaren Jugendgerichtsbarkeit, wenn ich Alleinentscheider spielen dürfte und Gesetze sowie Abläufe nach meinem Gusto umgestalten könnte? Jede dieser Ideen wäre mit wenig Aufwand mehr oder weniger sofort umsetzbar. Dass das nicht passiert, ist zum Teil eine der unseligen Folgen der vorherrschenden sozialromantischen Denkweise sowie der nicht handelnden Politik, und manchmal liegt es auch einfach nur an der Bequemlichkeit einiger Kollegen.

Der Erziehungsrichter

Was sich meines Erachtens vor allem ändern muss, ist das Konzept des Jugendrichters, also die Art und Weise, wie die Aufgaben des Jugendrichters definiert werden und auch, wie er selbst sie definiert. Derzeit sind Jugendrichter ausschließlich für strafrechtlich relevante Dinge zuständig. Anders gesagt: Sie lernen ihre Klientel frühestens mit vierzehn Jahren kennen. In diesem Alter ist man in Deutschland strafmündig und muss sich vor dem Jugendrichter für seine Taten verantworten. Vorfälle, die sich vor dem vierzehnten Lebensjahr ereignen, fallen in die Zuständigkeit des Familiengerichtes. Das bedeutet für mich als Jugendrichter: Ich bekomme die unter Vierzehnjährigen aus schwierigen Familienverhältnissen, deren ältere Geschwister bereits vor mir stehen, gar nicht zu sehen, selbst wenn sie bereits auffällig geworden sind und sich die kriminelle Karriere mehr als deutlich am Horizont abzeichnet. Jeder weiß, dass diese Kinder mit Eintritt der Strafmündigkeit auch bei mir landen werden, aber ich habe keine Möglichkeit, frühzeitig zum Schutze dieser Kinder auf sie selbst und ihre Eltern einzuwirken.

Das ist vor allem deshalb ein unglaublicher Zustand, weil die gesetzliche Regelung etwas ganz anderes vorsieht. In Paragraf 34, Absatz 2 des Jugendgerichtsgesetzes heißt es: »Dem Jugendrichter sollen für den Jugendlichen die familiengerichtlichen Erziehungsaufgaben übertragen werden.« Und Absatz 3 legt fest: »Familiengerichtliche Erziehungsaufgaben sind 1. die Unterstützung der Eltern, des Vormundes und des Pflegers durch geeignete Maßnahmen sowie 2. die Maßnahmen zur Abwendung einer Gefährdung des Jugendlichen.«

Hier ist also bereits gesetzlich normiert, was in der Praxis bundesweit und auch in meinem Gericht aus unerfindlichen Gründen kaum durchgeführt wird: Als Jugendrichter müsste ich bei gesetzeskonformer Anwendung dieses Paragrafen Zugriff und Kontrolle über sämtliche familienrichterlichen Vorgänge in meinem Zuständigkeitsbereich haben, zumindest dann, wenn bereits ein Kind aus der Familie auffällig geworden wäre. Ich wäre also sowohl Jugendrichter als auch Familienrichter. Als Jugendrichter könnte ich mit den Mitteln des JGG den Jugendlichen ins Auge fassen und mit den Mitteln des Bürgerlichen Gesetzbuches die Gesamtfamilie. Diese Personalunion bezeichnet man als Erziehungsrichter. Unterschiedliche Persönlichkeiten aus Praxis und Wissenschaft haben immer wieder die Einführung dieses Konzeptes gefordert. Doch trotz vorhandener Möglichkeiten, und obwohl es im Grunde sehr einfach wäre, setzen es nur ganz wenige Gerichte um.

Der leider inzwischen pensionierte Hamburger Kollege Olof Masch wusste um die Notwendigkeit des Erziehungsrichters und nahm diese Funktion mit Hilfe seiner Kollegen im Amtsgericht Bergedorf/Hamburg seit dem Jahr 2006 auch höchstpersönlich wahr. Er begründete dort das sogenannte »Bergedorfer Modell«. Vereinfacht ausgedrückt bedeutet das, dass er nach dem Geschäftsverteilungsplan des Amtsgerichts Bergedorf sämtliche erzieherischen Aufgaben innehatte. Bekam er als Jugendrichter die Zuständigkeit für ein Familienmitglied, so gehörte damit automatisch auch die Verantwortung für sämtliche weiteren familienrechtlichen richterlichen Aufgaben in seinen Bereich. Er war damit auch in der Lage, Eltern gegebenenfalls das Erziehungsrecht zu entziehen und so Druck auf die Familie auszuüben.

In Vorbereitung meines Buches traf ich diesen verdienten Richter, und er schilderte mir seinen auch statistisch nachweisbaren Erfolg. So erläuterte er, dass er einen Problembezirk in Hamburg gehabt habe, in welchem viele zum Teil außerordentlich schwierige, aggressive und auch gewaltbereite Jugendliche mit Migrationshintergrund wohnten. Nachdem er lange Jahre Familienrichter gewesen war, übernahm er dann auch die Zuständigkeit für die jugendrichterlichen Verfahren. Richter Masch erklärte mir, dass nach dieser Zusammenführung der Zuständigkeiten insbesondere bei den Gewaltdelikten ein Rückgang von über sechzig Prozent binnen vier Jahren zu verzeichnen gewesen sei. Dies führte er darauf zurück, dass er Eltern und Kinder gleichermaßen in die Pflicht habe nehmen können. Mit Ausnahme seiner Funktion als Erziehungsrichter seien alle im Verfahren beteiligten Institutionen gleich geblieben. Einfacher gesagt: Weder bei der Polizei noch bei der Staatsanwaltschaft gab es Veränderungen. Auch das Jugendamt blieb dasselbe, ebenso die Zahl an Jugendlichen in seinem

Kiez, in dem es viele kinderreiche Familien gab. Der übliche demoskopisch begründete Rückgang, der für positivere Zahlen sorgt, fiel also weg.

Gescheitert ist Masch mit seinem Modell nicht im Amtsgericht Bergedorf, letztlich aber an der großen Hamburger Politik und an den Kollegen, die es nie für nötig hielten, auch nur ansatzweise ernsthaft über seine Ideen zu diskutieren. Stattdessen ließen sie ihn mit genau den gleichen fadenscheinigen Argumenten, die ich auch so oft zu hören bekomme, vor eine unsichtbare Wand laufen. Viele Jugendrichter sind einfach nicht willens, sich in eine neue Materie, in diesem Fall also das Familienrecht, einzuarbeiten. Das führte schließlich dazu, dass kein einziges Amtsgericht in Hamburg dem Modell gefolgt ist. Auch die Politik, die ja über eine Gesetzesänderung hätte debattieren können, fühlte sich nicht animiert, etwas zu unternehmen.

Die Zusammenführung der jugend- und familienrichterlichen Aufgaben würde also zu jener Definition des Jugendrichters führen, die meiner Ansicht nach die einzig sinnvolle ist, und das ist eben die des absoluten Erziehungsrichters. Als Jugendrichter *muss* ich einfach, um meinen Aufgaben wirklich bis ins letzte Detail nachkommen zu können, Jugendschutz- und Kinderschutzrichter zugleich sein.

Mit der Möglichkeit, mir die familienrichterlichen Dinge frühzeitig auf den Tisch zu holen, wäre ich sehr viel stärker in die Lage versetzt, agieren zu können. Befinden sich diese Dinge außerhalb meines Einflussbereiches, bin ich dazu verdammt, zu reagieren, wenn die Jungs und Mädels mit vierzehn Jahren bereits ziemlich heftige Geschichten verbockt haben und zum ersten Mal vor mir stehen.

Die Idee des Erziehungsrichters bedeutet im Sinne des Bergedorfer Modells ganz konkret: Jede vormundschaftsrichterliche Sache, von Geburt an, gehört in die Hände des Erziehungsrichters. Passiert irgendwo etwas, sind Familien auffällig, muss ich als Richter bereits den näheren Umkreis, sprich: die Geschwister, mit unter Kontrolle haben und Einfluss auf die Familie nehmen können.

Der Hintergedanke ist dabei ganz klar präventiv. Die Trennung der Sphären Familienrecht und Jugendrecht erhöht die Gefahr, kriminelle Karrieren zu befördern, weil nicht rechtzeitig mit allen zur Verfügung stehenden Mitteln auf die Kinder und Jugendlichen bzw. ihre Familien eingewirkt werden kann. Könnte hier aus einer Hand reagiert werden, wäre die Chance viel größer, das Problem der nachwachsenden Kriminalität in den Griff zu bekommen. Es könnte sehr viel besser und gezielter auf das Jugendamt eingewirkt werden. Ich weiß sehr genau, wovon ich rede, da ich aufgrund meiner langjährigen Tätigkeit mittlerweile bereits die zweite Generation von Tätern sehe. Und ich sehe dabei oftmals die gleichen Familien.

Die Funktion des Erziehungsrichters wäre übrigens an allen kleineren Amtsgerichten kurzfristig einführbar, weil dort ohnehin alle familienrechtlichen und jugendrechtlichen Dinge unter einem Dach auflaufen. Da dieser Ansatz, der bereits in Paragraf 34 JGG zum Ausdruck kommt, bundesweit kaum umgesetzt wurde, muss der Gesetzgeber eben die Gerichte verpflichten, das Konzept des Erziehungsrichters einzuführen.

Ich glaube heute, dass man Manuela vor ihrem Martyrium und damit auch vor dem Suizid hätte retten können, wenn es damals die Funktion des Erziehungsrichters gegeben hätte. Das gilt genauso für Martinas Drogensucht und ihre kriminelle Karriere. Auch sie hätte man davor bewahren können, diesen Weg einzuschlagen, genauso wie ich in vielen weiteren Fällen dem Entstehen krimineller Karrieren frühzeitiger hätte entgegentreten können.

In diesem Zusammenhang ist auch zu fordern, dass künftig alle Maßnahmen, die aufgrund rein jugendrichterlicher Entscheidungen zustande kommen, auch aus Mitteln der Justiz bezahlt werden müssten. Nur damit wäre sichergestellt, dass der Zugriff des Richters jederzeit möglich ist. Derzeit ist es so, dass nur die unmittelbar strafrechtlich relevanten Dinge aus diesem Topf finanziert werden, also etwa Haft, Arrest oder vorübergehende Heimunterbringung. Alle anderen ambulanten Maßnahmen wie Anti-Aggressivitätstrainings, soziale Trainingskurse, Betreuungsweisungen, Drogenberatung etc. werden aus Mitteln der Landkreise beziehungsweise der Bezirksämter getragen und an externe Träger outgesourct. Ich habe mithin kaum Möglichkeiten der Kontrolle und Einwirkung, darüber hinaus birgt dieses Outsourcing immer die Gefahr, dass nicht das beste, sondern das billigste Modell zum Zuge kommt. Während die Jugendämter früher diese Art von Maßnahmen selbst kontrollierten, kümmern sie sich heute größtenteils nur noch um die Finanzierung. Und aufgrund klammer Kassen heißt es da dann eben: Wer's am billigsten macht, bekommt den Zuschlag. Im pädagogischen Bereich ist so ein Denken und Vorgehen aber fatal. Was in meinem Landkreis passierte und noch schlimmer ist: Es wurde über Jahre hinweg ein Anti-Aggressivitätskurs, den ich wiederholt anwies, einfach nicht bezahlt. Auch daran dürfte es gelegen haben, dass einige meiner Täter erneut zuschlugen.

Auch diese Maßnahmen müssten also dringend aus Justiz-Mitteln finanziert werden und dem Einfluss des Richters unterliegen. Damit das geschieht, ist es zwingend notwendig, diese hier beschriebene Funktion des Erziehungsrichters gesetzlich festzuschreiben. Es kann nicht länger der Fall sein, dass uns Täterkarrieren aus dem Ruder laufen, weil wir es von staatlicher Seite nicht hinbekommen, frühzeitig mit allen zur Verfügung stehenden Mitteln Kontrolle auszuüben und Prävention zu betreiben. Das Argument, dass diese Änderungen an der jugendrichterlichen Tätigkeit Geld kosten würden, weil sie umfassender ausfielen als vorher, zieht überhaupt nicht. Es ist vergleichsweise lächerlich, was investiert werden müsste, um Folgekosten zu verhindern, die um ein Vielfaches höher liegen, wenn kriminelle Karrieren ausarten und diese Täter den Staat wieder und wieder beschäftigen.

Das zweite große Thema, neben Geld, ist Zeit. Die derzeitige Pensenregelung reicht vorne und hinten nicht, und es ist nicht schwer, vorherzusehen, dass sie im Falle der Einführung erziehungsrichterlicher Modelle erst recht nicht ausreichen würde. Da Zeit und Personalausstattung immer Hand in Hand gehen, ist also konkret zu fordern, dass die personelle Situation an den Gerichten so verbessert wird, dass ich als Jugendrichter, oder eben besser gesagt: als Erziehungsrichter, in die Lage versetzt werde, die notwendige Zeit für einzelne Fälle wirklich aufzuwenden.

Wenn ich dann noch direkt neben meinen Büro ein weiteres hätte, in dem zwei Sozialarbeiter als »schnelle Eingreiftruppe« säßen, wäre ich schon fast zufrieden. Hintergedanke auch hier wieder: Kurze Dienstwege. Wie wunderbar wäre es, wenn ich bei der Bearbeitung einer Akte nur ins nebenan liegende Zimmer rufen müsste: »Fahr da mal hin, guck dir die Situation an.«

Die sollen mich kennen! – Präsenz des Jugend- bzw. Erziehungsrichters vor Ort

Ein Vorwurf, der vielen Beamten und Richtern, die mit Menschenschicksalen zu tun haben und über Menschen entscheiden, gerne gemacht wird, lautet: »Du kennst die Leute gar nicht, du sitzt doch nur über den Akten.«

Dieser Vorwurf ist nicht unberechtigt. Gerade ein Jugend- bzw. Erziehungsrichter muss Repräsentationspflichten übernehmen, er muss für die potenzielle »Kundschaft« erkennbar und greifbar sein. Niemand hat diese Pflicht des Jugendrichters besser eingelöst als Kirsten Heisig. Kirsten war ständig unterwegs, sprach mit allen, mit den Familien, mit den weiteren Beteiligten von offizieller Seite. Sie war präsent, mancher sagte »omnipräsent« und meinte das gewiss nicht als Kompliment. Es geht jedoch eigentlich gar nicht anders.

Zur Hochzeit meiner Rechtsradikalen-Verfahren habe ich das noch intensiver durchgeführt als heute, doch so gut es machbar ist, bin ich immer noch unterwegs und besuche gelegentlich Schulklassen. An meinen Sitzungstagen im Gericht kommen zudem Schulklassen, die sich ein direktes Bild von meiner Arbeit machen.

Erst kürzlich sagte ein Lehrer zu mir: »Herr Müller, was Sie hier mit meiner achten Klasse machen, das ist absolute Präventionsarbeit, das ist kaum hoch genug zu schätzen.« Wenn ich solche Rückmeldungen bekomme, weiß ich wieder, wofür ich das mache und dass es richtig ist.

Ich bekomme für diese Arbeit keine Freistellung, so dass ich abends länger arbeite und für den Aufwand meine Freizeit opfere. Unter den gegebenen zeitlichen Voraussetzungen ist diese Präventionsarbeit im Grunde kaum zu schaffen, so dass ich mir immer wieder überlege, die Betreuung von Schulklassen einzustellen. Andererseits sehe ich, wie notwendig diese vorbeugende Arbeit ist, und lasse mir dann doch wieder gerne ein wenig Freizeit »stehlen«.

Wie genau sollte diese Präventions- bzw. Repräsentationsarbeit im Idealfall aussehen? Zunächst einmal: Optimale Vernetzung zwischen den Schulen im jeweiligen Zuständigkeitsbereich, insbesondere denen in problematischen Bereichen, aber auch zwischen den Schulen und dem Richter. Letzteres meint: Mindestens ein Besuch der Richter pro Schule und pro Jahr. Das Ganze spätestens ab der achten Klasse, wenn die Schüler strafmündig sind, Wiederholung in der zehnten Klasse. Das tut den Schülern nicht weh, ist aber unwahrscheinlich beeindruckend. Wenn die Schüler aus so einer Veranstaltung bei mir rausgehen, wissen sie: Der Typ da vorne, der uns gerade was erzählt hat, kann uns einsperren, wenn wir uns danebenbenehmen. Das wirkt!

Dazu müssten regelmäßige Treffen mit der Polizei kommen, außerdem auch mit dem Jugendamt, der Schulbehörde und natürlich mit den im Jugendbereich agierenden sozialen Trägern, um Informationen auszutauschen und die Vernetzung zu optimieren. Optimal wären vierteljährliche »Runde Tische« aller Beteiligten, wobei im Informationsfluss immer Kinder- und Jugendschutz vor Datenschutz gehen müsste.

Strukturell ließe sich das etwa regeln, indem man dem Richter einen bestimmten Zeitanteil zur Verfügung stellt, den er zwingend für solche Präventionsarbeit nutzen muss. Ganz einfach als Dienstpflicht. Das könnte also heißen: Andreas Müller bekommt 10 Prozent seiner Zeit zur Verfügung, muss dafür aber an zwei Tagen im Monat die Schulen und andere Einrichtungen besuchen. Ich würde das mit Freuden sofort machen. Es mag einige wenige Kollegen geben, die dafür von ihrem hohen Richter-Ross runter müssten, aber das wäre dann eben so. Um zu glauben, dass das funktionieren kann, muss man sich nur das Beispiel der Polizei angucken. Früher war es unvorstellbar, dass die Polizei Präventionsarbeit machen könnte. Heute macht sie sie ganz selbstverständlich. Und, mal ehrlich: Wir schicken Verkehrspolizisten in die Grundschulen, um den Kindern richtiges Verhalten im Straßenverkehr beizubringen, sind aber nicht in der Lage, einen Jugendrichter erzählen zu lassen, was es mit Recht und Gesetz auf sich hat? Das kann nicht sein!

Kurz gesagt heißt das: Der Jugend- bzw. Erziehungsrichter muss *die* Autorität unter Jugendlichen bzw. Heranwachsenden sein. Er muss seinen Zuständigkeitsbereich genau kennen, und er muss zeitlich in die Lage versetzt werden, diese Kenntnis zu erwerben. Im Grunde genommen mache ich das sogar, wenn ich abends eine Kneipentour im meinem Kiez unternehme. Dort nämlich sehe ich die Tatorte, die ich in den Akten wiederfinde, und ich sehe das Publikum, aus dem sich die Menschen rekrutieren, die im Gericht vor mir stehen. Ich habe wirklich mehr als einmal überlegt, ob ich Kneipenrechnungen nicht als beruflichen Fortbildungsaufwand steuerlich geltend machen sollte.

Anwendung des Neuköllner Modells

Kirsten Heisigs Neuköllner Modell war ein Riesenschritt in die richtige Richtung. Leider wird es heute, drei Jahre nach ihrem Tod, kaum umgesetzt. Es ist zu befürchten, dass es bald in Vergessenheit geraten könnte, wenn nicht insbesondere durch die politischen Entscheidungsträger nachhaltig an der Umsetzung dieser großartigen Idee gearbeitet wird. Nach meinen Recherchen versuchen nur die Bundesländer Berlin und Bayern, das Modell langsam zu etablieren. In Berlin wurden im Jahr 2012 292 Verfahren durchgeführt, in Bayern etwa 150, was bezogen auf alle Jugendstrafverfahren einen verschwindend geringen

Anteil darstellt. Immerhin hat man hier erkannt, wie wichtig dieses Modell ist.

In Berlin soll aktuell wissenschaftlich ausgewertet werden, warum das Neuköllner Modell nur in so wenigen Fällen durchgeführt wird, obwohl fast alle Jugendrichter gewillt sind, diesbezügliche Verfahren vorrangig zu bearbeiten. Einige konkrete Weisungen an die Verantwortlichen bei der Polizei würden sicherlich schon ausreichen.

In den meisten anderen Bundesländern, so auch bei mir in Brandenburg, hielt man die Umsetzung bisher nicht für notwendig. Dies ist um so unverständlicher, weil es meiner Meinung nach in mindestens fünfzig Prozent aller Fälle bei vernünftiger Zusammenarbeit von Polizei und Staatsanwaltschaft ohne Weiteres durchgeführt werden könnte. An den Richtern liegt es jedenfalls nicht, wie das Beispiel Berlin zeigt. Dort wurde sogar der Richter am Amtsgericht, Stephan Kuperion, mit zwanzig Prozent seiner Arbeitszeit freigestellt. Seine Kollegen leisteten also freiwillig Mehrarbeit, um ihm die Zeit zu geben, die Polizei für das Neuköllner Modell zu schulen. Eigentlich wäre das allerdings Sache des Justizsenators gewesen. Er hätte Kuperion, den alten Weggefährten von Kirsten Heisig, für ein ganzes Jahr freistellen sollen, damit er viel mehr für das Modell hätte werben können. Er könnte gewissermaßen eine Art »Beauftragter für die Beschleunigung der jugendrichterlichen Verfahren« sein, wenn man es denn nur wollte.

Die staatlichen Institutionen scheinen es jedoch einfach nicht zu schaffen, die Verfahren erzieherisch sinnvoll, also so schnell wie möglich, auf die Richtertische zu bringen. Verfahren schnell zu Gericht zu bringen ist im Übrigen nicht Aufgabe der Gerichte, sondern der Polizei und Staatsanwaltschaft, politisch gesehen sind also die Innen- und Justizminister gefordert.

Zu fordern wäre, dass das Neuköllner Modell im Jugendrecht zwingend angewendet werden muss. Es muss möglich sein (und es *ist* auch möglich!), dass Polizei und Staatsanwaltschaft bei geständigen Angeklagten oder einfacher Beweislage innerhalb von vier Wochen Akten zu Gericht bringen, um ein Verfahren schnell durchziehen zu können. Es kann doch nicht sein, dass im Straßenverkehrsrecht ein Knöllchen innerhalb einer bestimmten kurzen Frist zugeschickt werden muss, während wir uns im Jugendstrafrecht Verfahrensdauern von etlichen Monaten leisten. Wenn die Kritiker regelmäßig erklären, das Neuköllner Modell sei nicht neu und es sei auch nicht der erste Versuch, Verfahrenslaufzeiten zu verkürzen, kann ich dem nur entgegenhalten, dass dies stimmt. Hieraus aber abzuleiten, dass es schlecht sei, ist nicht nachvollziehbar. Vielmehr zeigt der Umstand, dass immer wieder Jugendrichter, also Praktiker, auf die Notwendigkeit der Beschleunigung der Verfahren hingewiesen haben, gerade, wie wichtig das Neuköllner Modell zur Vermeidung von Straftaten ist.

Auch der Vorwurf, angesichts der Schnelligkeit könnten möglicherweise Verteidigungsrechte beschnitten werden, ist nicht stimmig. Denn kein Jugendrichter wird einem Angeklagten das Recht verwehren, sich auch durch einen Anwalt verteidigen zu lassen. Gegebenenfalls wird er den Eltern und den Jugendlichen die gesetzlich geregelte Möglichkeit einräumen, in das ganz normale jugendrichterliche Strafverfahren überzugehen.

Was brauchen wir also, um das Neuköllner Modell optimal umzusetzen? Neben der engen Vernetzung aller beteiligten Stellen, muss der politische Wille vorhanden sein, notfalls auch gesetzliche Regelungen zu schaffen. Wir leisten uns im Bereich des Umgangs mit jugendlichen Straftätern einen vollkommen unnötigen Zeitverzug, der Täter zu weiteren Straftaten geradezu auffordert. Um zu gewährleisten, dass jeder Ermittlungsvorgang schnellstmöglich bearbeitet wird, ist es außerdem wichtig, dass der Richter zwingend ab dem zweiten strafrechtlich relevanten Verhalten eines Jugendlichen sofort eingeschaltet wird. Auch das müsste gesetzlich geregelt werden. Die in den letzten Jahrzehnten inflationär angewandte Diversion muss zugunsten richterlicher Einflussnahme reduziert werden. Das bedeutet, dass der Diversionsparagraf im Jugendgerichtsgesetz geändert werden muss.

Man sollte immer bedenken: Die meisten jungen Menschen werden nie auffällig. Und von den Wenigen, die auffallen, betrifft es die meisten wiederum nur ein Mal. Sofern also ein Jugendlicher bereits zum zweiten Mal auffällig wird, ist die Gefahr, dass es zu noch mehr Straftaten kommt, bereits überproportional groß. Spätestens jetzt ist der Richter gefragt, damit dieser Gefahr zum Schutz des Jugendlichen und der Gesellschaft umgehend unter Anwendung des Neuköllner Modells durch Einschaltung des Erziehungsgerichts begegnet werden kann. Nur so können viele Intensivtäterkarrieren frühzeitig gestoppt werden.

Auch in Bezug auf Heranwachsende, also die 18- bis 20-Jährigen, auf die das Neuköllner Modell bisher keine Anwendung findet, ist der Gesetzgeber aufgefordert zu handeln und die Möglichkeit der Anwendung auch hier zu schaffen. Denn bisher kann dieser Täterkreis, wie es im von mir geschilderten Fall Daniel geschah, nur im Rahmen des sogenannten »Beschleunigten Verfahrens«, das in der Strafrechtspflege gleichfalls viel zu selten angewandt wird, erreicht werden.

Wird über die Dauer von Jugendstrafen diskutiert, geht es in
der Regel schnell um eine Verlängerung der Haftstrafen. Wie
bereits erläutert, ist das ein wesentliches Merkmal der konservativen Sozialromantik. Der Glaube, eine lange Haftstrafe
mache zwangsläufig einen besseren Menschen aus einem
Straftäter, ist mit nichts ernsthaft zu begründen. Eine even-
tuelle Verlängerung ist also meines Erachtens nicht der zentrale Punkt. Viel wichtiger wäre mir, junge Straftäter frühzeitig für einige Wochen oder wenige Monate in den Knast
stecken zu können. Nicht zu den Langzeitinsassen natürlich,
sondern in eine gesonderte Abteilung. Natürlich funktioniert
das nach dem Prinzip der Abschreckung. Und natürlich ist
genau das der Grund, weshalb die linken Sozialromantiker
solch einen Vorschlag immer vehement ablehnen werden,
obwohl jeder weiß, dass Erziehung immer auch mit Abschreckung zu tun hat. Schließlich ist auch ein von Eltern ver-
hängter Hausarrest letztlich eine Abschreckungsmaßnahme
für die Zukunft.

Es wäre wichtig, in einigen Fällen die Täter nicht nur
mittels Arrest erziehen zu können, sondern tatsächlich kurz-
zeitig die Hafterfahrung machen zu lassen. Sie müssten spüren
können, welches Schicksal ihnen beim nächsten Mal droht.

Derzeit verhält es sich mit den freiheitsentziehenden
Maßnahmen im Jugendstrafrecht so: Der Jugendrichter kann
den milderen Freiheitsentzug, nämlich Arrest, bis zu vier Wochen verhängen und den härteren, tatsächlichen Jugendstrafvollzug im Knast mit der Mindeststrafhöhe von sechs Monaten. Hier enthält das Gesetz eine nicht mehr zeitgemäße
Lücke, die es zu schließen gilt. So kann bei dem einen oder
anderen Täter tatsächlich ein kurzer Aufenthalt von einer

oder mehreren Wochen beziehungsweise Monaten im Jugendstrafvollzug sehr wohl nachhaltige erzieherische Wirkungen
herbeiführen. Wie oft habe ich diese Erfahrung im Zusammenhang mit kurzzeitiger Verhängung von Untersuchungshaft machen können; ein Beispiel ist der beschriebene Fall
von Jürgen und Peter.

Nach der gegenwärtigen Rechtslage ist es jedoch so, dass
bei fehlenden Haftgründen diejenigen, die es brauchen könnten, gar nicht erst in den »Genuss« dieser kurzzeitigen Maßnahme kommen können. Was in diesen Fällen folgt, ist immer
die gleiche Geschichte: Eine Bewährung, noch eine Bewährung, und irgendwann geht dieser Wiederholungstäter dann
gleich für Jahre in den Knast.

Auf der anderen Seite verstehe ich nicht, weswegen Jugendrichter die mildere freiheitsentziehende Maßnahme des
Jugendarrestes nur bis zu vier Wochen verhängen dürfen.
Hier ist zu fordern, dass auf mindestens drei Monate verlän-
gert wird. Auch eine solche Verlängerung beträfe nur Einzel-
fälle. Sie könnte allerdings gleichfalls hilfreich sein, wenn die
Jugendarrestanstalten – gesetzlich geregelt – pädagogisch, the-
rapeutisch und personell vernünftig ausgestattet werden. Dies
ist gleichfalls anzumahnen. Die DVJJ möchte dagegen den Jugendarrest noch auf zwei Wochen reduzieren oder am liebsten
gleich ganz abschaffen, weil man davon ausgeht, dass die Zeit
im Arrest die Jugendlichen erst vollends auf die schiefe Bahn
bringen könnte. Dabei leisten die Arrestanstalten heute im
Verhältnis zur Situation vor dreißig Jahren wesentlich bessere
Arbeit. Und sie könnte noch besser sein, wenn es die Bundesländer endlich hinbekämen, Jugendarrestvollzugsgesetze zu
verabschieden, was nach meiner Kenntnis noch in keinem
Bundesland geschehen ist. Aber es ist Licht am Horizont: Vor
Kurzem haben die Länder Nordrhein-Westfalen und Schles-

wig-Holstein sowie nunmehr auch Brandenburg diesbezügliche Entwürfe auf den Weg gebracht. Vielleicht, so hoffe ich, werden sie bald als Gesetz verabschiedet und beinhalten gute pädagogische Möglichkeiten.

Die Arrestanstalten müssten etwa so ausgerichtet werden, dass insbesondere Therapiemaßnahmen bezüglich Alkohol- und Drogensucht, soziale Trainingskurse und Anti-Gewalt-Trainingskurse ab dem ersten Tag des Aufenthalts in der Anstalt selbst durchgeführt werden könnten, und nicht erst nach der Verbüßung der Strafe. Wir müssen die Arrestanstalten so ausrichten, dass sie neben dem Freiheitsentzug nachhaltige soziale Wirkungen bei den Arrestanten erzielen. Oder einfacher gesagt: Therapie und Wiedereingliederung als oberstes Ziel des Freiheitsentzuges.

Worum es im Kern dabei geht, ist doch Folgendes: Als Jugendrichter sehe ich es als meine vorrangige Aufgabe an, die jungen Menschen wieder in die Spur zu bekommen und die Gesellschaft dadurch vor dem Heranwachsen neuer Intensivtäter zu schützen. Dafür müsste mir der Gesetzgeber eigentlich alle nur denkbaren Mittel an die Hand geben, selbst wenn sie nur in Einzelfällen wirken. Das passiert aber nicht, weil in Fragen des Jugendrechts noch viel zu häufig auf den vermeintlich guten Rat der linken Sozialromantiker gehört wird. Knast darf es dann eben erst ab sechs Monaten geben, auch, wenn es für so manchen, der kurz vor dem Abgleiten in die Intensivtäterkarriere steht, ganz gut wäre, für eine begrenzte, kurze Zeit wirklich hohe Mauern um sich herum zu sehen und ein Gefühl für die drohende Realität zu bekommen.

Im Übrigen ist die Angst davor, den Jugendrichtern die von mir geforderten Mittel an die Hand zu geben, vollkommen absurd. Zu einer explosionsartigen Zunahme bei der

Anwendung dieser Mittel wird es nicht kommen, denn wir reden hier über eine begrenzte Anzahl von Fällen – vielleicht hat der einzelne Richter etwa zehn Angeklagte im Jahr vor sich, bei denen derartige Maßnahmen nötig scheinen. Das ist absolut gesehen nicht viel, wenn von diesen zehn aber auch nur die Hälfte es schafft, nicht mehr straffällig zu werden, ist schon vielen potenziellen Opfern geholfen. Das aber möchte man bisher leider nicht sehen, obwohl es dringend notwendig wäre.

Es sollte daher, das ist mir ein weiteres Anliegen, auch die Möglichkeit geben, bei Bewährungsstrafen zumindest einen kleinen Teil der Haft vollstrecken zu lassen. Das kann ein Monat sein, das können vielleicht auch nur zwei Wochen sein, die Ausgestaltung müsste man sich im Einzelnen überlegen. Aber das Prinzip ist wichtig. Auch hier steht die linke Sozialromantik wieder sich selbst und allen Vernunftbegabten im Weg. Ihr Diktum heißt: »Jede ambulante Maßnahme ist gut, jede stationäre Maßnahme ist schlecht.« Das ist sakrosankt, darüber wird nicht diskutiert, und wer es doch tut, so wie ich, ist aus Sicht der Milde-Apostel ein schlechter Richter.

Was bei dieser dogmatischen Sichtweise übersehen wird, ist Folgendes: Kein Richter soll vorgeschrieben bekommen, wann er Mittel wie Kurzzeitstrafe, Warnschussarrest oder Ähnliches anzuwenden hat. All diese Vorschläge, die ich hier mache, sind keine Allheilmittel und passen bei Weitem nicht auf jeden Fall. Aber wir können doch nicht länger nach einer Logik argumentieren, die in etwa so lautet: Ich habe ein Medikament, mit dem ich vielleicht drei Prozent der Krebskranken helfen könnte (denen dann aber auch wirklich und nachhaltig), ich setze es aber lieber nicht ein, weil es bei 97 Prozent der Patienten wohl nichts nützen wird. Gäbe es die Sozialromantik in der Medizin, würde sie lieber die drei Prozent sterben lassen. Übertragen auf die Justiz heißt das: Man nimmt lieber neue Opfer billigend in Kauf, anstatt gezielt auf bestimmte Tätergruppen mit markanten Maßnahmen einzuwirken.

Gut erkennen lässt sich die Schwierigkeit dieser ganzen Diskussion am leidigen Thema Warnschussarrest. Wie bereits ausgeführt, gibt es nunmehr die Möglichkeit der Verhängung, doch wurde hier ganz klar ein »Warnschussarrest light« geschaffen. Die Prüfverfahren enthalten hohe Hürden, und überhaupt wird sich der Bundesgerichtshof erst noch mit der genauen Anwendung der Maßnahme auseinandersetzen müssen. Auch hier müsste man sich noch einmal über die Dauer unterhalten. Die derzeitige Begrenzung auf vier Wochen engt die Möglichkeiten unnötig ein, warum soll es nicht eine Option für drei Monate geben, wenn damit die erzieherische Wirkung optimiert werden kann?

Um das auch an dieser Stelle noch einmal deutlich zu sagen: Warnschussarrest ist kein Knast! Das wird in der öffentlichen Diskussion gerne durcheinandergeworfen. Bei Laien ist das verständlich, für die Fachleute im Grunde peinlich, und man fragt sich, ob dahinter nicht auch die Absicht stecken könnte, den Laien, und damit die öffentliche Meinung, zu manipulieren.

Letztlich geht es doch bei all diesen Dingen um eins: Ich möchte das Handwerkszeug des Jugendrichters erweitern. Mit einer Verschärfung des Jugendrechts hat das überhaupt gar nichts zu tun. Je gezielter ich arbeiten kann, desto erfolgreicher wird meine Arbeit sein. Das gilt für jeden beliebigen Job, nur für die Tätigkeit als Jugendrichter nicht, der immer wieder gesetzlich gegängelt wird. Diesen Zustand würde ich gerne beenden.

Es muss der Grundsatz gelten: Jeder junge Mensch, der zwei Mal nacheinander innerhalb kurzer Zeit strafrechtlich auffällig wird, hat die ganz besondere und schnelle Aufmerksamkeit von Polizei, Staatsanwaltschaft und Gericht zu bekommen. Derzeit passiert es immer noch, dass nachwachsenden Problemkids die notwendige staatliche Einflussnahme erst dann zuteil wird, wenn vieles schon zu spät ist. Damit macht dieser Staat sich vor der kleinen, aber hochproblematischen Klientel der Intensivtäter lächerlich.

Wenn wir von Intensivtätern sprechen, ist ja nur ein kleiner Teil der Jugend überhaupt betroffen. Ein Großteil der deutschen Jugend ist vollkommen in Ordnung, selbst wenn es irgendwann mal zu einem justiziablen Vergehen kommen sollte. Das sind die, die ein Mal, aus welchem Grund auch immer, etwas gemacht haben, und sich dabei mehr über sich selbst erschrecken, als den Gedanken zu hegen, erneut straffällig zu werden. Fast alle Menschen haben sich in ihrer Jugend mal strafbar gemacht. Denken Sie einfach mal drüber nach, es ist tatsächlich so. Die meisten wurden nur niemals erwischt. Um den Teil der Jugend, bei dem aber tatsächlich etwas nicht in Ordnung ist, müssen wir uns allerdings gezielt und wirkungsvoll kümmern. Denn dieser verschwindend geringe Anteil an schwierigen Jugendlichen und Heranwachsenden ist für den allergrößten Teil der begangenen Straftaten, ich schätze den Anteil auf mindestens fünfzig Prozent, verantwortlich. Und wenn wir auf diese Feststellung schauen, dann kann wohl niemand ernsthaft bezweifeln, dass solche Karrieren verhindert werden müssen.

Dafür ist es erforderlich, dass diese Jugendlichen spätestens nach der zweiten Tat, insbesondere bei Gewaltdelikten, vor dem Jugendrichter erscheinen müssen. Bei vielen reicht das schon, und wo es nicht reicht, ist dann eben härter zu reagieren, was gegebenenfalls mit freiheitsentziehenden Maßnahmen wie Arrest oder Jugendstrafe einhergehen muss. Dies gilt insbesondere für wiederholte Gewaltdelikte.

Fakt ist: Wir können uns die Vorstellung, dass diese Kriminalität irgendwann einfach »rauswächst«, nicht mehr leisten. Da wächst nichts raus. Diese Kinder und Jugendlichen gehen, wird ihnen nicht Einhalt geboten, direkt in die Erwachsenenkriminalität, schaffen Opfer um Opfer und gehen der Gesellschaft dauerhaft verloren.

Dieses Vorgehen hat im Übrigen ohne Ansehen der Person zu gelten. Es trifft den Neonazi-Schläger genauso wie das Mitglied libanesischer Banden, die in Neukölln und anderswo den deutschen Staat vorführen. Das Netzwerk aus Polizei, Staatsanwaltschaft und Richtern hat dort gezielt einzuwirken. Und wenn es nicht anders geht, als die Kinder aus den Familien herauszunehmen, dann muss eben auch das geschehen.

Auch wenn ich mich wiederhole: Es ist notwendig, dass jede jugendrichterliche Weisung, jede Bewährungsverurteilung sowohl bei Jugendlichen als auch bei Heranwachsenden und schließlich sogar bei Erwachsenen in jedem Polizeicomputer sofort gespeichert ist. Dies hätte zur Folge, dass die zuständigen Gerichte postwendend über Weisungs- und Bewährungsverstöße sowie erneutes strafrechtliches Verhalten informiert würden. In diesen Fällen könnte es polizeiinterne Anweisungen geben, dass stark beschleunigt ermittelt werden muss.

Generalprävention

Eines meiner Lieblingsthemen, aber nicht ohne Grund, ist die Generalprävention. Meiner Meinung nach ist der Gedanke der Generalprävention auch heute schon aus dem Jugendgerichtsgesetz herauszulesen, daher muss er vielleicht nicht explizit ins

Gesetz aufgenommen werden. Im Erwachsenenstrafrecht ist dieser Gedanke tief verankert, das sieht man allein schon am Strafmaß. Wenn jemand wegen Totschlags verurteilt wird, bekommt er beispielsweise eine Strafe von sieben Jahren. Aus erzieherischen Gründen ist das kaum zu begründen, denn man braucht keine sieben Jahre, um einen Menschen zu erziehen, der gegen das Gesetz verstoßen hat. Totschlag hin, Totschlag her. Die Länge der Strafe zielt aber auf das Gerechtigkeitsempfinden der Menschen und hat auch abschreckende Wirkung.

Dass diese Sichtweise zwar mittlerweile bei den Amtsgerichten und zum Teil auch bei den Landgerichten, jedoch noch nicht beim Bundesgerichtshof angekommen ist, zeigt der sogenannte »20-Cent-Fall«, von dem bereits die Rede war. Hier hatte das Landgericht Hamburg im Dezember 2010 den bereits wiederholt in Erscheinung getretenen Angeklagten wegen Körperverletzung mit Todesfolge zu einer Jugendstrafe von drei Jahren und vier Monaten verurteilt, ohne Bewährung. Er hatte gemeinsam mit einem anderen Täter einen Betrunkenen körperlich hart attackiert, weil dieser ihnen die letzten 20 Cent, die er noch hatte, nicht hatte geben wollen. Der attackierte Mann starb schließlich infolge des Angriffs. Aufgrund einer Revision beim Bundesgerichtshof entschied dieser, dass das Landgericht erzieherische Gesichtspunkte nicht genügend in den Mittelpunkt seiner Entscheidung gestellt habe. Infolgedessen wurde das Urteil aufgehoben und an eine andere Kammer des Landgerichts Hamburg zurückverwiesen, die dann entsprechend der Vorgabe des Bundesgerichtshofes den jungen Mann zu einer zweijährigen Jugendstrafe auf Bewährung verurteilte. Der junge Mann ergriff die ihm gebotene Chance jedoch nicht und fügte erneut anderen Menschen Schaden zu, was ihm dann endgültig eine längere Jugendstrafe ohne Bewährung einbrachte. Auch der Bundesgerichtshof berücksichtigt generalpräventive Gesichtspunkte insbesondere bei Intensivtätern also nicht. So stellt er regelmäßig selbst bei schwersten Straftaten die vermeintliche Erziehung des Täters in den Mittelpunkt seiner Entscheidung. Dass die Allgemeinheit dies nicht versteht und insbesondere die Eltern des Getöteten, die ich kennengelernt habe, kein Verständnis dafür haben, ist völlig nachvollziehbar.

Im Jugendstrafrecht ist meines Erachtens die Generalprävention bereits im Begriff der »Schwere der Schuld« enthalten, deren Feststellung dann zur Verhängung von Jugendstrafen führt. Denn es geht nicht nur um Erziehung, sondern eben auch um Sühne. Das gilt auch, wenn Lobbygruppen wie die DVJJ und andere linke Sozialromantiker das nicht wahrhaben wollen. Es gibt auch überhaupt keinen Grund dafür, diesen Umstand im Erwachsenenstrafrecht ganz selbstverständlich anzuwenden, im Jugendstrafrecht, etwa bei Gruppendelikten, jedoch nicht.

Sowohl bei »meinen« Rechtsradikalen als auch bei Kirsten Heisigs libanesischen Gangs mussten wir generalpräventiv denken. Wir müssen in die Szenen und in die Gruppe hineinwirken. Und wenn es bereits einen aus der Gruppe erwischt hat und die anderen es dennoch nicht kapieren, gehen eben weitere Gruppenmitglieder in den Knast, einer nach dem anderen. Im Knast schaffen sie auf jeden Fall keine neuen Opfer.

Ich bin mir heute absolut sicher, in meinen großen Rechtsradikalismus-Fällen sinnvoll generalpräventiv gehandelt zu haben. Und zwar einerseits durch Schnelligkeit und Effektivität, andererseits aber eben auch durch Härte. Deswegen darf dieser Gedanke im Jugendstrafrecht nicht verpönt sein, sondern muss in die Köpfe rein!

Wenn der Schüler, der in seiner Schule den Lehrer aufs Übelste beleidigt, dafür ein paar Tage später vor dem Jugendrichter steht und 70 Arbeitsstunden bekommt, wird er ganz schnell in seiner Clique herumerzählen: »Eine Beleidigung, und ich musste zwei Wochen arbeiten.« Die Kumpels werden sich zweimal überlegen, ob sich der »Spaß« lohnt.

Im Gesetz steht bereits: »Der Jungendrichter soll pädagogisch befähigt sein.« Ich würde da noch hinzufügen: »… und er soll nicht nur an den Täter, sondern auch an das Umfeld des Täters sowie mögliche weitere Opfer denken.«

Nachwort

Es hat in meinem Leben viele Tiefpunkte gegeben. Den vielleicht tiefsten Punkt habe ich eingangs beschrieben. Die Hilfe der Menschen in der Bad Grönenbacher Helios-Klinik war unendlich viel wert. Ohne sie würde es dieses Buch nicht geben, und ich bedauere im Nachhinein, dass ich das Wissen, das ich dort erwerben durfte, nicht schon viel früher hatte. Vielleicht würde dann auch Kirsten Heisig noch leben und wir könnten gemeinsam an der Verbesserung des deutschen Jugendrechtes arbeiten. Diese Arbeit ist oft ein frustrierender Kampf gegen Windmühlen, sie ist aber notwendig, weil es um Menschen geht. Mir sind Menschen wichtig, unabhängig von Herkunft, Alter, Geschlecht und allem anderen, und ich möchte auch aus meiner eigenen Geschichte heraus einen Beitrag dazu leisten, dass weniger Straftaten begangen werden und weniger Menschen letztlich in Haft genommen werden müssen. Das ist der Auftrag, den ich aus meinem Leben ableite.

Das Jugendstrafrecht ist in erster Linie eben kein reines Strafrecht, sondern ein Erziehungsrecht. Und genauso, wie Eltern ihre Kinder nur mit einer Mischung aus ganz viel Liebe und auch Klarheit und Konsequenz erziehen können, müssen auch Jugendliche, die mit dem Gesetz in Konflikt kommen, sowohl Zuwendung als auch Konsequenz und Klarheit zu spüren bekommen.

Ich hoffe, dass dieses Buch dazu beiträgt, Gedankenspiele in Gang zu bringen, um Politiker und Juristen für die ganz speziellen Erfordernisse des Jugendrechtes stärker zu sensibilisieren, als das in der Vergangenheit häufig der Fall war. Auch wenn ich in diesem Buch viel Kritik übe und manche Spitze gegen bestimmte Gruppen abschieße, möchte ich meine Ausführungen als konstruktiven Beitrag zur Diskussion um eine Verbesserung der Gesetze und ihrer Anwendung verstanden wissen. Ich wäre sofort bereit, mich mit allen an einen Runden Tisch zu setzen, an dem ohne ideologische Scheuklappen und politisches Kalkül über diese Verbesserung gesprochen wird. Diese Bereitschaft bin ich den Jugendlichen, die bei mir waren, und denen, die noch kommen werden, schuldig. Ich bin sie Kirsten Heisig schuldig, und nicht zuletzt auch meiner eigenen Biografie, die mich gelehrt hat, weiterzukämpfen, wenn man fällt.

v.l.n.r.: Andreas Müller, Kirsten Heisig und Stephan Kuperion

Dank

In der Zeit, in der ich dieses Buch schrieb, war ich oftmals ganz unten. Es war wieder mal eine sehr schwierige Zeit in meinem Leben, die ich nun geschafft habe. Ich habe sie geschafft, weil ich trotz allem die Hoffnung in mir trage, dass auch ein solches Buch vielleicht ein wenig dazu beitragen kann, dass Traumata der Opfer von Straftaten und deren Folgen ein wenig verringert werden können.

Allerdings habe ich die Zeit des Schreibens nicht alleine geschafft. Es gab viele Menschen, die mich auf die eine oder andere Weise bestärkt und unterstützt haben. Über ein paar davon habe ich im Buch geschrieben. Diesen Menschen sage ich: Danke!

Einige wenige Menschen möchte ich allerdings noch besonders hervorheben.

So zunächst den Journalisten Guido Fahrendholz, den ich vor zwei Jahren beim »strassenfeger radio«, einem Berliner Lokalradio, kennenlernte und der mich vor allen anderen aufforderte, ein Buch zu schreiben. Er blieb hartnäckig und leistete während des Schreibens insbesondere durch Recherchearbeiten sowie auch moralisch Unterstützung und Hilfe. Ohne ihn, wie auch ohne meinen Co-Autor Carsten Tergast, meine Lektorin Julia Sterthoff und meine Freundin Larissa Dick hätte ich aufgegeben.

Besonderen Dank möchte ich auch dem Kollegen Stephan Kuperion vom Amtsgericht Berlin-Tiergarten aussprechen. Er hat nicht nur Kirsten Heisig, sondern auch mich unterstützt und versucht nach wie vor, das Neuköllner Modell umzusetzen.

Zu danken habe ich auch den Menschen in meiner Stammkneipe, der »Schmalzstulle«, die mich in all den Monaten des Schreibens an manchen Abenden ertragen mussten und mir mit ihrem nichtjuristischen Menschenverstand signalisierten, dass ich gar nicht so falsch denke.

Mein größter Dank jedoch geht an meine Töchter Anna und Annika, die es mal wieder hinnahmen, dass »Paps« keine Zeit hatte und die mich dennoch trotz meiner Tiefs in der gesamten Zeit unterstützten. Sie haben verstanden, dass dieses Buch auch deshalb geschrieben wurde, damit auch sie nie Opfer werden.